长 ★ 征
改变中国

蒋建农 / 主撰

一次人类精神和意志的伟大远征
一支特殊材料铸成的绝境天兵
一部前无古人的英雄史诗

湖南人民出版社·长沙

目录

序篇 长征开启中华民族伟大复兴的序幕 /001

第一篇 | **红军长征的背景和使命** /007

 中国革命的危机与中共的自我救赎 / 008
 （一）王明"左"倾教条主义的实质 / 008
 （二）在白区的危害 / 009
 （三）在苏区的危害 / 011

 中华民族的危机与争取民族独立的使命 / 022

 中国社会的变迁和革命骨干力量的北移 / 027
 （一）中国革命中心由南到北的历史变迁 / 027
 （二）中华民国的"黄金十年" / 030
 （三）各革命根据地人力物力的枯竭 / 034

第二篇 | **夺取长征胜利的五大关键** /039

 全党的团结是长征胜利的根本保证 / 040
 （一）不惜牺牲自我，一切以大局为重 / 040
 （二）党的自我革命战胜"左"倾教条主义 / 042
 （三）自觉维护党中央的权威和统一 / 048

 军民团结是长征胜利的力量源泉 / 056
 （一）长征中群众工作的新情况 / 057
 （二）赢得人民群众支持的努力 / 060

（三）民心所向是克难成功的根源 / 066

二 各路红军协力作战是长征胜利的战略法宝 / 073
  （一）长征中各路红军战略的配合 / 074
  （二）中央红军的战略主导作用 / 076
  （三）红四方面军的"摆渡"作用 / 080
  （四）红二方面军的策应作用 / 086
  （五）红二十五军的先导作用 / 089

四 北上抗日共赴国难是长征胜利的旗帜 / 093
  （一）高举着北上抗日的大旗 / 094
  （二）红军北上抗日的宣传队和播种机 / 100
  （三）北上抗日动员长征沿途群众 / 103
  （四）北上抗日为抗日战争做好政治和思想准备 / 105
  （五）高举北上抗日大旗的作用和意义 / 111

五 创建新的根据地是长征胜利的标志 / 117
  （一）寻找和创建新的根据地是各路红军的共识 / 117
  （二）长征路上创建的根据地 / 119
  （三）创建根据地对于夺取长征胜利的重要意义 / 121
  （四）各路红军会师陕甘宁根据地的历史必然性 / 128

第三篇 | 开创中国革命新局面 /131

一 稳定的领导核心和马克思主义中国化的第一次理论飞跃 / 132
  （一）确立毛泽东对全党和全军的领导 / 133
  （二）形成稳定的党的领导集体 / 144
  （三）实现马克思主义中国化的第一次理论飞跃 / 149

二 完成骨干力量北移和实现统一指挥 / 153
  （一）冲破围追堵截走向抗日出发阵地 / 153

（二）劲旅会师西北，实现党中央的统一指挥 / 157

三　掀起抗日救亡高潮 / 167
　　（一）以西北统一战线带动全国统一战线 / 167
　　（二）东征——走向抗日前线的先声 / 172
　　（三）推动全国抗日救亡运动发展 / 191

四　创建中国革命稳固的大本营 / 197
　　（一）硕果仅存的革命根据地 / 197
　　（二）长征落脚点的巩固与发展 / 199
　　（三）奠基西北 / 205

五　中国共产党走向世界的开端 / 208
　　（一）陈云的随军西行见闻 / 209
　　（二）传教士勃沙特向世界宣传长征 / 215
　　（三）毛泽东亲自组织的长征宣传浪潮 / 217
　　（四）斯诺掀起宣传长征的高潮 / 219
　　（五）长征引发中国苏区热 / 224
　　（六）长征宣传推动抗日民族统一战线的建立 / 228

结束语　长征精神昭示中华民族复兴路 /233
　　（一）长征锻造伟大的长征精神 / 234
　　（二）长征精神的丰富内涵 / 236
　　（三）长征精神的现实启示 / 239

后　记 / 244

补　记 / 246

序篇

长征开启中华民族伟大复兴的序幕

长征，从简单意义上说，就是一次军事行动，特指中国南方各路红军向中国西北地区的战略大转移。从1934年7月红七军团以抗日先遣队名义北上和同年8月红六军团西进，揭开红军长征序幕，到1935年9月和1936年10月，红二十五军、红一方面军、红四方面军、红二方面军陆续到达陕甘革命根据地和陕甘宁革命根据地实现大会师，红军长征胜利结束。深入地分析，长征不仅是历时两年多的一个历史过程，而且是中国共产党人谱写的英雄史诗。正如习近平同志2006年10月22日所指出的：长征不仅是一次人类精神和意志的伟大远征，也是一段中国共产党领导中华优秀儿女寻求中华民族复兴的伟大征程。长征实现了中国革命的伟大转折，开启了中华民族伟大复兴的历史巨轮，改写了中国近代社会发展的历程，长征改变了中国。

中国工农红军夺取长征胜利已经80多年了，要想了解长征对中国社会的影响，自然要首先了解长征出发前的中国社会状况；长征是中国共产党领导的，要想了解长征本身的情况，当然还需要先了解中国共产党的来由和当年的状况。

中国共产党是中国近代历史发展的必然产物。

近代中国的历史发展留给中国共产党人两大历史任务，一是争取民族独立和人民解放，二是实现国家富强和人民幸福。

中国共产党诞生的前夜，中华民族正处在半殖民地半封建社会最底层的黑暗中苦苦挣扎，亿万中国人民正陷于1840年以来为实现民族复兴梦想的一次次奋斗——归于失败的无望境地。

从1840年鸦片战争开始，薪火相传五千年的中华民族和中华文明，受到资本—帝国主义列强一波波越来越严重的侵蚀。一次次规模越来越大的侵华战争，使数十万、数百万的中国人民被直接杀害，特别是1931年开始的日本帝国主义的侵华战争，更是使数以千万计的中国人生灵涂炭；中国人民的财富被长期地疯狂抢掠。帝国主义列强还胁迫那时的中国政府在一百年间签订了1100多个不平等条约，勒索巨额的赔款。据统计，仅从《南京条约》到《辛丑条约》的8次主要赔款及赔款应付利息，就从中国勒索去19.53亿银圆，相当于清政府1901年全年财政收入的16倍。大片的国土被侵占和割让，近30个"租界"的设立和外国在华势力范围的划定，使中国的领土支离破碎。列强还一步步地在中国取得和控制了领事裁判权、驻军权、内河航运权、海关权、筑路权、开矿权、金融权、进出口贸易权、投资权等，中国的主权丧失殆尽。列强一方面通过不平等的商品倾销和非法的鸦片、军火贸易，掠夺中国人民的财富，摧残尚处于萌芽状态的中国民族资本主义企业及传统手工业；另一方面，直接在各通商口岸建立加工厂，就近利用中国的原料和廉价劳动力，榨取财富。与此相关，他们在把中国封建地主阶级培植为其走狗的同时，又扶植起官僚买办资产阶级为其代言人和依附工具，形成压在中国人民头上的"帝国主义、官僚资本主义、封建主义"三座大山。中国社会沦入半封建半殖民地（日占区则成为完全的殖民地）的黑暗之中。从清朝封建统治者到北洋军阀政府，再到南京国民党政权，对于资本—帝国主义的侵略，虽然也有过战场上和谈判桌上的抵抗，但是为了维护他们所代表的封建地主阶级和官僚资产阶级对人民大众的统治，奉行所谓"攘外必先安内"政策，他们的抵抗是软弱和短暂的，最终沦落到要"量中华之物力，结与国之欢心"。

中国与世界各国一样，有史以来都是阶级统治和阶级压迫的社会。在经历了四千多年的奴隶社会和封建社会以后，中国沦入半殖民地半封建社会。占人口不到10%的地主、富农，占有70%—80%的土地，地主依靠出租土地剥削农民。地租率一般在50%以上。广大农民劳动终年而不得温饱，遇到灾年歉收，只能是卖儿卖女。在城市，现代工业极不发达。工业在整个国民经济中所占比例很低，而且主要由官僚资产阶级和帝国主义掌控。在半封建和半殖民地条件下，中国的几百万产业工人遭受着比其他资本主义国家的产业工人更为沉重的奴役和剥削；先天不足的民族资本主义企业，在帝、官、封势力的挤压下，纷纷破产，生存举步维艰；城市小资产阶级，特别是青年，普遍地处于失学、失业状态，生活没有着落。在旧中国，占人口85%以上的劳动大众，不仅在经济上遭受沉重的剥削，而且在政治上也毫无权利可言。他们当中有80%以上是文盲，根本没有就学的条件，实际被剥夺了受教育的机会；法律虽然规定人人都有集会、结社、游行等自由，但在实际上却完全没有可能；由于军警、特务横行和保甲制度、连坐法的禁锢，他们动则被殴打、监禁和屠杀，连基本的生存权都无法保障，时时受到侵害和威胁。

有着五千年文明的泱泱大国，难道就此沦亡？在中国封建阶级的改革派和洋务派、资产阶级的维新派和革命派，乃至传统的革命力量——农民阶级大大小小的抗争逐一碰壁的时候，在新传入中国的西方资产阶级各种政治思想，以及当时最时髦的无政府主义、空想社会主义等新思潮全都无济于事的时刻，一种新的阶级力量——无产阶级登上中国的政治舞台，一种崭新的理论——马克思主义开始在古老的中国传播。经过新文化运动和五四爱国运动洗礼的一大批先进的中国知识分子，架起了这种新的学说与新的阶级力量——中国工人阶级之间的桥梁，于是，产生了中国共产党。完成两大历史任务和实现中华民族伟大复兴的梦想历史性地落在中国共产党的肩上。

"自从有了中国共产党,中国革命的面目就焕然一新了。"这是中共创始人之一毛泽东对中共诞生意义的经典诠释。95年后中共最新一代的领导核心习近平总书记又有了新的诠释:"中国产生了共产党,这是开天辟地的大事变。这一开天辟地的大事变,深刻改变了近代以后中华民族发展的方向和进程,深刻改变了中国人民和中华民族的前途和命运,深刻改变了世界发展的趋势和格局。"习总书记还以无比豪迈的语言郑重宣告:"今天,我们比历史上任何时期都更接近中华民族伟大复兴的目标,比历史上任何时期都更有信心、有能力实现这个目标。""我们完全可以说,中华民族伟大复兴的中国梦一定要实现,也一定能够实现。"

毛泽东对中国共产党历史作用的经典概括是在新中国诞生前夜的1948年11月;习总书记的最新诠释则是在即将全面建成小康社会的决战关头。无论是前者,还是后者,两个结论都是在长征胜利以后。对于长征,长征的统帅毛泽东这样概括:长征一结束,新局面就开始了。的确,长征揭开了中国共产党和人民军队历史的新篇章,也开启了中华民族伟大复兴的序幕。那么,长征以前的中国社会状况如何,中国共产党人又面临着什么样的严峻挑战呢?

第一篇 红军长征的背景和使命

一　中国革命的危机与中共的自我救赎

长征发生的直接原因是中央红军在第五次反"围剿"中失败,最后被迫踏上战略转移之路。1931年1月召开的六届四中全会开始了王明"左"倾教条主义对全党的统治,其危害日益加深,蔓及全国。1932年10月,在其派驻代表张国焘和夏曦的领导指挥下,红四方面军和红二军团主力分别在第四次反"围剿"中失利,被迫撤离经营多年的鄂豫皖和湘鄂西根据地,转战川陕和黔东地区开辟新区;1933年1月,临时中央本身也无法在上海立足,迁至中央苏区;随后,在同年10月开始的中央苏区第五次反"围剿"中,博古等王明"左"倾教条主义的推行者们采用分兵把守、"御敌于国门之外"和"短促突击"等军事冒险主义,致使红军主力损失严重,根据地越打越小,中央红军被迫实施战略大转移。在此之前,红七军团以抗日先遣队名义北上,红六军团离开原来的根据地,西进为长征探路。继1927年大革命失败之后,中国共产党和中国革命再次陷入空前的危机。

(一)王明"左"倾教条主义的实质

王明"左"倾教条主义实质是以形而上学方法论为指导,在分析和指导中国革命时，不从中国国情和革命实际出发，将苏联革命经验和共产国际决议神圣化，违背马克思主义具体问题具体分析这一"活的灵魂"（列宁语），坚持"从决议中来到决议中去"，颠倒了理论与实践的关系，最终坠入本本主义和经验主义窠臼；从主观愿望和臆想出发而不是从现实出发来分析和处理问题，主观和客观相分离、理论和实践相脱节，一切以教条、本本办事，犯了主观主义错误，最终走向了唯心主义。刘少奇后来对教条主义者所犯的主观主义错误曾有过精辟描绘："不是从实际出发，调查了解周围的现实情况，对阶级关系和敌我力量对比作客观的全面的分析、估计，而是从马克思主义的一般原则或共产国际的条文出发，从自己的主观愿望和主观想象出发，进行抽象的推论，作出主观主义的判断。"它是幼年的中国共产党在马克思主义中国化过程中政治上不成熟、组织上不健全和思想上幼稚的结果。

红军时期，在中国革命道路问题上，"左"倾教条主义用形而上学观点看问题，不从中国国情出发，生搬硬套苏联道路，将农村与城市割裂开来，盲目坚持"城市中心论"道路；在统一战线问题上，"左"倾教条主义犯了典型的主观主义毛病，将斯大林关于中国革命"第三阶段"论奉为圭臬，混淆了新民主主义革命和社会主义革命的本质区别，坚持将民族资产阶级、小资产阶级上层视为中国革命的敌人。

（二）在白区的危害

红军时期，以王明为代表的"左"倾教条主义者在白区，尤其是在统一战线问题上主要犯了"左"倾关门主义错误，将民族资产阶级、小资产阶级上层视为最危险的敌人。近代中国革命，分为新民主主义革命与社会主义革命两个阶段。新民主主义革命属于资产阶级性质的革命，视推翻帝国主义、封建主义反动统治为主要目标，以民族资产阶级为代表的中间势力是中共争取和联合的目标,而不是排斥和打击的对象。而以王明为代表的"左"倾教条主义者宣称搞下层统一战线,坚持打倒中间势力。王明说:"中国现在革命阶段的主要动力是:工人阶级、雇农和贫农,中农是巩固的同盟者,加上城乡的广大的半无产阶级成分和小资产阶级的下层。"在王明等人心中,民族资产阶级、小资产阶级上层和知识分子均被排除在革命同盟军之外。

有鉴于此,"左"倾教条主义者对中共白区工作做出了错误判断。首先,认为国民党在白区的反动统治即将崩溃,"中国政治形势的中心的中心是革命与反革命的决死斗争",全党必须在城市发动暴动,争取全国革命的胜利;其次,认为白区的"革命形势不断高涨",革命力量逐渐超过反革命力量,号召各级党组织和党员公开或半公开地起来革命,不断扩大斗争规模;最后,打倒一切中间势力,认为只有无产阶级和小资产阶级下层才是最革命的,民族资产阶级、小资产阶级上层和广大知识分子为代表的中间势力,都是不革命的,甚至是反革命的,他们是"最危险的敌人,应该以主要的力量来打击这些妥协的反革命派"[①]。

在"左"倾思想指导下,幼年的中国共产党采取了一系列错误的白区斗争策略。首先,强调中共必须无条件地向国民党发动进攻,要求党在城市公开组织工人和学生进行暴动、起义,去"争取一省或数省的首先胜利",导致整个地区或整个行业的革命力量暴露,党的力量被白白损失;其次,否认敌人内部存在矛盾,拒绝联合一切可以联合的力量,将民族资产阶级、小资产阶级上层和知识分子视为国民党反动派的帮凶,拒绝与其沟通、联合,号召赤手空拳的城市无产者、工人、学生与强大的敌人展开斗争;最后,拒绝利用合法手段进行

---

① 《革命士兵与民众联合起来》,《红旗周报》1932年2月25日。

斗争。

在"左"倾思想错误指导下，中共在白区的力量几乎全部损失。由于"左"倾教条主义者不顾城市中极端恶劣的外部环境，强迫工人举行罢工，致使大批党员和工人被捕。1934年年初，全国工会会员从原来的300余万人锐降到不到89万人。白区党组织几乎被国民党破坏殆尽，党员和工人骨干几乎全部被逮捕入狱，中共早期大批优秀的领导者如彭湃、杨殷、蔡和森、罗亦农、恽代英、邓中夏、何孟雄、林育南、李求实等均被捕牺牲。

（三）在苏区的危害

1. 关于干部政策

毛泽东说过，"左"倾教条主义统治时期，"党的干部政策和组织政策方面，是犯了严重的原则性的错误的，这表现在宗派倾向、惩办主义和思想斗争中的过火政策"[1]。毛泽东所言，精辟地概括出了"左"倾教条主义给党在领导方式、干部政策、组织原则和思想路线方面带来的危害。

"左"倾教条主义大搞宗派主义，损害了党的干部政策，在党内形成了一个"左"倾宗派团体。在上海成立的中共临时中央政治局，王明指派其在苏联留学的同学博古、张闻天和从事工人运动出身的卢福坦三人担任中共临时中央政治局常委，由博古负总责，以在党中央执行"左"倾教条主义。[2]在各苏区根据地，王明陆续派遣中央代表、中央代表机构或领导人，担任各根据地党政军部门的要职。在中央革命根据地，由任弼时、王稼祥、顾作霖组成了"中央代表团"；张国

---

[1] 毛泽东：《毛泽东选集》第二卷，人民出版社1991年版，第531页。
[2] 刘晶芳、李东朗：《长征全史》，江西教育出版社1996年版，第6页。

焘被派往鄂豫皖根据地执掌红四方面军大权；夏曦前往湘鄂西根据地夺取大权。王明"左"倾教条主义得以自上而下地在全党施行。

在组织政策上，"左"倾教条主义者大搞"惩办主义"，采取"残酷斗争、无情打击"的方式来进行党内斗争，对当时不拥护、不积极支持"左"倾教条主义的干部，动辄扣上"富农路线""右倾机会主义者""罗明路线"的帽子，通过撤职查办、开除党籍、劳动改造，甚至杀头的方式来严厉惩办党内干部。他们混淆了敌我矛盾和人民内部矛盾界限，破坏了党的民主集中制，发展了盲目服从、随声附和的不良倾向，造成党内分裂的严重危机。

在党内斗争中，存在着过火斗争的不良倾向。对犯错误的同志，"左"倾教条主义者不是从思想上、教育方法上着眼和解决问题，不注重分析错误产生的思想、社会根源，不采取批评与自我批评的方法，不是本着惩前毖后、治病救人的目的，对犯错误的同志进行严肃的、实事求是的批评斗争，而是采取简单粗暴、过火斗争的办法，既无法帮助党员提高思想觉悟水平，又达不到帮助党员避免或少犯错误的目的。

"左"倾教条主义者在领导方式上大搞"家长制"，取消党委集体领导，损害了党的民主集中制。长征前夕，在党内由博古负总责，张闻天任中央书记处书记、中华苏维埃共和国中央政府人民委员会主席，是党内"二号"人物，但在党内大事上，张闻天只有执行权，决策权被博古把持；在军事上，共产国际军事顾问李德成为党和军队的"太上皇"，独揽中华苏维埃共和国中央革命军事委员会（以下简称中革军委）和红军指挥大权，周恩来是红军总政委，王稼祥是总政治部主任，但在军事上发言权都很有限，李德包揽一切，完全替代了党中央和中革军委的集体领导，严重破坏民主集中制。毛泽东1941年9月在为中共中央政治局会议起草的《关于四中全会以来中央领导路线问题结论草案》中写道：至于把中央领导变为三人团，变为外国顾问一人专政，剥夺政治局委员参与了解军国大计的权利，甚至根本停止政治局的工作，"则是宗派主义在最高领导机关中发展到了极点的时候"。

2. 关于阶级关系

王明等"左"倾教条主义者罔顾中国的实际，夸大资本主义在中国经济中的比重，夸大反对资产阶级、反富农斗争的意义，认为现阶段的中国革命，只有在坚决进行反对资产阶级的斗争中才能取得彻底胜利。他们还否认中间势力的存在，认为一切资产阶级改良派都是反动的最危险的敌人，在白区、苏区处理阶级关系上犯了扩大化错误。

在白区，"左"倾教条主义者号召打倒一切中间势力，将其推到革命统一战线的对立面。九一八事变后，民族资产阶级和中间势力的反日情绪高涨，国民党内部亦分裂出抗日派别，中共本应利用这支力量结成反蒋抗日统一战线，共赴国难。但是王明等认为"这些派别是最危险的敌人，应该以主要的力量来打击这些妥协的反革命派"，犯了阶级斗争扩大化的错误，将其推到了革命队伍的对立面。

在苏区，"左"倾教条主义者把党内斗争与阶级斗争混为一谈，在各级党政机关和红军部队中开展"查阶级运动"，大搞"唯成分论"。对出身剥削阶级家庭的革命同志，不论其表现如何，也根据"地主富农子弟，在斗争中必然会背叛革命"的原则进行清洗打击。这些同志尽管做出很大贡献，被查出后也摆脱不了轻则劳改、重则砍头的命运。这使一些久经考验的革命干部受到打击。

在农民问题上，"左"倾教条主义者照搬苏联消灭富农的革命策略，把民主革命时期本应限制的对象作为与地主一样的打击对象。在划分农村阶级成分中，由于"左"倾土地政策有关地主、富农划分标准不具体，结果地主、富农的范围被扩大，部分中农甚至贫农也被划为富农，犯了阶级成分扩大化的错误。特别是在1933年7月查田运动全面开展以后，这种阶级成分扩大化的现象更为严重。据统计，江西、福建、广东三省隶属中央苏区的辖地，共计查出地主6988家、富农6038家。这些新查出的"地主""富农"，有相当部分其实是中农，甚至不乏贫农，这就破坏了依靠贫雇农、联合中农的土地革命政策。

3. 关于经济政策

1931年11月中华苏维埃第一次全国代表大会后，以王明为代表的"左"倾教条主义在中央苏区的影响开始扩大，大会通过带有浓重"左"倾色彩的《中华苏维埃共和国土地法》《中华苏维埃共和国劳动法》和《中华苏维埃共和国关于经济政策的决定》，对各革命根据地的经济建设造成严重危害。

其一，"左"倾教条主义者在土地革命中推行"地主不分田，富农分坏田"的极左土地政策。《中华苏维埃共和国土地法》规定地主"没有分配任何土地的权利"，富农"可以分得较坏的劳动份地"。更重要的是，苏区政府对地主不仅不分田，而且不准地主买地、租地和开荒，不准其以任何方式与土地发生关系，由此断绝地主生活来源，又从肉体上消灭地主，将地主逼到反对革命的行列；苏区政府对富农不仅分坏田，而且经富农力耕改造成的好田，又将其没收重新分以坏田，还不断加重富农的劳役和粮款负担，使不少富农"家况比雇农差"，从而在经济上消灭富农，将富农也推向反革命阵营；中农本是团结的对象，但在土地分配中，中央的指导思想是"雇农分上田，贫农分好田，中农分中田"，按阶级划分土地，实质上侵犯了中农利益。加之"左"倾教条主义者阶级划分扩大化，将不少中农错误打成富农、地主，使他们家产被没收、遭遇了"分坏田"甚至"不分田"的厄运，破坏了中农与贫雇农之间的联盟，使不少中农跑到富农那边，削弱了中共在根据地的执政基础。

在苏区，"左"倾教条主义者除推行极左土地政策外，还征收高额的农业税，使农民无能力扩大再生产。1932年7月颁布的《关于修改暂行税则问题》中，提高了农业税的征收比重。一般农民的起征点，由原来的四担降为三担；最低一级的税率，由原来1%提高到4%；最高一级的税率，由16.5%升为18%。过重的农业税，加重了苏区农民的负担，严重影响农民的生产积极性，大量土地荒芜。据1932年5月统计，仅江西省的公略、万泰两县就有荒田荒地10万担[①]以上。

其二，工业政策上，极左劳动政策导致大批私人企业的破产。《中华苏维埃共和国劳动法》照搬苏联劳动法的许多内容和条款，在主观愿望上极力维护苏区雇佣劳动者的合法权益，试图改善工人的劳动条件和经济收入，以使苏区工人得到更多利益，提升生活待遇。但其所规定的劳动条件和物质待遇，超过企业的实际承受能力，导致许多私人企业破产倒闭，大批工人失业，苏区的工业遭受更大的损失。

其三，自我封锁的政策和过高的税收影响了商业。"左"倾教条主义者动辄"拿赤色戒严反对国民党蓝衣社法西斯蒂混入苏区，反对投机买卖为口实"[②]，禁止苏区与国民党统治区之间的自由贸易，导致苏区的产品无法外销，而国统区的工业品、日用品也无法进入苏区。如中央苏区盛产谷米，但很多地方"自建立苏维埃以来""就不准出境"，导致苏区难以交换到急需的物资，结果苏区的主要农产品价格下降，主要的日用品和工业品价格则大幅上涨。

苏区还对商业征收高额的税收。"左"倾教条主义者上台后，颁布《关于修改暂行税则问题》，规定"商业资本壹百元以下的一律

---

① 那时"亩""公顷"等单位在中国农村不太普及。各地农民习惯用以当地粮食产量为标准的计量单位，只是一种大概计量，当地群众知道是多少，不能准确换算。各地的标准也不一，此处尊重原始材料。

② 张闻天：《反对小资产阶级的极左主义》，《斗争》第67期。

免税","肩挑小贩资本在壹百元以下……免收商业税"①,降低了征税起点。资本在200元和400元以内的小商贩,1932年的税率较上年分别增长了6倍和2.5倍,中等商人和大商人的税率分别增长了84.5%和24.3%。这加重了商人的负担,打击了商人特别是小商贩的经营积极性。

苏区政府还对商业强行纳捐、罚款,干扰了正常的商业秩序。"左"倾教条主义者执行极左政策,将商人当土豪打,宁都县"湛田区的负责人,调查到哪家有钱进来,不管是贫苦工农和小商贩,就当作土豪来打";强行摊派捐款,或无端罚款,弄得商人们担惊受怕,根据地正常的商业秩序被打乱,商业萧条。

其四,"左"倾教条主义恶化了苏区财政金融。因受"左"倾教条主义影响,取消了主力红军筹款,加剧了苏区人民的财政负担,造成红军军需严重匮乏。为保障红军战时军需,苏区政府不得不颁布以降低征税起点和提高税率为主要内容的新税则,这使中小商人税负加重,营业积极性大受挫伤;红军还不得不采取打土豪筹款的方法,强行向商人和富农纳捐、罚款,进一步加重了商人负担。"左"倾教条主义者采取自我封锁的商业政策,阻碍了苏区与国统区之间的正常贸易往来,导致苏区的银圆大量外流,加剧了苏区的财政金融危机。银圆的短缺使得苏区政府不得不大量发行纸币、公债;失去了银圆储备的纸币和债券,无法继续构成实际的财政收入,使苏区陷入通货膨胀的困境,财政金融处于崩溃的边缘。在极左政策的打击下,苏区经济状况不断恶化,给第五次反"围剿"带来重重困难。

---

① 厦门大学法律系、福建省档案馆:《中华苏维埃共和国法律文件选编》,江西人民出版社1984年版,第298页。

4. 关于"肃反"扩大化

在政治路线上的紊乱，不仅造成阶级阵脚大乱和经济政策的错误，而且随之带来"肃反"扩大化的严重错误。

王明等"左"倾教条主义者上台后，由于对中国社会各阶级的本质缺乏正确的认识和科学的分析，不懂得中国的资产阶级分为大资产阶级和民族资产阶级两个部分，不懂得在完成反帝反封建任务的民主革命阶段民族资产阶级是革命的同盟军和参加者，因而混淆了革命的对象。再加上一味地模仿和照搬苏联"肃反"的方法和经验。当个别地方因为复杂原因出现反革命活动时，就武断地认为各革命根据地还没有"真正的"工农民主专政的苏维埃政府和"真正的"红军，公开"怀疑一切"，以"肃反为一切工作的中心"，大肆搜捕所谓的"社会民主党分子"，展开了声势浩大的苏区"肃反"运动。

中共苏区大规模的"肃反"运动，始于1930年年底的"富田事变"。事变后不久，王明把持下的中共中央政治局将"富田事变"定性为"反革命事件"，先后向各苏区中央分局发出指示信，认为苏区"隐藏着许多国民党改组派、第三党、AB团之类的反革命的组织"，要求各根据地"迅速消灭这些组织，有系统的有计划的去进行肃反工作"。

在"左"倾教条主义者错误的指令下，各革命根据地先后成立"肃反委员会"。由于"肃反委员会"握有党中央给予的"尚方宝剑"，形成了一个超越党委和政府的独裁机构，它们凌驾于各级组织之上，任意践踏刚建立起来的苏区司法制度，压制党内民主。凡是被"肃反委员会"戴上"社会民主党分子"帽子的人，可不必办理苏维埃政府报批的各种司法手续，仅凭捕风捉影罗列的罪名，下层各级组织就可以随意逮捕"嫌疑人"，不经调查审讯即可处决犯人。

各苏区的"肃反"运动于1931年前后达到高潮。其中，中央根据地、鄂豫皖、洪湖等根据地的"肃反"运动使成千上万的共产党员和革命群众被杀害,制造出了大量的冤案、假案和错案。以闽西根据地为例,经过一年多的"肃反"运动,总人口仅有100万左右的根据地内被逮捕的"社会民主党分子"竟超过1万人,其中有6300多人被处决,党员人数也从8000人下降为5000人。[①] 各县苏维埃组织均遭到严重破坏,许多闽西早期的革命领导人被错杀,苏区的30个区委中,只有1个还能勉强维持工作。

在鄂豫皖和川陕苏区进行的"肃反"中,张国焘动辄便把一支部队中连排以上的干部大部杀光,有些地方的村苏维埃主席换一任杀一任,以致一年内换了四五任。

陈昌浩指出,经过"肃反","现在红军中军政党团的干部全部改造了"。"肃反"的直接恶果,便是大量红军指战员被杀,红军战斗力下降。

在湘鄂西苏区,夏曦在党中央"左"倾教条主义支持下,将"开展群众性的肃反工作"列为一项重要任务。夏曦主导的"肃反委员会"认为,分局和省级党、政、群领导机关人员中,除少数几个领导人或少数机关工作人员外,其余的都是"反革命"或"反革命嫌疑分子",若干地区的党组织都是"反革命"团体。"肃反委员会"还规定,军队中营以上干部都不准自首。因此,除少数人被判刑服劳役外,被逮捕的大部分人惨遭杀害。红三军最后只剩下四个党员,即夏曦、关向应、贺龙、卢冬生。由此,湘鄂西苏区第四次反"围剿"失利,红二军团被迫退出洪湖地区转移至黔东。

5. 关于军事上的冒险主义

军事方面,以王明为代表的"左"倾教条主义者照搬照抄苏联红军经验,在军事体制、战略方针上犯了"左"倾错误,具体如下:

---

① 蒋伯英:《闽西革命根据地史》,华夏出版社1987年版,第196页。

其一，"左"倾教条主义借反对右倾机会主义之名，改组各苏区红军领导机关，夺取军事指挥权。他们借纠正"立三路线"之名，行夺取苏区红军指挥权之实。在中央苏区，宁都会议后不久，便撤销毛泽东担任的红一方面军总政委职务，将毛泽东调回瑞金专任政府工作，并在第五次反"围剿"时不让其过问军事，剥夺毛泽东的军事指挥权。1933年，中共临时中央任命德国人李德为中央苏区前线红军的最高指挥，令其"主管军事战略、战役战术领导、训练以及部队和后勤的组织等问题"[①]。随后又设立了由李德、博古、周恩来组成的"三人团"全权指挥军事，使得中央苏区前后方军事最高指挥权尽归"左"倾教条主义者。

其二，"左"倾教条主义强化政治委员个人权力，损害了人民军队的建军原则。自"三湾改编"后，支部建在连上、党对军队的绝对领导成为中共建军的基本原则，军队实行党委集体领导下的首长分工负责制，有效保障了党对军队的绝对领导，最大程度上实现了军队内部的民主，保障了军队的民主决策，防止个人包办代替党委集体领导。但是，以王明为代表的"左"倾教条主义者，照搬苏联红军经验，撤销师以上各级党委，建立党务委员会；将连党支部和团党委改为支部干事会和团总支部，上述部门均只负责本级党务工作，将党委对红军的领导改为政治委员对军队的领导，事实上扩大了政治委员的权限，取消了党委集体领导制度，破坏了"党指挥枪"的建军原则。

其三，片面强调红军的任务为打仗，取消红军筹款、做群众工作的任务，以实现所谓"革命在一省或数省首先取得胜利"的目标。1932年，中共苏区中央局指斥红军"常常束缚在'分散'筹款'分散'做群众工作的任务上"，强调红军必须"到白色统治区域去开展胜利

---

① 〔德〕奥托·布劳恩：《中国纪事（1932—1939）》，现代史料编刊社1980年版，第46页。

的进攻,连续的战胜敌人,消灭敌人武力"。①为此,"左"倾教条主义者推行"大后方主义"后勤保障,将红军的人力、物力和财力全部交付苏区政府保障,加重了苏区政府和人民的负担,超出其承受限度,使得红军后勤供给出现困难,影响了红军的第五次反"围剿"军事行动。

其四,要求放弃红军游击战战略战术,强调红军绝对正规化。"左"倾教条主义者效仿苏联红军,强调红军应与国民党军队进行正规战、阵地战、攻坚战,放弃游击战、运动战歼敌的战略战术;要求红军进行堡垒战、巷战、对空作战等战术训练,提高阵地战能力,以大城市为主要作战目标;片面强调红军的正规化,放弃苏区建立的主力红军、地方红军和赤卫队相结合的武装力量体制,强调改造和扩大红军,将地方红军、赤卫队编成主力红军,削弱了主力红军的后备力量和苏区游击战力量。

其五,军事战略方针上,"左"倾教条主义者犯了进攻中的冒险主义、防御中的保守主义和退却中的逃跑主义等错误。进攻时,主张"全线出击",攻打敌人的坚固阵地;防御时,采取消极防御的战略方针,要求红军进行阵地防御,以集中对集中、阵地对阵地、堡垒对堡垒,分兵把守、节节抵御,以"短促突击"抵挡住敌人进攻,放弃诱敌深入、聚而歼之的方针;退却时,不做动员解释,秘而不宣,不敢实施主动的放手的攻击战,采取避战主义方针和搬家式的逃跑主义方针。

在"左"倾冒险主义军事路线指导下,湘鄂西、鄂豫皖第四次反"围剿"和中央革命根据地第五次反"围剿"斗争先后失败,中国共产党在大革命失败初期通过发动多次武装起义,相继建立的十多块革命根

---

① 转引自《中国人民解放军军史》编写组:《中国人民解放军军史》第一卷,军事科学出版社2010年版,第254页。

据地，在国民党军的强力进攻下，一一沦陷或变为游击区，全国工农红军的人数和实力锐减，南方的各路红军最终不得不进行战略性转移，陆续踏上漫漫长征路。

长征前夕，肩负着争取民族独立和人民解放重任的中国共产党，自身就面临着生死存亡的严峻挑战。面对艰难险阻，中共能否完成党的自我净化、自我完善、自我革新、自我提高，能否冲破"左"倾教条主义的牢笼，实现党从幼年到成熟的升华，实现马克思主义与中国革命实际相结合的质的飞跃，重新焕发出旺盛的生命力和强大的凝聚力，是长征中中国共产党所面临的第一大历史任务。

二 中华民族的危机与争取民族独立的使命

从 1840 年开始，在资本主义列强的蚕食下，中国由一个主权完整的封建王国逐步沦为一个半殖民地半封建的国家。在 1931 年日本帝国主义发动九一八事变后，先是东北三省沦陷，接着热河省被日本侵占。到红军长征前夕，日本侵略者的铁蹄已经踏入当时的河北、内蒙古、绥远、察哈尔和山西等广阔的华北大地，中国面临着沦为日本一国独占的殖民地的危险，中华民族面临着亡国灭种的空前危机。面对外族入侵，蒋介石南京政府顽固坚持"攘外必先安内"的反动政策，奉行不抵抗主义，致使大片国土沦丧，人民饱受欺辱，国难日益加重。九一八事变也给中国共产党人提出新的命题：他们一方面不得不同顽固坚持"攘外必先安内"政策的大地主、大资产阶级发动的全面"围剿"进行殊死的阶级搏斗，另一方面必须进行抵抗日军侵略的全民动员和准备，肩负起拯救民族危亡的历史责任。中国共产党不仅是中国工人阶级的先锋队，而且自诞生之日起就以争取民族独立和人民解放为自己的历史使命。1922 年 7 月，中国共产党二大就明确了党在现阶段反帝反封建的民主革命纲领，即党的最低纲领。从此，党便高举反对一切侵略中国的帝国主义的旗帜。

九一八事变后，中共中央迅速发表宣言和决议，及时号召全国民众以民族革命战争驱逐日本帝国主义出中国，争得民族的解放与独立。1932年春，周恩来在《红色中华》发文，指出目前革命的中心任务是要以"革命战争消灭帝国主义战争"，号召动员、武装人民群众，"直接对日作战"。①4月15日，中华苏维埃共和国临时中央政府主席毛泽东发表《对日战争宣言》，"正式宣布对日战争，领导全中国工农红军和广大被压迫民众，以民族革命战争，驱逐日本帝国主义出中国"，"以求中华民族彻底的解放和独立"。②1933年1月10日，中共首次提出中国工农红军准备在三个条件下同任何武装部队订立共同对日作战的协定。在此前后，中共加强了对东北抗日救亡运动的领导，派遣许多干部到东北从事抗日义勇军的组织和发动工作。与此同时，中共还加强了与国民党内主张抗日的地方实力派的联合。先是在1931年12月，成功地以抗日反蒋为口号，领导国民党第二十六路军起义；随后又派遣300多名共产党员参与冯玉祥领导的察哈尔抗日同盟军；1933年3月9日，《中华苏维埃临时中央政府宣言》重申，红军愿与一切真正抗日的军队订立停战协定，"要求以全国兵力开赴华北抵抗日本帝国主义的进攻"！5月28日，中华苏维埃共和国临时中央政府在《告闽粤白军士兵书》中，首次提出"红军北上抗日"的口号。5月30日，中共中央局发表《为"五卅"八周年纪念宣言》，提出"工农红军北上抗日，同日本帝国主义直接作战"。与之相辅，苏区民众御侮自救会议于6月响亮地喊出"拥护工农红军出师抗日！""彻底消灭阻碍工农红军北上抗日的国民党军阀！""猛烈开展民族革命战争，把工农红军与华北义勇军的斗争汇合起来！"

---

① 《红色中华》1932年2月3日。

② 《红色中华》1932年4月21日。

等口号。当时的《红色中华》，通栏醒目标题是："彻底消灭阻碍工农红军北上抗日的国民党军阀！"①同年11月，中华苏维埃临时中央政府与起兵反蒋抗日的福建人民政府（十九路军）签订《反日反蒋的初步协定》。上述情况表明中国共产党坚决抵抗日本侵略的鲜明态度和坚定决心，也初步展示了中共在抗日救亡运动中的领导核心作用。

尤为难得的是，在长征出发一年半之前，中国共产党就旗帜鲜明地打出"北上抗日"的旗帜。"北上抗日"成为全国爱国民众的共同呼声，国内舆论界都不约而同地喊出"北上抗日"的呼声。很多学生、知识分子纷纷组织起声势浩大的"北上抗日铁血团"，如1933年《每周评论》（总第49期）曾报道"武汉大学铁血团北上抗日"。在此背景下，中国知识分子阶层的舆论围绕如何应对日军步步入侵而展开争论。鉴于"剿共"牵制数十万国民党政府军队，使其不能北上抗日，而被"围剿"的红军又一再要求"北上抗日"，因此要求停止"剿共"的呼声渐渐形成全国声势，甚至参加"围剿"红军的国民党军队中的爱国官兵也纷纷请缨"北上抗日"。

中国共产党牢记争取民族独立的历史使命，顺应党心和民意，从提出反帝反封建的民主革命纲领到对日宣战，再到明确提出红军北上抗日，中国共产党充分表现了抗日救国、以中华民族利益为重的诚意。"北上抗日"是比"准备直接对日作战"更进一步的行动目标，是具有实践意义的行动纲领。

中共关于北上抗日的主张受到党内和党外两个方面的严重阻挠和干扰。

在党外，以蒋介石为首的南京政权从其大地主、大资产阶级的反动本性出发，罔顾民族大义，一心要彻底"剿灭"中共领导的工农革命。

---

① 《红色中华》1933年5至6月资料。

特别是在 1932 年 10 月刚刚取得"围剿"鄂豫皖革命根据地和湘鄂西革命根据地的胜利,正在积极筹划发动对中央革命根据地的第五次"围剿"的时刻,他提出并坚持奉行"攘外必先安内"的政策。1933 年 4 月 6 日,蒋介石发出《告各将领先清内匪再言抗日电》,声称:"如我剿匪各将领,若复以北上抗日请命,而无意剿匪者,当以偷生怕死者视之","此今日各将领南辕北辙之心理自败之,非赤匪之果胜于我也。须知赣匪不清,国亡无日,吾人生且无立足之地,尚何有厚颜以谈北上抗日耶!""若再有偷生怕死、侈言抗日、不知廉耻者,立斩无赦"。①10 日,蒋介石在南昌则公开发表谈话,回应社会舆论:抗日必先剿匪……匪未清前,绝对不言抗日。秉持这一政策,蒋介石一方面在全国推行严酷的白色恐怖,并发动对中共和一切爱国进步声音的文化"围剿",压制中共的抗日主张和其统治区的抗日力量;另一方面,对中共领导的革命根据地发动了更大规模的武力"围剿"。

在中共党内,当时把持中共中央领导权的王明、博古等,把日本侵占东三省的目的判断为:一是要镇压中国工农革命,二是要把中国变成它的殖民地,三是要为直接进攻苏联做准备,并提出"反对帝国主义国民党进攻苏联,武装拥护苏联"的口号。关于统一战线问题,这些文件除加上"反日斗争"标签外,在统一战线的性质和对象等实质内容方面,没有相应的变化,仍然沿用既往的那种"要兵不要官"的下层统一战线策略,即所谓:"党应该特别加紧反帝斗争,尤其是反日斗争的领导,以开展反帝的革命运动,尽量同下层小资产阶级群众,如一部分革命学生、小商人,以至城市贫民成立反帝的统一战线,

---

① 《中华民国重要史料初编——对日抗战时期绪编》(三),第 35—36 页。

并且成立这种反帝的公开组织,而取得其领导。"① 这些宣言和文件,对民族危机加重后中国社会各阶级的巨大变化,仍然没有足够的重视,更没有科学的分析,依然沿袭九一八事变刚刚发生时那几个相关文件的判断和号召,使得中国共产党的抗战主张因缺乏针对性而号召不力。他们在国内阶级政策上,把民族资产阶级作为革命的对象,把代表城市小资产阶级利益的"第三党"等中间力量当作"最危险的敌人",实行"地主不分田、富农分坏田"的土地政策和"要兵不要官"的统战政策。在总的路线方针仍是"左"倾教条主义居于统治地位的情况下,中共同十九路军、同冯玉祥察哈尔抗日同盟军的合作就不欢而散。② 这些错误的理论和实践上的关门主义,使中国共产党和红军坐失九一八事变后国内抗日民主运动高涨的良机,陷自己于孤立,并影响了对全国抗战的发动和领导。

在国民党军队的严密封锁和"围剿"下,加之党内盛行的"左"倾关门主义的影响,如何动员全国民众实现自己的抗日救亡主张,对于中国共产党人来说,也是一场严峻的历史考验,是红军长征所面临的第二大历史任务。

---

① 《由于工农红军冲破第三次"围剿"及革命危机逐渐成熟而产生的党的紧急任务》(1931年9月20日),见中共中央文献研究室、中央档案馆:《建党以来重要文献选编(1921—1949)》第8册,中央文献出版社2011年版,第560页。
② 王明1936年1月29日在《救国时报》发表《论上海反日战争的教训》,承认一年前在一·二八抗战期间,"因为我们党的个别领导同志认为'工、农、兵、学、商联合'的口号是不能容许的,因此采取了不正确的立场,以致真正广大的反日统一战线没有建立起来"。

三 中国社会的变迁和革命骨干力量的北移

20世纪30年代中叶,中国共产党领导的各路红军由南向北进行大迁徙。大迁徙的原因,起初是在国民党政权及其军队的强力"围剿"下,由于中共党内"左"倾教条主义的错误指挥,红军未能击退敌人的进攻,南方各红色根据地丧失而被迫进行战略转移。但是,深入地研究这次大迁徙的历史背景,不难发现20世纪30年代中国南方和北方社会形势的剧烈变迁,是这次大迁徙的深层次的内在原因。

(一)中国革命中心由南到北的历史变迁

1840年以来,资本主义列强对中国的侵略加速了中国社会的变革。各通商口岸的开设,外国商品的倾销,矿产粮棉等资源的被掠夺,既冲击撼动了中国封建经济的根基,也刺激了中国民族资本主义经济的发生和发展。与此同时,西方的各种社会思潮也开始在古老的中国传播。这一历史现象是自南向北蔓延的,中国南方得风气之先。无论是开眼望世界的林则徐和魏源,还是把旧式农民战争推向最高峰的洪秀全,乃至洋务派的曾国藩、左宗棠、李鸿章、张之洞和资产阶级改良派的康有为、梁启超、谭嗣同等,无不以中国南方为依托,推行他们

的变法主张，试图改变中国。

自资产阶级民主革命运动兴起以来，革命的中心也一直是在南方。辛亥革命主要是在南方发动并取得胜利的；辛亥革命后，孙中山等领导的二次革命、护法战争和护国运动等也是由南向北发动的。中国共产党成立后也是把工作中心放在了南方。国共合作掀起的大革命和北伐战争依然是以南方为中心逐步展开的。大革命失败后，中国共产党人仍然是把武装反抗国民党反动派斗争的中心放在了中国南方。南昌起义后向广东的进军、海陆丰的武装暴动和广州起义，都有先建立两广根据地，再度北伐的意图；领导湘赣边界秋收起义的毛泽东也认为，红军的组成、红色政权首先发生和能够长期存在的地区，必须是经过民主革命影响的，"例如湖南、广东、湖北、江西等省"，"那些毫未经过民主的政治训练、毫未接受过工农影响的军队，例如阎锡山、张作霖的军队，此时便决然不能分化出可以造成红军的成分来"。① 当时先后建立的大大小小的十几块革命根据地，除陕甘和陕北之外，基本上分布在中国的南方省份。这种情况在 20 世纪 30 年代中期开始发生转变，中国革命的重心逐步由南方向北方转移。这是因为：

其一，自明成祖定都北京以来，北方长期是中国封建专制统治的中心。但是，清末以来，继清廷封建统治的被推翻，袁世凯死后北洋军阀集团的分裂及其随后在国民革命军发动的北伐和二次北伐中的土崩瓦解，在中国北方，不仅旧的反动统治势力已经被摧毁，而且继之而起的新军阀冯玉祥、阎锡山、张学良等的势力，也在新军阀混战、南京国民政府的削弱政策的打击，以及日本侵占我东北三省的过程中，遭到重创。中国北方的反动统治力量大为削弱。

---

① 毛泽东：《中国的红色政权为什么能够存在？》，见《毛泽东选集》第一卷，人民出版社 1991 年版，第 49—50 页。

其二，大革命后期通过发动反革命政变在南京建立起的蒋介石政权，由于得到江浙等富庶地区地主买办阶级以及英美等帝国主义的支持，1928年12月，随着东北易帜而完成了形式上的全国统一。接着，南京政权在与各路军阀混战中，一一胜出。特别是在规模最大的一次军阀内战——中原大战中，蒋介石战胜了冯玉祥、阎锡山、李宗仁等地方实力派，以及汪精卫等国民党内各反蒋政治派系的联合挑战，其统治力得到空前的巩固和膨胀。虽然，此后直至蒋介石政权最后在大陆覆灭，各地方实力派与蒋介石集团的矛盾甚至是武装摩擦，一直没有停止过，但都已不足以对蒋介石的统治构成实质性的威胁。蒋介石政权把持了中国政治、经济、军事的命脉。

其三，在大规模的军阀混战平息以后，蒋介石一方面在其统治的中心区发动更为严酷的白色恐怖，使长期在上海领导全国革命的中共中央无法立足，不得不迁往中央苏区；另一方面，还纠集大军对分布在南方各省的各路红军和各红色根据地进行疯狂的反扑。在强敌的进攻下，先是海陆丰根据地丢失，继而是红四方面军和红二军团未能打破敌人的第四次"围剿"，分别撤出鄂豫皖根据地和湘鄂西根据地，转战川陕和黔东。不久，留在鄂豫皖地区坚持斗争的红二十五军，也踏上了战略转移之路，鄂豫皖革命根据地丧失。接着，湘赣革命根据地也陷入危急，红六军团作为战略先遣队撤离湘赣根据地，赴黔东与贺龙部会合，湘赣根据地失守；与湘赣根据地紧密相连的湘鄂赣根据地随之沦为游击区；作为中央苏区东部战略支撑和屏障的闽浙赣苏区，此时在敌人的围攻下，红十军团几乎全军覆没，军政委员会主席方志敏被捕就义，苏区沦陷。最后是中央革命根据地在红军第五次反"围剿"失败后，也落入敌手，党中央和中央红军与分布在南方的各路红军一样，被迫进行战略大转移。这样，中国南方的革命运动陷入低潮。

其四，九一八事变以来，日本帝国主义对我东北、热河的武装侵

占和对华北地区的侵略渗透，使中华民族面临亡国的危机。东北抗日救亡运动的风起云涌，察哈尔抗日同盟军的出现和长城抗战、绥远抗战的爆发，以及北平一二·九抗日救国运动的酝酿和发动，表明以抗日救亡为核心的新的革命高潮正在中国的北方日益高涨。

上述情况是当年中国社会变革的大致轮廓。下面我们就国民党统治区域和苏区的状况，做一些具体分析。

（二）中华民国的"黄金十年"

从1927年到1937年全面抗战爆发之前的十年，被誉为近代中国经济史上的"黄金十年"。二战时期盟军中国战区参谋长、美国人阿尔伯特·魏德迈将军曾说过："1927年至1937年之间，是许多在华很久的英美与各国侨民所公认的'黄金十年'。在这十年之中，交通进步了，经济稳定了，学校林立，教育推广。而其他方面，也多有进步的建制。"[1] 其中，成就最大的当属经济建设。根据美籍华裔学者章长基的估算，1928—1936年，中国工业年增长率高达8.4%。[2]

金融是经济的血液，货币是金融的基础，国家工商业经济的发展需要有一个币值稳定、统一有序的货币金融体系来为其融通社会资金。1927年后，南京国民政府首先在财税、金融体制方面做出了诸多努力，

---

[1] 张宪文、张玉法：《中华民国专题史·第六卷·南京国民政府十年经济建设》，南京大学出版社2015年版，第1页。

[2] 吴承明：《近代中国资本集成和工农业与交通运输业总产值的估计》，见《吴承明集》，中国社会科学出版社2002年版，第136页，转引自张宪文、张玉法：《中华民国专题史·第六卷·南京国民政府十年经济建设》，南京大学出版社2015年版，第121页。

为工商业发展起到了良好的先导和基础性作用。[①]

1928年8月，南京国民政府在国民党二届五中全会上通过了《统一财政，确定预算，整理税收，并实行经济建设财政政策，以植财政基础而利民生建议案》，将财政、税收、债务和金融货币的改革视为"根本政略"。其基本内涵就是"统一"，即将财税权统一于中央之下，目的是在政治上限制地方军阀势力，经济上增强中央的控制能力，为国民经济发展打下良好的基础。随后几年采取的主要措施有：进行财税的整顿与改革，国家、地方财政收支结构分离，确立国家、省、县三级财政制度和预算决算制度；统一税务机关，裁撤厘金，改设统税；发行内外公债，筹措资金；实行海关自主、关税自主，基本收回海关自主权；厉行关税、盐税改革和统一盐务；建立"四行二局"为骨干的现代化国家金融系统；颁布一系列银行法令，刺激私营银行的发展；"废两改元"和建立法币制度。[②]

尤其是1935年的法币改革，是近代中国财政金融史上的一大创举，亦是近代中国财政金融史上的根本性变革，在稳固社会、推动经济发展方面起到重大作用。法币制度建立的第二年即1936年，中国国民生产总值就达到有史以来的最高水平，工业产品的产量比1935年增加70%，商品交易量如棉花、棉纱等也增加30%。[③]更为重要的是，法币改革，为当时国家统一与抵御日军入侵做出了重要贡献。20

[①] 本观点借鉴了张忠民、朱婷：《略论南京政府抗战前的国有经济政策（1927—1937）》，《社会科学》2005年第8期，第94页。此外，吴元黎在《中国工业发展和经济政策》（见《革命文献》第七十五辑，第443页）一文中，认为可将1927—1937年这十年的南京国民政府经济建设以1935年为界划分为前后两个阶段，本书稿采用三阶段说。

[②] 本部分参考了石莹、赵昊鲁：《经济现代化的制度条件——对1927—1937年南京政府经济建设的经济史分析》，《社会科学战线》2005年第5期，第78页。

[③] 本部分参考了陈雷：《略论抗战前南京国民政府的经济建设——兼谈对抗日战争的作用》，《历史档案》2010年第1期，第110页。

世纪70年代，曾任台湾地区教育负责人的黄季陆说："法币制度的建立……不但取代各省自行通用的地方券，通行全国，也象征全国真正的统一。抗战军兴，就凭着这种代表政府信用的钞票，通行全国，却撑持国家财政经济最艰苦的几年。"[1]

"黄金十年"时期，中国的轻重工业均有较大发展。如棉布年均增长率达11.9%，布机为7.7%，纱锭为3.1%。重工业方面，煤炭年均增长率为7.5%，铁为8.5%，水泥为8.7%。从工厂数目来看，至1936年，全国登记的厂矿达2441家，其中新设厂矿就达193家。就工业产值来说，按照1933年物价折算，从1926年的2.402亿元增长到1936年的4.996亿元，年均增长率为7.6%，其中1928—1936年年均增长率为8.4%，而1931—1936年高达9.3%（包括东北地区）。[2]

城市经济、民族工商业和对外贸易获得一定发展。[3]1929年至1935年6月，全国注册工业公司1966家，资本额达56039.14万元。[4]各种私营工厂纷纷建立，涉及化工、纺织、食品、水泥、造纸等诸多行业，所涉行业范围之广泛前所未有，遍及现代经济的各个部门，从而使近代中国的工业和社会面貌有了很大改观。

交通运输是工商业发展的重要指标。近代中国的交通运输业一直落后，布局也不合理，大西南、西北地区尤不发达。1934年，蒋介石聘请的德国军事总顾问塞克特就向其进言："发展具有战略性的交通系统，在日本入侵时，可以迅速输送部队至危险地区，实为当前首

---

[1] 国民党党史会：《百年忆述》第1册，台湾近代中国出版社1996年版，第249页。
[2] 转引自叶凤刚：《简论1930—1937国民政府经济建设的成就》，《商业经济》2007年第8期，第9页。
[3] 汪敬虞：《中国近代工业史资料》第四辑，中华书局1962年版，第59页。
[4] 转引自石莹、赵昊鲁：《经济现代化的制度条件——对1927—1937年南京政府经济建设的经济史分析》，《社会科学战线》2005年第5期，第79页。

要任务。"① 从1927年至1937年，国民政府共修铁路3793公里（东三省不计入内），使中国本土铁路共达1.2万公里（东三省未计在内）。公路一直是国民政府交通建设的重中之重。1933年以前，国民政府出于"剿共"需要，首先完成了苏、浙、皖三省联络公路。随后于1935年建成苏、浙、皖、赣、鄂、湘、豫7省联络公路。全面抗战前，全国公路总里程为11.5702万公里，计有干线21条、支线15条，初步形成了纵贯全国的公路网。② 航运业方面。1932年南京国民政府接手轮船招商局，到抗战前招商局的船舶数目最多时有153艘，吨位为8.63万余吨。此外，南京国民政府还加强了对长江水道的建设和整理，使之成为我国沿海工业内迁的主要运输线。到1936年年底，中国已有4家航空公司成立，即中国、欧亚、西南、惠通航空公司，航空里程（含东北地区）已达到2.5万公里，国民政府航空建设的计划基本实现。

总之，1927—1937年中国工商业取得长足的发展，国家经济实力和国防力量有所增强。据统计，1932—1935年四年经济建设的成就"相当于民国二十年来的总和"，而1936—1937年的经济建设成就"又超过了1932年至1935年的总和"③。国家工商业的发展繁荣，既为全面抗战提供了重要的物质基础，也是蒋介石企图消灭红军和中共领导的红色根据地的实力"保障"。

---

① 数据转引自陈雷：《略论抗战前南京国民政府的经济建设——兼谈对抗日战争的作用》，《历史档案》2010年第1期，第113页。
② 数据转引自陈雷：《略论抗战前南京国民政府的经济建设——兼谈对抗日战争的作用》，《历史档案》2010年第1期，第115页。
③ 中国第二历史档案馆：《中华民国史档案资料汇编·第五辑·第一编·政治（二）》，江苏古籍出版社1991年版。

（三）各革命根据地人力物力的枯竭

战争是物质力量的角逐，是交战双方的物质基础与主观指导能力共同作用的结果。"在任何地方和任何时候，都是经济的条件和资源帮助'暴力'获得胜利，没有它们，暴力就不成其为暴力。"[①]

在长征前的各革命根据地，除基本完成变封建地主土地所有制为农民个人土地所有制之外，并没有形成完整的新民主主义经济体系。国民党军的严密封锁和残酷的反"围剿"斗争形势，严重制约了苏区经济的发展。特别是在长达四年的王明"左"倾教条主义统治时期，红军各根据地都曾推行过一系列"左"倾经济政策，对根据地的经济建设和军民生活都造成过较大损失，给红军反"围剿"带来不可估量的负面作用，并成为红军长征的重要原因。曾有红军亲历者说过："根据地人民竭尽全力，也不能保证及时供应，这也是导致第五次反'围剿'失败的原因之一。"[②]

各革命根据地多位于穷乡僻壤或数省交界的山区，面积狭小，资源有限，经济落后，几乎没有近代化工业，战争和群众生活供应主要依赖农业。"左"倾的经济土地政策破坏了农业生产[③]，导致耕地严重抛荒，粮食减产，米价飞涨，军民连饭都吃不饱。在过左劳动政策和税收政策的打击下，各根据地的工厂商店大批歇业倒闭，工人大批失业，苏区工商业大为衰落。中央苏区许多手工业，如烟、纸、木头、樟脑、钨砂等，都呈衰败景象。经济遭破坏也带来了财源枯竭，财政紧张。湘鄂赣财政经济"大部分处于非常困难时期"，"经济来源多是枯竭"；湘鄂西、湘赣根据地在给中央的报告中也提到：部队很穷、

---

① 《马克思恩格斯军事文选》第一卷，军事科学出版社1961年版，第18页。
② 蔡长风：《征途漫忆》，海潮出版社1994年版，第12页。
③ 本部分观点参考了唐正芒：《王明"左"倾经济政策的危害及其难于纠正的原因探析》，《湘潭大学学报（社会科学版）》1990年第1期，第35—36页。

政府财政经济面临很大困难、工农生活不能改善。财政困难，不得不增发钞票。中央苏区苏币发行总量由200万元增至800万元，造成通货膨胀，而严重的通货膨胀又导致苏币贬值、信用降低的恶性循环，进一步加剧了苏区政府的财政困难。[①]

人是重要的战争资源。战争时期，谁的人多，谁的后备兵源就多，就最有可能在战争中取得胜利。以南方几个根据地的鼎盛时期为例，中央根据地拥有300万人口、鄂豫皖为350万、湘鄂赣约有300万、闽浙赣有100多万、湘鄂西约为200万，而当时全国人口有4亿多。与国民党统治区域相比，革命根据地人口资源的劣势地位显而易见，以此人口数量，无论进行怎样的战争动员，都难以改变敌我力量悬殊的根本现状，而且根据地残酷的战争减员还在进一步加大这种差距。在中央根据地，"左"倾教条主义者曾提出"扩大百万铁的红军"计划，但由于中央苏区人口总量有限，以致扩充百万红军的目标根本无法实现。据统计，1933年5月至7月中央苏区扩充红军约为5万人，1933年8月至1934年7月中旬扩充11.2万人，总计约16万人，已占根据地可征召壮年男子的近1/4。如果加上苏区各级政权工作人员、工厂工人、前后方夫役以及不能加入部队的地主、富农分子等，可以参加红军的青壮年男子实际都已被征发，苏区已到了无人可征兵的困境。[②]

由于敌人的严密经济封锁，加上"左"倾错误政策影响，造成根据地经济基础极其薄弱，物资供需矛盾亦日益突出。早在井冈山时期，苏区产出"人口不满两千，产谷不满万担"，红军的日常生活供应便

---

① 参考邓子恢1964年谈话记录，见《邓老谈后勤工作情况》，节选自张奇秀：《中国人民解放军后勤史资料选编（土地革命战争时期）》，金盾出版社1993年版，第335页。
② 黄道炫：《第五次反"围剿"失败原因探析——不以中共军事政策为主线》，《近代史研究》2003年第5期，第97页。

遇到极大困难，1929年1月毛泽东率红军主力离开井冈山，下赣南开辟新的根据地，物质困难是其原因之一。第五次反"围剿"时的中央根据地，人口不过300万，面积约为6万平方公里，以此狭小之地供养近20万军政人员，不堪重负。随着战争规模的不断升级、进程的旷日持久，物资消耗大大超出了根据地的承受能力，根据地粮食供应频频告急，虽然相继开展节粮、借粮运动，然而巨大的战争消耗和敌人的严密经济封锁，使根据地的粮食及其他物资供应还是一天天恶化。①1934年年初，红军部队及政府机关粮米不够供给的问题已经极为严重，当时中央苏区党政机关每人每天只能供应10小两（1斤为16两）粮食，分成两顿吃。②最艰难的时候，红军战斗部队甚至每天只能"吃八两至十两"。③

与粮食短缺的严重局面相比，一些依赖输入的日用品更显紧张，食盐、布匹、煤油、药材等生活必需品极端匮乏，尤其是食盐供应异常紧张，根据地许多军民长期吃不上盐。群众不得不将"厕所底下的土，挖出来熬盐，甚至用死人墓下的土熬盐"④，食用后中毒情况时有发生。随着战争的持久进行，红军作战物资消耗严重，枪械、弹药补给日益困难。1934年，国民党军发现，红军主力部队中"一师每连仅有士兵三四十名，子弹每枪约六七排，都是土造，连续射击不得超过五发"⑤。福建一些地方红军枪弹缺乏，只能持标枪上阵杀敌。

---

① 中央档案馆：《中共中央文件选集》第10册，中共中央党校出版社1991年版，第389页。
② 罗通：《来自井冈山下——罗通回忆录》，东方出版社1996年版，第102页。
③ 杨成武：《杨成武回忆录》，解放军出版社1987年版，第23页。
④ 王观澜：《中央苏区的土地斗争和经济情况》，见《回忆中央苏区》，江西人民出版社1981年版，第320页。
⑤ 《卢兴邦致蒋鼎文电》（1934年8月13日），见中国第二历史档案馆：《中华民国史档案资料汇编·第五辑·第一编·军事（四）》，江苏古籍出版社1994年版，第239页。

从上述两个方面的对比和分析中，我们很容易得出一个结论：在中国南方的各路红军最终是无法战胜国民党军的"围剿"的，战略转移是大势所趋，也是克服国民党军围追堵截的唯一途径。

毛泽东在革命根据地初创时期就说过："中国豪绅军阀的分裂和战争若不是继续进行的，全国革命形势若不是向前发展的，则小块地区的红色割据，在经济上将受到极大的压迫，割据的长期存在将成问题。"① 在长征胜利之后，他在总结中国革命战争的规律时进一步明确指出："战争的胜负，主要地决定于作战双方的军事、政治、经济、自然诸条件，这是没有问题的。"那么由此而来的问题是，博古在遵义会议把第五次反"围剿"失败的原因归结为客观上敌人的力量过于强大，是否成立呢？换句话说，如果仍然是运用第一到第四次反"围剿"中行之有效的毛泽东的军事思想指挥，红军是否能够战胜国民党军的第五次"围剿"呢？答案有两种。一种是假如在第五次反"围剿"之初就采用毛泽东的建议，利用福建事变之机，红军主力突进到以浙江为中心的苏浙皖赣地区，在敌人统治的腹心地区开辟新的苏区，打乱国民党军的部署，将战略防御转变为战略进攻，也许可能；另一种答案是即使如此也不能。历史不能假设，但我们可以用后来的历史印证。即使是在长征发生10年之后，尽管中共领导的武装力量已经壮大到近百万人，1944年11月，八路军南下支队挺进赣粤边，一路进展顺利。但是在日本投降、国民党军队收复南方后，南下支队虽然几经努力，依然无法改变在南方敌强我弱的局势，被迫撤到中原解放区，后来，连中原解放区也无法驻足。这种局面直到经过敌我力量的消长，到解放战争的战略反攻阶段才发生根本的变化。因此，我们认为，即使运用毛泽东的军事路线取得第五次反"围剿"的胜利，但是，只要敌我

---

① 毛泽东：《毛泽东选集》第一卷，人民出版社1991年版，第70页。

力量（军事、政治、经济等诸多方面）没有根本改变，那么，红军在国民党军发动的第六次或第七次"围剿"中，仍然会失败。

毛泽东认为，军事家不能超过物质条件许可的范围外企图战争的胜利，然而军事家可以而且必须在物质条件许可的范围内争取战争的胜利。他强调："军事家活动的舞台建筑在客观物质条件的上面，然而军事家凭着这个舞台，却可以导演出许多有声有色威武雄壮的活剧来。"[1] 长征就是毛泽东导演的威武雄壮的历史活剧。在长征过程中，中国共产党人独立自主地改变并逐步纠正了党内的错误路线，形成了以毛泽东为首的新的领导核心。他们正确地判断了中国革命的发展趋势，经过艰苦的英勇奋斗，将为求生存被动进行的迁徙，转变为以抗日救亡为中心内容的主动进攻，将围绕着老根据地打转转，改变为向敌人统治薄弱并且是新的革命风暴聚集地的北方进军，从而胜利地实现了中国革命领导核心和骨干力量的北移。

上述情况构成了长征的第三大历史背景和三大历史任务。

---

[1] 毛泽东：《毛泽东选集》第一卷，人民出版社1991年版，第182页。

第二篇 夺取长征胜利的五大关键

一 全党的团结是长征胜利的根本保证

长征开始时,中国革命、中国工农红军和中国共产党遭遇了空前的危机,革命形势处于最低谷,可以说是面临着生死存亡的危机。与以往其他党派、团体和军队在遭遇这种颠覆性的失败时每每出现的那种大溃散的状态不同,全国各路红军的大转移是有序进行的。

(一)不惜牺牲自我,一切以大局为重

王明"左"倾教条主义者在军事上的错误指挥,给红军和各革命根据地造成极大的损害,也激起红军将士和党的各级干部的强烈不满。但是,党中央既没有因大难临头而惊慌失措,也没有因意见不一而陷于分裂。彭德怀即使是当面斥责李德"崽卖爷田心不疼",也没有另行其事;毛泽东关于转变战场局势的建议虽然一再被拒绝,他仍然按照中央的分工,从政府工作等角度努力为打破敌人的"围剿"而辛勤操劳。博古、李德等虽然在指导思想上存在严重的偏差,在工作方法上有粗暴简单等严重问题,但是其政治立场与全党同志并无二致。客观地看,"三人团"的指挥尽管在总体上是错误的,但在一些具体举措上也不是一无是处。比如大规模的战略转移,要不要保密?当然必须保密；再如扩红、筹粮、安置伤病员、部队编组集结和地方部队接防等，都是有序进行的。过去有许多研究红军长征的论著指责长征事前没有准备，轻率地仓促行动。事实上，广昌战役失败后，1934年5月，中共中央就致电共产国际请示进行战略转移事宜。6月，共产国际回电就原则同意实行战略转移。从那时开始到出发，中央红军的长征进行了4个月的准备。所有的论者无一不批评长征出发时红军带着坛坛罐罐，连印刷机也一同带走。但是这一事实也可以从反面证明，长征是经过精心准备的。

假如党中央的统一领导不存在了，第五次反"围剿"失败时红军就会溃散，也就没有长征和后来长征的胜利，以及中国革命的复兴了。用革命理想凝聚起来的中国工农红军，不仅没有在危急关头如其他军队那样作鸟兽散，反而表现出高度的政治觉悟和自觉的组织观念。为打破敌人的"围剿"，中革军委派红七军团于1934年7月以北上抗日先遣队名义出征，与方志敏领导的红十军会师组成红十军团，挺进闽浙皖赣地区。这支队伍艰苦转战5个月，几乎全军覆没。但是他们以自己的牺牲减轻了主力红军反"围剿"的压力，为中央红军长征赢得了时间，创造了条件。同年8月，红六军团9700人奉命西征，转战5000里后，人员折损一多半，只剩下3000多人，才和贺龙领导的红三军（原来的红二军团）在贵州印江的木黄会师。他们的西征不仅有力地策应了中央红军的反"围剿"，而且为中央红军长征起了探路的作用。自中革军委10月10日下达战略转移命令和主力红军于10月16日踏上长征路后，留下项英、陈毅等率领16000多名地方武装和伤病员坚守中央苏区。在他们的英勇抵抗下，瑞金到11月10日才陷落。他们以牺牲1万多人的代价（1935年2月他们开始分散打游击时，已不足4000人），牵制了大量的国民党军，掩护中央红军摆脱国民党大军的"围剿"，使其得以相对从容地突围投入长征。

可见，尽管对"左"倾教条主义者的错误指挥强烈不满，甚至有许多人因抵制他们的瞎指挥蒙受冤屈和打击，尽管在国民党军的疯狂进攻和血腥屠杀下，数十万红军将士和革命群众英勇牺牲，数万人别妻离子、家破人亡，被迫踏上风雨飘摇的长征路，但是，广大红军将士和革命群众对中国共产党的忠贞信仰没有变，革命必胜的坚定信念没有动摇。他们的忘我牺牲精神和勇往直前的斗志，以及坚忍不拔的党性和气壮山河的英雄主义风骨，是中国共产党在最危难时刻依然能够保持旺盛的生命力和强大的凝聚力之根基所在。

（二）党的自我革命战胜"左"倾教条主义

遵义会议是作为中国共产党从幼年走向成熟的标志，作为中国革命的伟大转折而载入史册的。在遵义会议前的14年间，中国共产党既取得了使中国革命面貌焕然一新的伟大成就，也遭受过两次几乎全军覆没的失败；在遵义会议后的14年间，中国革命虽然仍历经艰险，但是再也没有遭受过大革命失败和第五次反"围剿"失败那种全局性的严重挫折，而是不断地从胜利走向新的胜利，直至创建中华人民共和国和确立社会主义制度。

遵义会议正式的会期只有三天，所取得的直接成果有三：一是彻底否定了"左"倾教条主义的军事路线，取消了"三人团"的军事指挥体制，决定由红军总司令朱德和总政委周恩来为军事指挥者，而周恩来是党内委托的对指挥军事上下最后决心的负责者；二是增补毛泽东为中央政治局常委，"扩大会完毕后中央常委即分工，以泽东同志为恩来同志的军事指挥上的帮助者"[①]；三是决定俟后常委中再进行

---

① 陈云：《遵义政治局扩大会议传达提纲》（1935年2月或3月），《陈云文选》第一卷，人民出版社1995年版，第43页。

适当的分工，并指定张闻天起草遵义会议决议，委托常委审查后，发到支部中去讨论。上述成果虽然具有关键性意义，但是似乎尚不足以解答为什么说遵义会议开启了夺取中国新民主主义革命胜利航程的问题。因此，这里有必要从遵义会议的酝酿、召开和其决议的最后通过及其下发传达这一完整的历史过程来进行考察，也就是说从"遵义会议时期"的范畴来探讨遵义会议的伟大历史功绩。

第一，独立自主解决中国革命问题。自党的二大确立了与共产国际的组织隶属关系后，中共主要领导人的更迭和重大决定的决策都要听取，甚至是完全秉承共产国际的意见。但是在长征出发前夕，党中央和红军总部与共产国际的电讯联络，因负责中转的上海地下党组织被破坏而意外中断，客观上使得遵义会议能够由我们党自主召开并决定各项事宜。这看似偶然，但是在偶然中蕴含着必然。长期以来，以毛泽东为代表的中国共产党人一直在实践中独立自主地探索中国革命的道路。早在1930年5月，毛泽东就鲜明地提出："中国革命斗争的胜利要靠中国同志了解中国情况。"[①] 遵义会议正是毛泽东等同志长期与照搬共产国际决议和苏联经验的教条主义行径进行斗争的必然结果。遵义会议后，独立自主这一中华民族的伟大民族精神逐步成为中国共产党人认识世界和改造世界的基本出发点。即使是在1936年6月中共与共产国际的电讯联络重新恢复，直至1943年共产国际解散期间，中共虽然仍然听取共产国际的意见和指示，但是，所有重大的决策基本上都是由中共最终独立自主做出的。正如习近平总书记在纪念毛泽东诞辰120周年座谈会上的讲话所指出的，"这种坚持走自己的路的坚定信心和决心，是我们党全部理论和实践的立足点，也是

---

① 毛泽东：《反对本本主义》，见《毛泽东选集》第一卷，人民出版社1991年版，第115页。

党和人民事业不断从胜利走向胜利的根本保证"①。

第二,遵循实事求是的思想。实事求是"是我们党的基本思想方法、工作方法、领导方法"②。能否一切从实际出发、能否自觉地把马克思主义与中国革命的具体实际有机地结合起来,是中国革命成败的关键。当时虽然尚没有对"实事求是"的概括,但其精神实质已经被越来越多的党员干部所认识。第五次反"围剿"的失败和长征初期的严重损失,使全党、全军从血的教训中更加深刻地认识到实事求是思想原则的极端重要性。正是秉承实事求是的原则,党中央毅然改变了与红二、六军团会师的既定行军路线,转兵贵州,避免了全军覆没的危险;还是秉承实事求是的原则,遵义会议罢免了"左"倾教条主义者的军事指挥权,确立了正确的军事路线,才能使红军转危为安。可以说,假如没有全党和全军上下对实事求是原则的深刻认识,就没有遵义会议的召开。换一个角度看,在遵义会议之前中共领导中国革命的伟大实践,既不乏因符合中国的实际而取得辉煌成就的情况,又有因为偏离实事求是的原则而一再遭受重大挫折的现象;但是在遵义会议之后,实事求是成为全党自觉遵循的指导原则,党中央始终坚持一切从中国的实际出发,始终坚持马克思主义中国化的方针,党中央的所有重大决策在总体上再也没有因为偏离实事求是原则而出现过严重的失误。实事求是的思想原则是中共夺取新民主主义革命胜利的根本指针。

第三,坚持"党指挥枪"的原则,保证党对军队的绝对领导。"党指挥枪"是人民军队创建之初,毛泽东在"三湾改编"时就确立的原则,并为各路红军在以后的斗争实践中所严格遵循。遵义会议时期,

---

① 习近平:《在纪念毛泽东同志诞辰120周年座谈会上的讲话》(2013年12月26日),《人民日报》2013年12月27日第2版。

② 习近平:《在纪念毛泽东同志诞辰120周年座谈会上的讲话》(2013年12月26日),《人民日报》2013年12月27日第2版。

中共中央再次重申并运用这一原则化解当时所面临的空前危机。1934年12月18日黎平会议上，针对是否转兵贵州的激烈争执，中共中央政治局以决定的形式明确："政治局认为过去在湘西创立新的苏维埃根据地的决定在目前已经是不可能的，并且是不适宜的。"① 在1935年1月1日举行的猴场会议上，为了削弱"左"倾教条主义者对红军的指挥权，中共中央再次以政治局决定的形式强调："关于作战方针，以及时间与地点的选择，军委必须在政治局会议上做报告。"② 在随后召开的遵义会议上，党中央不仅直接罢免了"左"倾教条主义者的军事指挥权，而且全面总结了第五次反"围剿"以来军事失利的教训，其中认为："过去书记处与政治局自己对于军委的领导是非常不够的"，"对于战略战术方面则极少注意，而把这一责任放在极少数同志身上"③。可见，强化"党指挥枪"的原则，是中共能够顺利召开遵义会议，并使党和红军转危为安的关键。不仅如此，遵义会议前后对"党指挥枪"原则的一再重申和成功运用，使全党和全军对此问题的重要性有了更为清醒的认识，这成为中共在随后反对张国焘右倾分裂主义的严峻斗争中能够取得最终胜利的重要思想武器。

第四，实行民主集中制，端正党的组织路线。长征前设立的"三人团"全权指挥军事，其权威性不容挑战。毛泽东和彭德怀等的许多合理建议，都曾经被他们否定了。只是到进入通道前这种状况才开始改变。周恩来后来回忆："在进入贵州前后，就争论起来了，开始酝

---

① 《中共中央政治局关于战略方针之决定》，见遵义会议纪念馆：《遵义会议资料汇编》，中央文献出版社2009年版，第3页。
② 《中共中央政治局关于渡江后新的行动方针的决定》，见遵义会议纪念馆：《遵义会议资料汇编》，中央文献出版社2009年版，第6页。
③ 《中央政治局扩大会议总结粉碎五次"围剿"战争中经验教训决议大纲》，见遵义会议纪念馆：《遵义会议资料汇编》，中央文献出版社2009年版，第25页。

酿召集政治局会议了。"① 需要强调的是，美国作家索尔兹伯里在《长征——前所未闻的故事》中，把毛泽东与张闻天、王稼祥的思想交流，称为"担架上的阴谋"，这是作者吸引读者眼球的文学笔法。事实上，毛泽东不仅主动地与相关同志在会下分别交流意见，而且更多的是在通道会议、黎平会议、猴场会议等党的正式会议上毫无保留地亮明观点，直接与李德、博古等交锋，表现出一个革命领袖不计个人得失，坦坦荡荡、表里如一的气度与胸怀。通道会议是中央负责人会议，黎平会议和猴场会议都是中央政治局会议。黎平会议除通过《中央政治局关于战略方针之决定》外，还决定到遵义地区后再召开政治局会议，总结第五次反"围剿"以来军事指挥上的经验教训。② 不仅如此，遵义会议也是用批评与自我批评的方法解决党内严重争端的。会前，党和军队的领导骨干进行了充分的民主酝酿；会上，虽然交锋激烈，但并没有撤销任何人的党内职务，也没有对任何人进行组织处分，这与"左"倾教条主义者那种"残酷斗争，无情打击"的干部政策形成鲜明的对照；会后，根据实际需要，虽然推举张闻天替代博古在党内负总责（担任总书记），但并没有撤销博古的政治局常委职务，不久又任命他为红军总政治部代理主任。可见，之所以能够在长征路上纠正把持中央领导权达四年之久的王明"左"倾教条主义，主要是通过中央集体的力量，通过马克思主义政党的民主集中制。

遵义会议在集中解决当时最为急迫的军事指挥和军事路线问题的同时，还着手纠正了错误的组织路线，调整了党中央的领导核心，实际确立了毛泽东对党和军队的领导地位。遵义会议前后，党中央为一批过去受"左"倾教条主义者打击迫害的同志恢复了名誉，调整他们

---

① 遵义会议纪念馆：《遵义会议资料汇编》，中央文献出版社2009年版，第58页。
② 张培森：《张闻天年谱》（修订本）上卷，中共党史出版社2000年版，第167页。

担任重要的领导职务。刘伯承由红五军团参谋长重新恢复为红军总参谋长；邓小平被任命为中央秘书长；萧劲光被恢复党籍，担任红三军团参谋长；陆定一由一般编辑改任红军总政治部宣传部部长，并接任邓小平的《红星》报主编职务；李井泉由干部团政治教员，改任中央纵队政治部主任；等等。在遵义会议上，为集中解决军事路线问题，同时也为避免更多的争论和分歧，毛泽东等在遵义会议上还非常策略地肯定"党中央的政治路线无疑义的是正确的"①。上述做法极大地维护了党中央的紧密团结和高度统一。在后来反对张国焘分裂主义的斗争中，博古、凯丰等一些在遵义会议上受到批评并仍然坚持自己错误观点的同志，包括被剥夺军事指挥权的李德，全部都坚定地站在党中央一边，同张国焘的分裂行径做斗争。以上情况表明，遵义会议在那么紧急和艰难的情况下，坚持以民主集中制解决党内分歧，开展积极的党内斗争，从而为党和红军转危为安提供了有力的组织保证。

总之，中国共产党在遵义会议上以自我革命的政治勇气，完成党的自我净化、自我完善、自我革新、自我提高，实现了马克思主义与中国革命实际相结合的第一次理论飞跃，展现出旺盛的生命力和强大的凝聚力。领导红军长征胜利的统帅毛泽东当年就明确指出："谁使长征胜利的呢？是共产党。没有共产党，这样的长征是不可能设想的。"

鉴于遵义会议只解决了军事路线和组织路线问题，人们对其重要作用认识得不够充分。1941年9月，毛泽东在总结历史上的经验时写道："遵义会议实质上完成了由一个路线到另一个路线的转变"，"实际上克服了当作路线的'左'倾机会主义"，克服了它在思想形态上、

---

① 《中共中央关于反对敌人五次"围剿"的总结的决议》，见遵义会议纪念馆：《遵义会议资料汇编》，中央文献出版社2009年版，第9页。

在军事形态上、在组织形态上一切主要的与重要的东西。①遵义会议作为中国共产党历史上的伟大转折载入史册。

（三）自觉维护党中央的权威和统一

无须讳言，长征途中中国共产党和红军曾发生过极端严重的分裂危机。1935年6月，红一方面军和红四方面军胜利会师，中国工农红军的长征取得阶段性胜利，中国革命出现新的生机。但是，在外敌压迫依然严峻的形势下，一场来自中共党内和红军内部的严重分歧，使初现光明的前景骤然暗淡。自视有十万红四方面军将士为后盾的张国焘，轻视因一路作战跋涉只剩下不足两万人的红一方面军，认为中央的政治路线有问题。他无视遵义会议后中央所发生的根本性变化，也不满足于手中的权力，企图依仗人多马壮攫取党和军队的最高权力。党中央与张国焘的主要分歧，表面看是进军路线问题上的北上与南下之争，其实质则表现在对中国革命的形势、敌我力量的对比和分布、民族状况和各区域的经济发展水平、中国革命的发展方向和复兴之路等全局性问题上的分歧。毛泽东和党中央关于北上在川陕甘地区建立根据地的战略思想，首先是基于红一、四方面军会师后周边的敌情和相关战略方向的地理环境、人口、经济发展水平等问题的客观分析。当时夹金山以南是国民党的重兵严阵以待，向东岷江成都方向也有130个团重兵把守，向西则是广阔的少数民族地区，人口稀少，自然条件恶劣；只有向北经川西北到川陕甘地区，那里地势开阔，人口稠密，经济条件相对较好。其次，南方各路红军反"围剿"的失败与各根据地的丧失，以及遵义会议后在川西和川滇黔建立根据地努力的

---

① 毛泽东：《关于四中全会以来中央领导路线问题结论草案》，转引自高新民、张树军：《延安整风实录》，浙江人民出版社2000年版，第109页。

落空等客观事实，使毛泽东等认识到在中国南方敌强我弱的大环境在短时间内很难改变，即使是建立起新的根据地，也会在强敌的持续围攻下陷落，还必须得到更可靠、更有力的依托与支持。因此，他们的目光投向了与中国西北等地接壤的社会主义国家——苏联，向西北进军"打通国际线"，成为这时确定战略发展方向的重要因素。更重要的是在如何确立正确的政治路线上，是在如何开赴邻近抗日前线的地区，通过发动抗日救亡运动振兴中国革命的问题上。

一般来说，政治路线是指党的纲领在一定历史时期的具体表现，是指党根据各个不同历史时期或一定历史发展阶段的社会、政治、经济情况和所要解决的主要矛盾，提出的党在不同时期的总路线、总任务或总决策。包括依靠什么力量，采取什么措施或政策，扫除什么障碍，达到什么目的等内容。

学术界在论及遵义会议时几乎都一致认为当时只集中解决了军事路线和军事指挥问题，没有触及政治路线问题。的确，遵义会议没有解决党的政治路线中如何正确对待中间阶级的问题（这是八七会议和党的六大以来一直没有解决的问题），更没有涉及九一八事变后因中日矛盾逐渐上升为主要矛盾，党的政治路线应该做相应转变的问题。但是，遵义会议时期的党内斗争，却大量涉及与政治路线息息相关的思想路线和组织路线，以及党内政治生活方面的内容。遵义会议决议就强调："必须指出这种错误对于××同志（指博古——引者注）不是整个政治路线的错误，而是部分的严重的政治错误。但这一错误如果坚持下去，发展下去，则必然会走到整个政治路线的错误。"[①]遵义会议解决了最紧迫的军事路线问题，使得红军打破国民党军的围

[①] 《中共中央关于反对敌人五次"围剿"的总结的决议》，见遵义会议纪念馆：《遵义会议资料汇编》，中央文献出版社2009年版，第26页。

追堵截和摆脱生死存亡的危机有了可能；遵义会议确立了正确的组织路线，确定了毛泽东在全党和全军的领导地位，形成了以他为核心的新的领导集体，维护和加强了民主集中制的权威，为正确解决政治路线问题创造了前提条件；遵义会议因独立自主地依据中国的实际解决中国革命的问题而成为中国共产党由幼年走向成熟的标志，它为中共在民族矛盾渐次成为中国社会主要矛盾的历史背景下，适时转变自己的政治路线（建立抗日民族统一战线、驱逐日本侵略者出中国）提供了重要的思想基础。

正是在这种背景下，红一方面军和红四方面军会师后，6月26日，中共中央政治局在懋功北部的两河口举行会议，讨论下一步的战略方针。周恩来代表中共中央和中革军委首先作报告，他针对会前张国焘在前一段时间的往来电报中提出的南下或者西进的方针，进一步阐述在川陕甘地区创建新根据地的三个有利条件。一是地域宽大，好机动；而松潘、理番、懋功地域虽大，但路狭，敌人容易封锁，我方不易反攻。二是群众条件好，汉族人口较多；而松潘、理番、懋功、汶川、抚边等8个地区人口只有20万，且藏民占多数。三是经济条件好，比较宽裕；而松潘、理番、懋功一带粮食缺少，牛羊有限，布匹不易解决，军事补给困难，在大草原和游牧地，既不习惯又不安全。毛泽东在会上发言表示赞同周恩来的意见，他强调：（一）在川陕甘建立根据地，可以把创造苏区运动放在更加巩固的基础上，这是向前的方针；（二）战争性质不是决战防御，不是跑，而是进攻；（三）我方须高度机动，这就有走路的问题，要选好向北发展的路线，先机夺人；（四）这里人口稀少、天冷衣食困难，应力争在6月突破，经松潘到决定地区去；（五）责成常委、军委解决统一指挥问题。与会的张国焘被迫同意中央的意见。会议委托张闻天根据会议精神，起草并下发了中共中央政治局《关于一、四方面军会合后的战略方针》。随后，在6月29日的中央政治局常委会议上,毛泽东进一步明确提出:要在部队中宣传反对日本帝国主义,反对放弃华北,并认为"这最能动员群众"[①]。党中央明确的进军方向与实现党的政治路线转变的方向是一致的,与中华民族的根本利益是一致的,是争取中国革命复兴的唯一正确道路。

而张国焘所谓中央政治路线错误的指责,并不是因为他已经认识到六大以来党的政治路线存在阶级关系上混淆革命对象的问题,更不是因为他已经醒悟到党的政治路线要适应中国社会主要矛盾的转变而转变的问题。相反,他自1931年4月作为贯彻六届四中全会王明"左"倾教条主义的代表抵达鄂豫皖革命根据地以来,一直积极推行要兵不要官的"下层统一战线",一直积极推行"地主不分田、富农分坏田"等"左"倾的阶级政策,一直积极推行"肃反"扩大化等严重"左"倾的组织路线错误。在一、四方面军会师后的大好形势下,张国焘惧怕北上松潘地区同战斗力较强的国民党军胡宗南部作战,拒不执行军委计划,借口给养困难,反对北上,主张南下,向四川、西康边境退却,并提出"统一指挥"和"组织问题"有待解决,故意延宕,进而发展到武力威胁中央和另立中央的地步。因此,他指责中央政治路线有错误,在很大程度上是为其分裂党和篡夺中央的领导权造舆论;而他所谓"南下成都坝子吃大米"的旗号,与党中央北上抗日的方针相比,是极其苍白无力的。不要说其打下成都的希望极其渺茫(事实证明是走不通的),即使是能够在四川盆地立足,也会因与抗日救亡的根本任务背道而驰而丧失全国民众的支持。他的南下方针既不符合中华民族的利益,也无助于中国共产党的发展和中国革命的复兴。由于张国焘坚持其南下方针,虽然被迫随其南下的红四方面军广大指战员英勇

[①] 逄先知:《毛泽东年谱(1893—1949)》上卷,人民出版社、中央文献出版社1993年版,第461页。

作战歼敌数万，但最终还是失败而返，红四方面军牺牲惨重，折损过半。

中共中央与张国焘的右倾分裂主义行径进行了坚决的斗争。8月20日，毛泽东在中央政治局毛儿盖会议上指出：红军主力应向东，向陕甘边界发展，不应向黄河以西。目前我们的根据地应以洮河流域为基础，将来向东发展，后方移至甘肃东北与陕西交界地区。在这次会议通过的毛泽东起草的《关于目前战略方针之补充决定》明确："要求我们的主力，迅速占取以岷州为中心之洮河流域（主要是洮河东岸）地区，并依据这个地区，向东进攻，以便取得陕、甘之广大地区，为中国苏维埃运动继进发展之有力支柱与根据地。"[1] 鉴于张国焘对中央的决定和命令置若罔闻，一意孤行坚持其南下方针，竟然背着中央密电右路军政治委员陈昌浩率右路军南下，企图分裂和危害党中央的严重情况，为贯彻北上方针，避免红军内部可能发生的冲突，党中央决定率右路军中的红一、红三军（即红一军团和红三军团）和军委纵队迅速转移，脱离险境，先行北上，并发出《共产党中央为执行北上方针告同志书》。9月12日，中共中央在俄界（今甘肃迭部县高吉村）召开政治局扩大会议，在讨论通过《关于张国焘同志的错误的决定》的同时，迫于北上的兵力大为减少（只有7000余人），又对在川陕甘建立根据地的设想做了调整。会议确定：当前的基本方针是要经过游击战争，打通同国际的联系，整顿和休养兵力，扩大红军队伍，首先在与苏联接近的地方创造一个根据地，将来向东发展。毛泽东甚至做了最坏的打算：即使给敌人打散，我们也可以做白区工作。这次会议虽然改变了在川陕甘建立根据地的设想，但仍然将陕甘地区视为中国革命的希望所在，计划在靠近苏联的地区建立根据地后，再向陕甘

---

[1] 逄先知：《毛泽东年谱（1893—1949）》上卷，人民出版社、中央文献出版社1993年版，第468页。

发展。因此，会议决定将单独北上的红一军和红三军，以及军委纵队改编为陕甘支队。这也表明党中央坚持北上方针的坚定决心。

离开俄界后，中共中央在哈达铺得知在陕北地区仍活跃有刘志丹领导的红军和徐海东率领的红二十五军已经长征抵达陕北的消息，就进一步明确进军方向，剑指陕北。在随后召开的榜罗镇中央政治局常委会上正式做出"在陕北保卫与扩大苏区"①的决定。在9月28日陕甘支队连以上干部会议上传达榜罗镇会议精神时，毛泽东豪迈地指出："同志们，我们要到陕甘革命根据地去。我们要会合二十五、二十六、二十七军的同志们去。""陕甘革命根据地是抗日的前线。我们要到抗日的前线上去！任何反革命不能阻止红军去抗日！"他强调："同志们！努力吧！为着民族，为着使中国人不做亡国奴，奋力向前！红军无坚不摧的力量，已经表示给全中国、全世界的人们看了！让我们再来表示一次吧！同志们，要知道，固然，我们的人数比以前少了些，但是我们是中国革命的精华所萃，我们担负着革命中心力量的任务。从前如此，现在亦如此！我们自己知道如此，我们的朋友知道如此，我们的敌人也知道如此！"②

中央红军长征抵达陕北不久，在共产国际七大和中共驻共产国际代表团起草的《八一宣言》精神影响下，中共中央政治局在瓦窑堡举行会议，正式确立建立抗日民族统一战线的总策略，解决了八七会议和党的六大都未能解决好的政治路线问题。围绕建立全民族抗日统一战线，党中央把国内阶级战争和反对日本帝国主义的民族战争有机地统一起来，把北上抗日与建立陕甘革命根据地的进军方向联系起来，

---

① 逄先知：《毛泽东年谱（1893—1949）》上卷，人民出版社、中央文献出版社1993年版，第477页。

② 《中国工农红军第一方面军长征记》，人民出版社1955年版，第413、414页。

实际就是把革命低潮时的退却（被迫寻找立足的新根据地），同迎接革命新高潮的进攻联系起来了。通过全面调整阶级政策和系统地开展统一战线工作，特别是提出并成功实施了以西北统一战线促成全国抗日民族统一战线的战略方针，彻底粉碎了国民党军的围追堵截，极大地推动了以抗日救亡为中心内容的中国革命新高潮的兴起。正确政治路线的确立，成为长征转败为胜的关键，指明了中国革命复兴的唯一正确道路，并构成凝聚全党和全军的重要思想武器。

在同张国焘的分裂主义行径进行斗争的过程中，毛泽东把在遵义会议以来已经成功运用的马克思主义政党关于正确开展党内斗争的原则，发挥到极致，树立了一个正确开展党内斗争的典范。这主要表现在：一是坚持党的民主集中制。毛泽东虽然真理在握，但并不以个人命令去强制别人执行。他很注意发挥党中央集体的领导作用，重大决定都由政治局会议做出，发挥了党中央集体的坚强有力领导。二是在原则性问题上不退让。张国焘的行为不只是一般的党内争论，后来发展到分裂党的严重程度。因此，毛泽东在一些原则性问题上，如对张国焘觊觎党中央的最高领导权和对红军的最高指挥权，以及挑战党中央北上方针等关系中国革命前途的大问题等方面，都理直气壮地进行了坚决的抵制。三是表现出极大的灵活性。为了促成北上方针的实施，维护全党和全军的团结，毛泽东对张国焘进行了耐心的批评帮助，并一再做出很大的妥协让步，比如先是增补张国焘为中革军委副主席，进而动员周恩来让出红军总政委的职务。特别是在张国焘公然抗拒中央，企图以武力威胁中央改变方针，党中央不得不率红一、三军团先行北上的严重情况下，毛泽东一方面在中央政治局俄界会议上揭露批判张国焘的军阀主义行径，同时他又努力说服要求开除张国焘党籍的同志。他说，我们同张国焘的斗争是两条路线的斗争，应采取党内斗争的方法处理，最后做组织结论是必要的，但现在还不要做，因为他关系团结和争取整个四方面军的干部，也关系一方面军在他那里的许多干部的安全。你开除他的党籍，他还统率着几万军队，还蒙蔽着几万军队，以后就不好见面了。我们要尽可能地做工作，争取他们北上，甚至在10月5日张国焘擅立第二中央，公开分裂党以后，毛泽东在与之进行严肃斗争的同时，仍冷静地说服其他同志不要开除张国焘的党籍，以便团结和争取整个四方面军。11月3日，在中央政治局讨论中央对外名义和组织分工的会议上，毛泽东煞费苦心地提议，中央对外使用中共西北中央局和中华苏维埃共和国西北办事处的名义。[①]这就为以后由共产国际派遣回国的张浩（林育英）从容协调中央与红四方面军的关系，埋下了重要伏笔。就是在这次会议上，毛泽东继8月4—6日中共中央政治局常委会（沙窝会议）上被分工负责军事工作之后，又被推举为西北革命军事委员会主席，成为红军的最高军事首长。

张国焘的倒行逆施受到包括红四方面军广大指战员在内的全党上下一致强烈的反对，加上其南下川康边的行动严重受挫和中共驻共产国际代表团代表张浩，红二方面军领导人任弼时、贺龙，以及朱德、刘伯承、徐向前等同志的坚决斗争，张国焘被迫取消第二中央，并放弃其南下计划。红四方面军和红二方面军按照毛泽东与党中央的正确方针，一同北上。这样就有了1936年10月三大主力红军在甘肃会宁和静宁将台堡（今属宁夏）的大会师。于是，发展到极致的张国焘右倾分裂主义终于被克服，经过长征洗礼的全党同志和全体红军将士空前地团结与统一。

[①] 逄先知：《毛泽东年谱（1893—1949）》上卷，人民出版社、中央文献出版社1993年版，第484页。

二 军民团结是长征胜利的力量源泉

习近平总书记指出:"红军打胜仗,人民是靠山。长征是历史纪录上的第一次,长征是宣言书,长征是宣传队,长征是播种机。面对正义和邪恶两种力量的交锋、光明和黑暗两种前途的抉择,我们党始终植根于人民,联系群众、宣传群众、武装群众、团结群众、依靠群众,以自己的模范行动,赢得人民群众真心拥护和支持,广大人民群众是长征胜利的力量源泉。"[1] 的确,红军开始长征时,蒋介石曾预言,"久困之师经不起长途消耗",红军"流徙千里,四面受制,下山猛虎,不难就擒"[2]。古来鲜有败军成事者,蒋介石根据历史经验的预测不无道理,但他忽略了一个最大的变数:人民群众。因为有了群众的支持,红军长途跋涉的消耗得到了补充;因为有了群众的拥护,红军走到哪里,革命的火焰就烧到哪里;因为有了群众的帮助,"下山猛虎"如同插上了翅膀,冲破了百万大军的层层包围。然而,群众的支持拥

---

[1] 习近平:《在纪念长征胜利80周年大会上的讲话》,《人民日报》2016年10月22日。
[2] 晏道刚:《蒋介石追堵长征红军的部署及其失败》,见中国人民政治协商会议全国委员会文史资料委员会《围追堵截红军长征亲历记》编审组:《围追堵截红军长征亲历记——原国民党将领的回忆》(上),中国文史出版社1991年版,第5、7页。

护不是天上掉下来的，谁能真正代表他们的利益，谁能真心维护他们的利益，谁就能得到最深的力量源泉。党和红军在长征中，始终植根于人民，以自己的模范行动，赢得了人民群众的真心拥护和支持，使得长征不仅是一次军事上的战略转移，更成为一次唤醒民众的政治远征。

（一）长征中群众工作的新情况

人民群众是历史的创造者，这是马克思主义的基本原理之一。以马克思主义为指导思想的中国共产党，在诞生之初即宣示自己是工人阶级的先锋队，它的全部活动都是为工人阶级和人民群众谋利益的，是为他们的解放事业服务的。在半殖民地半封建社会的现实国情面前，中共明确提出反帝反封的最低纲领，以获得民族独立和人民解放为奋斗目标。中共的性质和历史任务，决定了党必须生根于人民之中，和人民群众保持血肉联系；必须以群众利益为出发点与落脚点；必须相信和依靠人民群众。

为此，建党之始，众多的共产党员脱下长衫，走入基层群众之中，唤起工农千百万，掀起轰轰烈烈的国民革命浪潮。大革命失败后，党深入乡村，紧紧依靠农民，开展土地革命，创建、发展红军和农村革命根据地。然而，由于第五次反"围剿"失败，红军指战员们被迫踏上长征路，开始了全新的征程。他们离开生活和战斗了多年的根据地，与朝夕相处的亲人分离，痛感缺少人民的支撑和没有根据地依托的失落与困难。基于人民军队的本质，同时也出于失去根据地人民支持的痛楚，全党和全军上下在长征路上，都更加重视对沿途群众的宣传和动员。而处在战略转移的新环境下，长征中的群众工作也有着不同以往的新任务：一是帮助党和红军打破百万敌军的围追堵截，顺利实现战略转移；二是为了争取人民解放，必须发动、教育、组织、武装群众；三是为了赢得民族独立，必须进行广泛的抗日群众动员。

任务不可谓不艰巨，难度也是前所未有。

首先，最直接的困难就是红军途经地区缺乏党的群众工作基础。红军长征途经11个省2亿多人口的地区，大部分是国民党统治下的白色区域，还有瑶、苗、彝、侗、壮、纳西、布依、羌、回、藏等少数民族区，所经之地较少甚至完全没有受到革命思想的影响，党的群众基础薄弱，加上国民党的欺骗宣传，污蔑丑化红军"共产共妻""青面獠牙"等，不明真相的群众易对红军产生畏惧甚至敌视心理。尤其是国民党军阀还实行坚壁清野的政策，严厉惩罚帮助红军甚至与红军有过接触的群众。这使得一般白区民众听闻红军要来，"惊惶万状"[①]，"逃避一空"[②]，有的地区民风彪悍，甚至还攻击红军。群众基础的薄弱还体现在当地党组织的缺失上。以往党和军队每到陌生地方打游击，都会寻找和联系当地党组织，以获得有效的军事情报和粮衣、兵员的补充。但长征所经之地，有中共组织的非常少。这种情况与当时中国革命的布局有关。由于历史的原因，中国革命的重心一直在南方，党的主要领导干部都被派往南方，西南和西北的革命形势与革命力量都相当薄弱。因此，蒋介石重兵"围剿"的重点在南方。党和红军选择向西北、最终向北的长征路线，虽然避开了国民党的强势兵力范围，却也必然遇到缺乏党组织基础的问题。

其次，少数民族地区开展群众工作的难度大，有的区域人烟稀少，无群众可做工作。长征是中国共产党成立以来，第一次如此广泛、深入地与少数民族接触。长征中红军经过的少数民族聚居或杂居地区，占红军长征经过地区的50%以上，直接接触的少数民族近20个。这

---

① 中国第二历史档案馆、湖南省档案馆：《国民党军追堵红军长征档案史料选编》（湖南部分），档案出版社1991年版，第317页。

② 薛绍铭：《黔滇川旅行记》，重庆出版社1986年版，第116页。

些少数民族的人民群众，与红军语言不通、习惯迥异、信仰不同，有的甚至还处于奴隶社会阶段。而且由于历史上的民族纠纷和地方军阀的残酷剥削，大部分民族有着地方民族主义情绪，对汉族军队存在着敌视心理。萧锋在《长征日记》中记载，过草地前有一次"午睡时起床到屋后解手，突然有三个藏民打扮的人从小树林里拼命跑来抓我，我急得提起裤子就跑。我的老天，差一点被他们杀了。这里情况复杂，反动派挑动民族矛盾，可得当心"[1]。同时，少数民族地区大都人烟稀少，尤其在雪山、草地等人迹罕至的少数民族地区，红军连人影都极少看到，根本没有群众工作可做。

再次，没有根据地作为依托。革命根据地是中国革命斗争的战略基地。有了根据地，才能有计划地建设政权，才能深入开展土地革命，政权建设才能波浪式地向前发展。党和红军在根据地逐渐渗透、发展、壮大。在这个过程中形成的军民关系，既有血缘亲情，许多红军本身就是苏区群众的亲属；又有地域共享，红军和群众共同生活在一片空间，形成一个新的地缘社群；更有利益共存，土地革命把红军和群众的自身利益紧密联系起来。因此，在根据地，红军如同在自己家一样，有坚实的依靠。而长征是在无根据地依托、无后方接济的情况下所完成的战略大转移，这一方面决定了以往在根据地发动群众的方法如重新分配土地、废除苛捐杂税、建立地方政权等在长征中不能使用或不能作为主要手段使用，因为红军仅仅是路过，且前途捉摸不定，既没有充足的时间进行土地改革，也没有能力保障土地改革的成果；另一方面，征途中的物资给养、人力支持、兵力补充以及后方安置，必须依靠沿途群众解决。群众工作成为关系红军生死存亡的重要工作。

此外，由于军情紧急，长征中党和红军很难与群众充分沟通。以

---

[1] 萧锋：《长征日记》，上海人民出版社2006年版，第92页。

往在根据地，外出游击的党和红军可以通过一段时间的经营来调整自己、融入当地社会。但长征中一直伴随着国民党军的围追堵截，其间还发生不少遭遇战，行军作战令战士们疲惫不堪。据红一军团统计，长征路上一共371天，有271天在行军打仗，休息时间仅100天。[①] 尤其从长征出发到渡湘江前后，红军差不多都是夜行军[②]，经常处于险恶的行军作战状态，连正常休息的时间都难以保证，更遑论开展群众工作。以往在根据地开展群众工作的干部，也缺少在白区工作的经验。红军战士基本以南方人为主，越往北走，语言、生活习惯、气候条件等均与当地社会差异较大，要融入当地相当困难。

（二）赢得人民群众支持的努力

那么，长征中党和红军是如何战胜困难、赢得民众的？

第一，面对群众基础严重缺乏的困境，党和红军以言行一致的表现迅速获得了群众的好感与认同。

为改变沿途群众对红军的错误认识，红军走到哪，革命道理、革命主张就宣传到哪。标语、口号、演讲、布告、歌谣、文艺演出……红军采取灵活多样又通俗易懂的方式广泛宣传党的主张，在宣传中吸取当地的文化特色，融入当地群众的实际需求，取得了良好的效果。虽然由于长征的特殊性，宣传工作不可能如同苏区一样有条不紊、层层深入，但长征中的宣传方法也是"八仙过海，各显神通"。有群众运动式的普遍宣传，也有围绕重点对象的深入调查动员；有普及化的标语、口号、演讲宣传，也有抓住人心的歌谣、小调和戏曲；有轰轰

---

① 根据"红军第一军团长征中经过地点及里程一览表"统计计算，时间为1934年10月16日至1935年10月21日。见《红军长征记》，解放军文艺出版社2006年版，第440—450页。
② 富春：《夜行军》，见丁玲：《红军长征记》，解放军文艺出版社2006年版，第17页。

烈烈的群众大会，也有细水长流的耐心"摆谈"；有切合群众实际利益的呼吁号召，更有展现中共抗日主张的大义引导。这些宣传给偏僻落后的乡村民众带来巨大冲击，使沿途广大群众对党的基本主张和革命理想有了初步的认识。与此同时，红军以各种革命行动践行党的主张。红军每到一地，镇压、捕捉当地反动势力，取消苛捐杂税，打土豪、分浮财，严格公买公卖，保护工商业。这些常规工作，缓解了当地贫苦群众的经济状况，救济了他们的实际生活。在有条件的地方，红军更进一步深入地发动群众分田地，建立革命政权、群团组织与武装部队，帮助群众保卫胜利果实。这些有力的行动，虽然是暂时的，却极大地打击了当地反动势力的嚣张气焰，使群众获得了实际的利益，更使广大群众深刻认识到，中共是为人民谋利益的党，中共领导的红军是人民的军队、真正抗日的力量。在与群众接触的过程中，红军严格遵守"三大纪律八项注意"，"把遵守纪律提到生活的最高位"[①]。所到之处，秋毫无犯，展现出新型军队、人民军队、文明之师的精神风貌。

第二，面对在少数民族地区难以开展群众工作的困境，红军因地制宜，针对不同民族的情况制定相应政策。红军每到少数民族地区，首先就要进行深入调查，充分了解当地民族的社会制度、经济状况、宗教信仰和风俗习惯。红一军团制有"长征中所经之民族区域表"，详细记录了经过的少数民族区域的基本情况，即使是经过一天的壮族区域、经过两天的瑶族区域，也有基本记录，这充分说明红军对少数民族的重视与尊重。在此基础上，红军根据各民族不同的情况，本着民族平等的原则，制定相应的民族政策。一是严格执行群众纪律，尊重少数民族的民族习惯和宗教习俗。二是深刻揭露历代汉族统治阶级对少数民族的压迫，进行一系列有针对性的宣传发动和统一战线工作。

---

① 《红星》报1935年4月10日第14期。

这主要是：对上层土司、贵族、宗教界领袖人士开展统战工作；对广大少数民族群众贯彻民族无论大小一律平等的民族政策；对一般宗教界人士执行信教自由的宗教政策；对广大农奴和人民群众实施党的阶级路线。

第三，面对缺乏根据地依托的困境，红军在长征中一直在设法寻找合适的地点创建新的根据地。在边走边打的长征途中，党和红军从来没有忘记要开辟根据地。中央红军根据敌情变化，先后选择湘西、川黔边、川西或川西北、川滇黔边、川陕甘等地作为战略转移落脚点。红二、六军团木黄会师后，创建了湘鄂川黔革命根据地；长征途中，又在贵州西北部的黔西、大定、毕节地区，创建了黔西革命根据地。红四方面军南下占领天全、芦山、宝兴、丹巴等地后，计划在此建立根据地。红二、四方面军还曾根据中央指示，开辟陇南、甘南两块临时革命根据地。红二十五军在长征中创建了鄂豫陕革命根据地。这些根据地有的存在时间很短，如黔西革命根据地仅存在20多天，但红军却"做了大量工作"；有的存在时间较长，如鄂豫陕革命根据地长征结束后仍继续存在，坚持斗争了两年又四个月，红军在这里开展了广泛的土地革命。根据地的创建无疑为群众工作赢得了更充裕的时间和空间，创造了良好的条件。

第四，面对长征中军情紧急、难以从容开展群众工作的困境，党和红军在实践中探索创造出一套在行军中发动群众的方法。一方面在战略全局上突出重点，提前规划。"群众工作的进行，必须选择各军团驻地周围的城市圩坊与战略上有重要意义的区域。首先抓住这些中心，派遣工作团来开展工作。"[1] 长征中，四支部队每到一地都会提

---

[1] 《工农红军总政治部关于地方工作的指示信》（1935年1月14日），见中国人民解放军政治学院政治工作教研室：《军队政治工作历史资料》第三册，第254页。

早计划、精心安排。对于只是沿途经过的小村庄，一般地进行宣传、号召，"打土豪、捕捉反革命"；但对于影响力较大的中心城镇，则会提前准备，有计划地组织消灭反动武装、摧毁反动机关，召集群众大会、发动群众斗争；而对于红军计划建立新根据地的地方，更是提前组织战役，利用军事占领获得较充分的休整时间，全面发动、组织、武装群众，甚至进行建立政权、分田地等工作。这样详略得当、重点突出的安排，有益于红军在有限的人力和时间条件下，实现效果最大化。另一方面在日常群众工作中想方设法提高工作效率。健全完善从事地方工作的机构和领导；创新行军宣传方式，如为有效增加开展群众工作的时间，地方工作组与宣传队的同志在每次行军前，总是比部队提早出发，先到预定的地方开展调查、宣传，而且能抓住行军间隙如行军休息、宿营前的宝贵时间开展工作；完善扩红、打土豪、分田地等工作的制度、组织，提高工作效率，"一个乡的土地必须求得在十天上下分配完毕"①。部队新到一个地方，"往往只需一两天，就可以搞起一支队伍来"②。

从上述四个方面，可以看出党和红军对于克服长征中的困境有一定的经验和准备。其实在长征之前，红军也有过到根据地以外的白区流动行军、作战的经验，再加上在苏区开展群众工作的丰富经验，红军对于长征中可能遇到的群众工作困境早有预料，并表示："只要我们能够在政治上巩固我们的部队，在政治上保卫新的战术任务，能完成不动摇的去争取广大的工农群众到苏维埃旗帜下面，创立新的苏维

---

① 《中共湘鄂川黔省委制定的分田工作大纲》（1934年12月16日），见《中国工农红军第二方面军战士资料选编》（四），解放军出版社1996年版，第15页。
② 廖汉生：《长征路上的生命线》，见《苦斗十年》（下），解放军出版社1989年版，第191页。

埃根据地时,我们是能够解决的。"①这样的底气和自信,从根本上说,是因为中国共产党与人民群众之间存在着天然的血肉联系,红军和人民群众有着共同的阶级基础,即使隔着语言文字、生活习惯甚至宗教信仰的差距,也很容易互相理解、互相沟通、互相认同。

谁能代表最广大人民的根本利益,谁就能够获得源源不断的支持。当群众认同了红军是人民的军队,当群众的实际利益与红军紧密联系起来,当群众真正被发动起来,卷入革命行动之后,群众甘愿顶着国民党军阀的高压政策,冒着反动地主的残酷报复风险,箪食壶浆迎接红军,参军作战,送粮草,捐衣被,救伤员,当向导,不惜毁家舍命,赴汤蹈火。

长征中的红军成功实现了群众工作的三大任务目标:

第一,帮助党和红军摆脱生存危机,顺利完成长征。据不完全统计,长征途中各路红军共补充新兵3万人以上。红二军团在长征中寄在群众家的战士有455名。②广大群众还积极为红军带路、提供情报,驾船渡江渡河,克服天然障碍。在少数民族地区,红军谱写了"彝海结盟"这样万古流传的篇章。仅3万人口的丹巴,在3个月中为红军筹粮34万多斤。道孚人民支援红军粮食约400万斤。③红二、六军团与红四方面军在甘孜会师后,有3000余名伤病员留在康北藏区,甘孜博巴政府安排可靠的群众,每5户照顾和供养一个重伤员。博巴政府成员赵成武家中收留了5个红军伤病员,自己却被反动派杀害。④

---

① 《在新的环境下的政治工作》(1934年10月25日),《红星》报第2期。
② 《二、六军团长征政治工作总结报告》,见《中国工农红军第二方面军战史资料选编》(四),解放军出版社1996年版,内部资料,第161页。
③ 中共甘孜州委党史研究室:《红军长征在甘孜藏区》,成都科技大学出版社1993年版,第223—225页。
④ 中共甘孜州委党史研究室:《红军长征在甘孜藏区》,成都科技大学出版社1993年版,第240页。

红军北上时，博巴政府动员了100多名翻译、向导，为红军带路到东谷、色达、阿坝等地，有的甚至一直到了甘肃。[①] 可以说，群众的支持为长征提供了必要的物资和人力基础。

第二，唤醒民众参加革命，为自身解放而斗争。长征中，广大的人民群众被动员、组织、武装起来。据不完全统计，长征中建立了百余支地方武装部队，如宜章农民赤卫队、遵义县游击队、陕南抗捐第一军、川南游击纵队、黔北游击队等。在有条件的地方，广大群众在党和红军的帮助下建立了苏维埃政权，如遵义县革命委员会、鄂豫陕革命根据地的各级苏维埃政权、格勒得沙革命政府、黔大毕地区的各级苏维埃政权……这些武装、政权为解放地方民众、引导他们起来斗争并保卫革命成果，做出了积极的贡献。

第三，吹响了全民族觉醒和奋起的号角，汇聚起团结抗日、一致对外的强大力量。长征中，党和红军将解决生存危机和拯救民族危亡紧密联系在一起，大力号召抗日，并切实践行抗日主张。1934年7月和11月，红七军团和红二十五军就分别是以北上抗日先遣队、北上第二抗日先遣队的名义，踏上战略转移的征途，揭开红军长征的序幕。红军所到之处广泛宣传抗日主张，"揭破日本帝国主义侵略和蒋介石的卖国，动员群众参加红军和抗日救国运动"[②]。在沿途各地成立了抗日游击队、抗日大同盟、抗日义勇军、抗日救国先遣队、抗日救国同盟、抗日救国军等抗日组织和武装。广大人民由此深刻认识到，红军是真正抗日的力量，是"救国救民"的"王者之师"。

---

① 中共甘孜州委党史研究室：《红军长征在甘孜藏区》，成都科技大学出版社1993年版，第234—235页。
② 《二、六军团长征政治工作总结报告》，见军事科学院政治工作研究室：《战时政治工作经验选编》第一集，1981年，内部材料，第23页。

（三）民心所向是克难成功的根源

人民群众的支持对红军获取长征胜利的重要作用，自中央红军长征结束后就不断被提及。1935年10月15日，陈云向共产国际汇报中央红军长征的情况时，将"正确对待群众和得到群众的支持"作为长征胜利的三大原因之一。[1] 长征胜利到达陕北后，毛泽东接受斯诺采访时，明确指出："红军的胜利行军，胜利达到甘、陕，而其有生力量依然完整无损，这首先是由于共产党的正确领导，其次是由于苏维埃人民的基本干部的伟大的才能、勇气、决心以及几乎是超人的吃苦耐劳和革命热情。"[2] 中华人民共和国成立后，历届中央领导在纪念长征胜利的讲话中，无一不感谢"当年全力支援红军长征的各族人民特别是各革命根据地的人民"[3]，并于2006年将"紧紧依靠人民群众，同人民群众生死相依、患难与共、艰苦奋斗的精神"[4] 归纳进了长征精神。习近平在纪念长征胜利80周年的讲话中，进一步明确指出："长征的胜利，充分展示了中国共产党性质和宗旨的力量，充分说明了中国共产党必须在人民中间生根开花，必须紧紧依靠人民来克服困难、赢得胜利。"[5]

无疑，军民团结为红军长征提供了源源不竭的动力：从情感上来说，群众的支持拥护是鼓励战士们坚持战斗、继续前行的原始动力和

---

[1] 陈云：《关于红军长征和遵义会议情况的报告》，见中共中央文献研究室：《陈云文集》第一卷，中央文献出版社2005年版，第30页。

[2] 〔美〕斯诺：《西行漫记》，解放军文艺出版社2002年版，第139页。

[3] 参考杨尚昆：《在纪念红军长征胜利五十周年大会上的讲话》，《人民日报》1986年10月23日。胡锦涛：《在纪念红军长征胜利70周年大会上的讲话》，《人民日报》2006年10月23日。

[4] 江泽民：《在纪念红军长征胜利六十周年大会上的讲话》，《人民日报》1996年10月23日。

[5] 习近平：《在纪念红军长征胜利80周年大会上的讲话》（2016年10月21日），人民出版社2016年版，第6页。

勇气来源；从后勤保障上说，群众的支持使红军在没有根据地的情况下拥有了流动的后方；从兵员上说，有群众才有红军，正如萧克在总结红二方面军长征经验时所说：红军与群众保持密切的联系，是伟大的斗争力量（有群众，才能产生红军，壮大红军）。[1] 说军民团结为长征胜利提供了力量之源，丝毫不为过。然而，红军在长征中苦心经营的军民关系，其意义远不止于此，把它放到更长的历史时段来看，可以发现其更为深远的重要意义。

其一，传播了马克思主义革命主张和先进思想、先进文化。

长征经过了11个省2亿多人口的地区，所经地区大部分人都没有听说过红军，更不懂得革命道理。而长征让他们亲眼看到红军的英勇战斗，听到红军的宣传，亲身体验到了红军的基本宗旨、理念。正如斯诺所说："在某种意义上来说，这次大规模的转移是历史上最盛大的武装巡回宣传。"[2] 任弼时说："这次远征，活动于湘黔滇康广大地区，前后攻占三十余县城，是广泛地传播了党和苏维埃的政策，特别是扩大了抗日反蒋主张的影响，组织和发动一些群众斗争，揭破了国民党卖国殃民的罪恶，再一次证明红军是不可摧毁的力量。"[3] 毛泽东一针见血地指出："不因此一举，那么广大的民众怎会如此迅速地知道世界上还有红军这样一篇大道理呢？"[4] 可以说，长征中，红军以自己的行动宣布，只有红军的道路，才是解放他们的道路。和过去在各个根据地有限区域里的孤军奋战不同，长征是在更广阔的天地里

---

[1] 萧克：《红二方面军的北上抗日》，《党的文献》1992年第1期，第47页。
[2] 〔美〕斯诺：《西行漫记》，解放军文艺出版社2002年版，第160页。
[3] 任弼时：《红二、六军团从湘鄂边到康东北长征经过》，见《任弼时选集》，人民出版社1987年版，第129页。
[4] 毛泽东：《论反对日本帝国主义的策略》（1935年12月27日），见《毛泽东选集》第一卷，人民出版社1991年版，第150页。

动摇了反动统治的社会基础，扩大了中国共产党的影响，使共产主义的福音，由苏区一隅传向了全中国。

更进一步来说，红军带来的不仅仅是革命的福音，更有思想的启蒙和先进文化的传播。长征所经过的地方，大部分是中国西南较为偏僻、落后的地区。这些地方经济落后，交通闭塞，民众文化水平普遍较低。党和红军所宣传的现代理念——平等、自由、民主等思想，对当地都是一种强烈的冲击。比起五四新文化运动，长征以标语、戏曲、舞蹈、话剧等更亲民的方式，在更基层更广泛的范围内，传播了新的声音。威廉·莫尔伍德说："长征是一次解放。长征既打破了地域上的隔绝状态，又解除了人们心理上的桎梏，使人们的思想从古老的狭隘的乡土观念中解放出来，在人们面前表现出国土之辽阔，揭示出民族精神遗产之博大。"这种思想的启蒙与解放，从深层次动摇了封建反动势力的思想统治，对近现代中国广大乡村的发展进程产生了深远的影响。

其二，深刻触动了传统社会的统治根基。

红军所到之处，打击、推翻了当地的反动恶霸势力，虽然不曾彻底清除反动势力，但对其造成了巨大打击。红军给群众分粮分物，在有条件的地方，还给群众分田地，暂时改善了群众的生活。更重要的是，红军的行动使国民党有了严重的危机感。在各种造谣、污蔑都无法阻止红军与群众良性互动的现实下，国民党不得不反思并调整自己的政策。蒋介石在"追剿"红军途中致电各军，要求"与匪争取民众"，"我军无论宿营行军，随时随地须严肃纪律，不拉夫，不派款，不强借民房，不强占民物，不征发粮秣，不强买强卖"[①]。何键在总结湘西"追

[①] 贵州省档案馆：《红军转战贵州——旧政权档案中史料选编》，贵州人民出版社1984年版，内部资料，第103页。

剿"红军经验时说："将来该处最紧要工作，大概为积极发展湘西交通，彻底取消习惯上相沿已久的一切苛捐杂税，以解除民众痛苦，并一面代达省府意志与原驻湘西各军团长官切商，如何从根本上解除湘西民众痛苦，如何彻底改进湘西政治。"① 四川军阀刘湘则下令上下川南各县，凡"迹涉苛杂之一切货物过道捐及各项杂捐，立即勒令概予停收"，以"不使匪人得所借口，用资宣传"。② 这些迫不得已的改变，在客观上也一定程度地改善了当地人民的生存条件，对当地社会的发展，具有一定的历史进步意义。

其三，播下了千千万万的革命火种。

长征中秘密发展了不少中共党员，帮助地方建立、完善了党组织。还给地方留下了武装部队、革命政权、群团组织等，继续领导、发动当地的群众斗争。红军留下来的伤病员也为当地革命、发展贡献了力量。长征中创建的许多革命队伍在长征后仍然继续存在，甚至一直持续到中华人民共和国成立。如长征北上抗日先遣队红七军团到闽东苏区后，在当地党组织的帮助下招录了1000多名新兵，这1000多名新兵未来得及追赶上北上的红七军团，后来补充到闽东当地部队。红七军团同时留下的，还有上百支枪、100多名伤病员，里面团、营、连、排干部都有。在此基础上，中共工农闽东独立师成立，坚持了5年游击战争，直到1938年北上抗日。③ 还有长征中建立的川南游击队，后改称川滇黔边区游击纵队，一直坚持斗争到1947年。其中，失败后

---

① 《何键在扩大纪念周中报告——追剿朱毛股匪情况与肃清湘西残匪推进政治的重要》（1935年1月7日），见中国第二历史档案馆、湖南省档案馆：《国民党军追堵红军长征档案史料选编》（湖南部分），档案出版社1991年版，第276—278页。
② 董有刚：《川滇黔边红色武装文化史料选编》，贵州人民出版社1995年版，第60页。
③ 叶飞：《坚持闽东三年游击战争》，见《南方三年游击战争·闽东游击区》，解放军出版社1993年版，第81—101页。

大部分被迫流散转移的同志到1949年解放西南时，又参加了剿匪、征粮等工作。①

其四，党的少数民族工作由此开端。

长征中，中共接触到了大量少数民族，并进行详细调查，第一次对中国的少数民族生存状况和基本情况有了实际的了解，由此初步形成了具有针对性的民族政策，并提出了"民族平等、民族自决、解放弱小民族"等主张，明确了少数民族工作的奋斗目标。长征中对民族工作的探索和成功经验，在理论和实践上都为中华人民共和国成立后的民族工作奠定了初步基础，实现了党的少数民族工作的开端。

红军在所经过的许多地区，帮助各民族群众建立了革命政权，组织了革命武装，而且留下许多红军干部和战士，与他们一起战斗。仅在少数民族地区建立的红色政权，著名的就有川黔边南腰界土家、苗、汉各族苏维埃，大凉山彝、汉人民联合政权——冕宁县革命委员会，茂县、理县、汶川县（羌、藏、汉族）工农兵苏维埃，茂县回族苏维埃，瓦钵梁子、周伞藏族苏维埃，绥崇地区的格勒得沙（藏语，意为嘉绒地区）政府，川边藏区的中华苏维埃波巴（藏人）自治政府，陕甘宁豫海县回民自治政府等。这些民族自治政权许多都建立了革命武装，在红军走后仍然坚持斗争。如红二、六军团长征到贵州黔西、大定、毕节地区后，迅速建立了抗日救国委员会和抗日救国军，在很短时间内，就发展到1000多人枪。红军长征走了以后，黔南的布依、苗、汉族人民同红军留下的60多名战士一起，在贞丰、紫云、望谟和罗甸四县边区的大小麻山一带坚持斗争，成为威胁国民党黔南统治的游击力量。云南迪庆藏区的贫农张文耀和红军留下的伤病员，还领导群

---

① 刘复初、吴孟辉：《红军长征中的川南游击队》，见《泸州文史资料选辑》第9辑，1986年，内部资料，第2页。

众进行暴动，联合维西、丽江、永胜、鹤庆、剑川等八县的彝、藏、白、纳西、汉族人民4000余人，在"杀官安民""打富济贫"的口号下，占领金沙江东岸桥头和格鲁湾一带，沉重地打击了当地的统治者。①

长征时期的少数民族工作还培养、锻炼、储备了少数民族干部。长征时期涌现出一批杰出的少数民族上层人士、宗教界领袖。安登榜、马骏、肖福祯、孟先发等一批少数民族上层人士为革命英勇献身；夏格刀登等上层人士、格达活佛等宗教领袖，在红军北上后仍继续为革命奔走，并在中华人民共和国成立后，为顺利解放少数民族地区做出了贡献。长征时期参加红军的天宝、杨东生、扎喜旺徐等人，更是成为中国共产党第一批藏族干部。

其五，推动了马克思主义中国化。

长征中所形成的军民关系，是对党的群众路线的有益探索和深度发展。无论是纪律、宣传还是行动，长征途中所开展的群众工作，是对此前群众工作的方式、经验的一次大规模运用，是对既有方法的完善与扬弃，同时也创造了许多新的工作方法。经历过长征的检验，党对群众工作有了更强的自信，方法也趋向成熟。这本身就是马克思主义的群众观点在中国土地上的生动实践与发展。

而更具深远意义的是，一批影响中国近现代历史的党的重量级政治家，因为长征来到了中国偏远的西南、西北地区，深入接触民众，看到了众多地区老百姓的需求及愿望。通过这样深入的国情考察，他们由此了解了更广大地区的人民群众的需求，将马克思主义这一"舶来品"深入地与中国实际结合起来，推动实现了马克思主义的中国化。正如索尔兹伯里所说："长征还有一个非常重要的历史作用，即使中

---

① 周锡根：《论红军长征时期中国共产党的民族、统战和宗教政策》，见军事科学院军事历史研究部：《历史的丰碑》，军事科学出版社1987年版，第129—130页。

国共产党真正了解中国的问题在哪里。在长征以前,许多中共领导人都认为,莫斯科有解决中国问题的一切答案。但是长征到了中国最贫穷的地方,他们才真正认识中国的真貌,走上自己应该走的道路。"①长征是党的政治主张、政治理念中国化的过程,是马克思主义中国化的过程。

---

① 《新书〈长征〉轰动全美读书界》,《美洲华侨报》1985年10月10日。

三 各路红军协力作战是长征胜利的战略法宝

长征是在党中央的统一领导指挥下，各路红军胸怀全局、团结协作，浴血奋战、相互支援完成的壮丽史诗，红一、二、四方面军和红二十五军等各路红军在整个长征的大棋局中，分别发挥了巨大作用，形成了长征胜利的坚强伟力。

毛泽东曾在 20 世纪 60 年代观看反映红军长征历史的话剧《万水千山》演出后，肯定了剧中的一些情节和人物，也对如何表现好中国工农红军各个方面军团结战斗等问题提出了修改意见。70 年代邓小平也就该剧剧本修改发表讲话，指出："张国焘搞分裂以后，二方面军推动四方面军北上起了很大作用。红二十五军也是拥护毛主席的北上路线的，先到了陕北。这里要有两个加重：二方面军推动四方面军北上的作用要加重，四方面军广大指战员要求走毛主席北上路线要加重。同时，还应讲到陕北红军，把整个红军各方面都照顾到。"两代领导人就红军长征的宣传发表了一个同样的观点——团结奋战对红军长征胜利发挥了极其重要的作用。

长征本是一次失败后的大撤退，最后却变成走向胜利的大进军，其力量转变的奥秘何在？在漫漫的万里长征中，红军一直处于异常恶劣的自然环境之中，动辄遭到数十万敌军的围追堵截，然而却善于以弱胜强，迭挫强敌，创造了人类战争史上一系列绝处逢生的奇迹，无论是四渡赤水战役，还是大渡河战役，或是过雪山草地，都可谓绝处逢生的奇迹。为何总能绝处逢生？其原因无疑是多方面的，诸如："北上抗日"战略方针的号召力凝聚力、红军将士坚定的理想信念、红军实行灵活机动的战略战术等，但有条极为重要的原因——团结奋战。长征途中，红一、二、四方面军和红二十五军等各路红军在党中央领导下，始终凝聚在"北上抗日"大旗下，团结协作、遥相呼应。在整个长征的前后，各路大军始终一盘棋，相互协同，相互支援，处处体现出红军部队之间的团结友爱和协作精神。团结奋战，无疑是长征胜利的一大力量源泉。

（一）长征中各路红军战略的配合

和长征前各路红军分别在各自的根据地开展反"围剿"战争有所不同，长征开始后除在南方八省坚持游击战争掩护主力红军突围的后方部队之外，各路红军都投入战略大转移之中。这在客观上为各主力红军间的战略配合造成了非常有利的态势。

国民党军发动的第五次"围剿"投入有100万兵力。长征途中，为彻底消灭红军，蒋介石调动了各地的反动势力，可以说是举国之力，在红军所到之处布下天罗地网。而红军的长征也是全国各路红军相互配合的战略大转移。中央红军开始长征之初，虽然是迫于无奈，但它当时就是一次有计划的战略行动。为了打破国民党军的军事"围剿"，1934年7月，寻淮洲、乐少华、粟裕率红七军团由瑞金出发，与在闽浙赣地区开展斗争的方志敏部会合，以抗日先遣队的名义先行远征；1934年8月，任弼时、萧克、王震率红六军团由湘赣根据地的遂川出发西征；1934年11月，徐宝珊、程子华、吴焕先、徐海东率领红二十五军由鄂豫皖根据地的罗山县向西北转战。这三支突围远征的红军是红军长征的先遣队，主要是为打破国民党军的第五次"围剿"和策应主力红军的长征，起战略牵制敌军的作用。

三大主力红军之间的战略配合和战役合作，更是对红军夺取长征的胜利起着至关重要的作用。特别是在遵义会议后，在以毛泽东为核心的新的领导集体的指挥下，各路红军的对敌斗争形势均出现重大转机。在著名的四渡赤水之战中，毛泽东把打破敌人围追堵截的现实任务和重建根据地的既定目标，有机地统一起来。他时而指挥中央红军向北摆出同红四方面军会师的态势，时而又回头显露出要与红二、六军团会合的趋向，巧妙地与强敌周旋，反复地调动敌人，将包袱甩给敌人，从而争得了战场主动，在惊涛骇浪中杀出一条生路，使得中央红军转危为安。红四方面军取得陕南战役和嘉陵江战役的重大胜利，占领川康地区，造成与红一方面军会师的有利条件；红二、六军团和红二十五军分别成功开辟湘鄂川黔根据地和鄂豫陕根据地，牵制了大量围追堵截中央红军的国民党军。

在战略转移中，各路红军共有过七次会师，如红七军团和红十军（方志敏所部）的会师，红六军团与红二军团的会师，红一方面军与红四方面军的会师，红二十五军与陕甘红军的会师，陕甘支队（红一方面军一部）与红十五军团的会师，红二、六军团与红四方面军的会师，以及最后红一、二、四方面军在甘肃会宁和宁夏将台堡地区的大会师等。每一次会师，对于来自不同根据地的红军将士来说，都是精神上的相互声援，也是战术上的学习和交流，更是阶级兄弟的情谊交融；每一次会师，都壮大了红军的力量，创造了有利的战机，取得了一次次的辉煌战绩，鼓舞了红军的斗志，从而将必胜的信念化作挡不住的铁流。毋庸讳言，长期在国民党军分隔包围下独立作战的各路红军，也形成了各自的特点和不尽相同的战斗作风与战术素养。乍一会合，也难免有分歧，甚至在少数人的头脑中不排除还有山头主义的影响作祟，以至于在长征路上出现了张国焘右倾分裂主义造成的严重情况。但是，血脉相连的阶级基础，共同的革命理想和奋斗目标，普遍具有的马克思主义思想觉悟和中国共产党人的组织原则，特别是在张国焘操纵下红四方面军的南下作战遭受的惨重牺牲，从正反两方面教育了全军。红军上下普遍认识到团结的弥足珍贵，维护团结成为红军全体将士的共识。从此之后，各路红军更加自觉地接受中共中央和中革军委的统一指挥，更加注重协同作战。先行北上到达陕北的陕甘支队，为策应红二、六军团和红四方面军北上，会同红十五军团粉碎了国民党军对陕北根据地的"围剿"，并发动了东征和西征，建立了巩固的陕甘宁根据地；率领红二、六军团（不久即改编为红二方面军）与红四方面军会师后的贺龙、任弼时等，连同朱德、刘伯承、徐向前等战胜了张国焘的阻挠，和红四方面军一道按照中革军委的指挥北上抗日，并取得了一系列战役的胜利。

这样，自1927年大革命失败后陆续诞生的各路红军，终于齐聚西北，第一次纳于中共中央和中革军委的直接统一指挥之下，形成了坚不可摧的钢铁力量，从而与中国革命中心北移的历史大趋势相呼应，完成了党和红军主要力量的北移。

（二）中央红军的战略主导作用

中央红军对长征的贡献可谓功高至伟。中央红军系由红一方面军改变番号而成。1930年8月，红一、三军团在湖南浏阳会师，合编为红一方面军。1931年11月下旬，红一方面军总部撤销，所辖部队由中革军委直接指挥，并统称为中央红军。1932年6月，中共苏区中央局决定恢复红一方面军番号。1934年1月，中共中央将红一方面军总部撤销，并入中革军委机关，所辖各部队由中革军委直接指挥，仍称中央红军。1934年10月中央红军长征开始,参加的有第一、第三、第五、第八、第九军团,以及由中共中央、中华苏维埃共和国中央政府、中革军委机关及直属部队编成的第一、第二野战纵队。1935年6月,中央红军恢复红一方面军番号。8月,红一、四方面军混编为左、右两路军。同月恢复红一方面军总部。9月,中央纵队和第一、第三军编为中国工农红军陕甘支队。11月,中国工农红军西北革命军事委员会宣布恢复红一方面军番号,第一、第三军合编为红一军团,红十五军团编入红一方面军序列。中央红军在党中央、中革军委直接指挥下,完成战略任务最多、付出的牺牲最大,对取得长征胜利有着根本性、决定性影响。其贡献主要体现在如下方面。

1. 贯彻党中央、中革军委战略决策的"领头羊"

中央红军的首要贡献集中体现在保卫了中共中央和中革军委上,并且先后在党中央直接领导下战胜了王明"左"倾教条主义,以及张国焘右倾分裂主义,顺利到达陕甘地区,结束长征。长征出发初期,党中央、中革军委编在中央纵队,在湘江战役中为保卫中央纵队安全过江,中央红军各个军团蒙受了巨大的损失。过湘江后,红八军团仅剩1500余人,只好取消其编制,编入红五军团。此后在万里长征中,中央红军原有的红一、三、五、八、九军团,浴血奋战,不断损失或合并,在1935年2月10日的扎西整编后,中央红军整编为16个团[①]。尽管兵力不多,却在中革军委直接指挥下,取得了四渡赤水、强渡大渡河、飞夺泸定桥等胜利。张国焘制造分裂事件后,由中央红军改编的陕甘支队又突破腊子口,获得直罗镇战役的胜利,与张国焘强令红军南下后遇到的百丈关失利形成鲜明的对比,彰显了北上方针

---

① 按照1935年2月10日《中革军委关于各军团缩编的命令》,中央红军各军团应缩编为11个团,后实编为16个团。

的正确性。1936年2月红一方面军举行的东征战役，举国震动，也给南下受挫的红四方面军以极大的鼓舞和良好的示范作用。据时任红四方面军供给学校校长的赵镕在1936年4月7日日记中记载，当他们从三局电台了解到红一方面军东进抗日的消息后，学员们纷纷议论："形势既然如此严重，我们为何还不北上抗日呢？"[①]红一方面军在陕甘地区捷报频传，南下的红四方面军指战员纷纷议论："看来还是中央的北上方针是对的！"红二、四方面军会师，将士一致要求按照党中央部署北上抗日。张国焘最终被迫放弃其南下、西进主张，与中央红军在陕甘地区的一系列示范引领作用密不可分。

2. 探索长征道路的落脚点

寻求战略转移的落脚点，是中共中央和整个红军战略转移最重要的战略任务之一，关系战略转移成败和中国革命前途的重大问题。长征出发初期，落脚点是湘西，后来根据敌情的变化，中共中央分别在黎平会议、遵义会议、扎西会议、两河口会议、俄界会议等会议上，先后选择了川黔边、川西或川西北、川滇黔边、川陕甘、接近苏联的边境地区等地作为战略转移的落脚点，1935年9月27日在榜罗镇会议上正式决定将落脚点定在陕甘地区。长征途中的七次落脚点的改变，都由中央红军率先去落实，再由其他路红军配合。在探索长征道路的过程中，中央红军虽屡经曲折，仍矢志不渝，最终，引领各路红军到达陕甘地区。

3. 奠基西北创建革命大本营

1935年10月，中央红军到达陕北，与红十五军团会师后，不久即重建了红一方面军。1936年春夏，中央红军先后发起东征战役和西征战役，将陕甘革命根据地扩大发展为陕甘宁革命根据地，给其他

---

① 赵镕：《长征日记》，山西人民出版社1996年版，第450页。

各路长征中的红军提供了可靠的落脚点。陕甘革命根据地物质条件差、回旋余地也小，仅偏安陕甘一隅也难以完成中国革命大任。建成革命的大本营，关键在于实行抗日民族统一战线。1935年12月中共中央在瓦窑堡会议上提出建立抗日民族统一战线的方针，将党和红军、中国革命的前途命运与中华民族抗日的前途命运有机结合在一起，中国革命也由此焕发了强大的生机和活力。长征的落脚点也由此成为抗日战争的前进出发阵地。为执行中共中央的抗日民族战线政策，中央红军还同张学良的东北军、杨虎城的第十七路军建立卓有成效的军事统一战线，实现西北抗日大联合，为迎接红二、四方面军在一年后也会聚陕甘根据地做了充分的准备，为中国革命大本营安在陕甘宁奠定了基础。

4. 迎接红二、四方面军胜利结束长征

1936年为迎接红二、四方面军北上，实现三大主力会师，红一方面军[①]主动采取了一系列的策应行动。7月27日、8月1日，毛泽东、周恩来连续致电彭德怀，要求西北野战军在完成西征战役第一阶段任务之后，配合红二、四方面军南北夹击夺取陕甘大道的战斗。聂荣臻率领由红一师和骑兵第二团主力组成的特别支队南下静宁、会宁地区，9月14日占领将台堡。10月初，红十五军团派骑兵团奔袭会宁，将会宁牢牢地掌握在手中，为会师扫清了前进道路，提供了场所。为迎接三军大会师，中央红军筹集大批粮食、衣服给红二、四方面军。先期到达会宁的红一方面军官兵为迎接会师，做了充分的准备工作。会宁一带粮食和水源都很缺乏，条件相当艰苦，接应部队除了向老百姓购买粮食外，还将自己每天三餐改为两餐，尽量节约水窖里的藏水，力求把更多的粮食、水和住房留给红四方面军的弟兄。红一方面军无

---

① 1935年8月4—6日，中央政治局在沙窝会议上决定中央红军恢复红一方面军称号。

论在后方还是前线，都积极筹款购买棉布棉花，赶制棉衣棉裤。广大指战员还动员起来，用拿枪的手，学着做针线活，把羊毛织成毛衣、毛袜、手套，准备送给红二、四方面军战友每人一件礼物。10月9日，红一、四方面军在会宁会师。红一师师长陈赓领着红四方面军总部直属纵队司令员杜义德到师部，向他交接了为红四方面军准备的粮食、肉、菜以及柴草、服装、鞋等。10月22日，红二方面军进抵将台堡，与红一方面军胜利会师。会师后，聂荣臻政委派红三团萧锋带一个连，将200只羊、50头猪、300套棉衣、500匹布、1000双布鞋和3万块大洋送给红二方面军。[①] 大批慰问品、毛衣、毛袜、棉衣和肉、菜等被送给红二、四方面军的战友。

（三）红四方面军的"摆渡"作用

红四方面军序列：1931年11月，鄂豫皖根据地的红四、红二十五军在湖北黄安（今红安）合编为红四方面军。1932年10月，红四方面军主力离开鄂豫皖根据地转战陕南、川北地区。1935年4月，红四方面军渡过嘉陵江开始长征时有第四、第九、第三十、第三十一、第三十三军。8月，红一、红四方面军混编为左、右两路军，第九、第三十一、第三十三军编入左路军，第四、第三十军编入右路军。9月中旬，红四方面军南下，编入左路军的原属红一方面军的第五、第三十二军一同南下。1936年4月，红四方面军进行整编，下辖第四、第五、第九、第三十、第三十一、第三十二军。7月，第三十二军划归红二方面军序列。红四方面军作为中共领导下的一支主力红军，善于攻坚克难，勇打大仗硬仗，在长征中主要征战于四川、西康地区，

---

① 萧锋：《迎接红二方面军》，见中国人民解放军历史资料丛书编审委员会：《红军长征回忆史料》（2），解放军出版社1992年版。

对中央红军和红二方面军发挥了宝贵的支援和策应作用。长征结束时，还有4.2万人，是各路红军中保留骨干最多的部队。

1. 主动支援配合中央红军四渡赤水战役

中央红军四渡赤水战役期间，红四方面军为吸引在陕甘地区的胡宗南部的注意力，以及向东迎接红二十五军，以部分兵力发动陕南战役，迫使胡宗南不敢南下，既为嘉陵江战役的发起打下了基础，同时也破坏了蒋介石从北面派兵参与"围剿"中央红军的计划。

1935年3月至4月间，红四方面军发动气势恢宏的嘉陵江战役，一举突破川军53个团的江防，歼灭川军1万余人，调动和牵制了大批川军有生力量，在战略上有力配合了中央红军的北上。而且，这场大规模强渡江河作战的成功，完全扰乱了蒋介石筹划的"川陕会剿"计划，威胁着四川军阀的反动统治中心——成都。

嘉陵江战役后，红四方面军为接应中央红军，离开川陕苏区，踏上了长征路。接着，红四方面军挥师西进，夺占剑阁、江油等涪嘉流域的广大地区，此后继续西进，经千佛山战役、土门战役等作战，打败了邓锡侯、孙震、王缵绪等部川军，占领茂县、理县、懋功等地，等待中央红军北上。这一系列攻势行动，不仅为中央红军四渡赤水、转战云南、巧渡金沙江做出了有力的战略配合，而且对中央红军入川、过彝民区、强渡大渡河、翻越夹金山，实现两军会师起到了战略策应作用。

除了作战之外，红四方面军还在情报上支援中央红军。考虑到中央红军日夜征战，没有足够时间收听敌台，红四方面军电台就发挥自身技术优势，主动跟踪敌台，破译电报，查清中央红军前后左右的敌情，发给中央红军。后来会师后，中央红军电台的同志称赞说，红四方面军电台提供的情报很快、很准，为中央红军摆脱敌人的围追堵截发挥了作用。后来，毛泽东在延安曾对宋侃夫讲：你们四方面军电台的同志辛苦了，有功劳呀！在我们困难的时候，在四渡赤水前后，是你们提供了情况，使我们比较顺利地克服了困难。①

从红四方面军的角度来说，红四方面军虽然经历了张国焘分裂党和红军的事件，但除去张国焘本人的问题外，整个方面军广大指战员，忠诚革命、心向中央，在维护整个红军的团结方面功不可没。红四方面军为接应中央红军长征，以及红二方面军的长征，发挥了巨大的作用。除上述四渡赤水战役的战略策应外，特别值得一提的是，在两次会师前后为中央红军和红二方面军做出的贡献。

2. 迎接中央红军会师和一过草地

1935年6月，红四方面军与中央红军在川西北懋功（今小金）地区会师。会师前，红四方面军筹集了大批粮食和衣服。考虑到川西北高原气候寒冷，红四方面军号召各部队要多筹集些羊毛羊皮，制作毛衣、毛袜、皮背心，作为送给红一方面军的慰问品。徐向前根据红四方面军西征转战途中出现的"炊具容易丢，炊事员不够用，部队经常开不上饭，直接影响行军和作战"的教训，提议从各部队抽一批炊事员，带上粮食、盐巴、炊具，跟随做前锋的第八十八师行动，会师后立即补充到红一方面军，先解决红一方面军的吃饭问题。红军本来都十分缺盐，为了解决两路红军的食盐问题，红四方面军特地将新打下的自贡等地的井盐运到会师地。在茂县的部队还有"熬盐迎亲人"的动人事例。

6月17日，两军在懋功的达维会师，两支兄弟部队开展了互相慰问的活动。李先念得知聂荣臻骑的骡子在宝兴过铁索桥时没了，就热情地送给聂荣臻一匹骡子，后来，聂荣臻就是靠了这匹骡子的帮助，长征到达陕北。红四方面军红九军司令部把1：100000的四川地图送给中央红军红九军团司令部。红四方面军从北川、茂县、理番至懋功的

---

① 宋侃夫：《红四方面军电台始末》，《百年潮》2010年第5期。

沿途，用络绎不绝的马队、牦牛队把一批批慰劳品送到中央红军驻地。

会师之初，徐向前等领导人提出：中央红军"长征跋涉，不无疲劳"，应"暂住后方固阵休息补充，把四方面军放在前面消灭敌人"。7月中旬，徐向前、陈昌浩等方面军领导人得知，中央红军长征以来，兵员损失较大，只剩下1万多人，而干部保存较多，于是主动向中央建议，抽调红四方面军3个建制团3800多人充实红一方面军[①]，同时从红一方面军中选调部分优秀干部到红四方面军中任职，对促进两军团结发挥了积极作用。

8月3日，中革军委下达《夏洮战役计划》，红四方面军第四军、第三十军与中央红军第一军、第三军（即红一军团和红三军团）、军委纵队，一起编为右路军。8月21日至27日，右路军中的红一、四方面军在前敌指挥部徐向前、陈昌浩指挥下，携手穿过了茫茫草地。

3.请缨战包座

右路军走完草地后遇到的第一仗是包座战斗。鉴于红一方面军长征远道而来减员太多，红三军尚未走出草地，徐向前遂主动向中革军委提出，由红四方面军夺取包座。包座，是北上的必经之路，有胡宗南部一个团扼守、一个师驰援，工事坚固，火力很强。如果打不下包座，红军就只能被迫退入草地。红四方面军第三十军和第四军一部，在徐向前指挥下，8月29日，以伤亡上千人、牺牲一名师长的代价，歼敌伍诚仁第四十九师等部5500余人。[②] 此战，红四方面军部队刚过草地，未经休整而投入战斗，指战员们强忍饥饿与疲劳，展现了四方面军将士胸怀大局的风格，也展示了"狠、硬、快、猛、活"五大战

---

① 徐向前：《徐向前回忆录》，解放军出版社2007年版，第319页。
② 成都军区党史资料征集委员会办公室：《红军长征回忆与研究》，云南人民出版社1988年版，第329页。

斗作风，毛泽东在战后曾高兴地表扬他们："四方面军干部、战士英勇善战，打得好！"包座战斗，粉碎了蒋介石企图困死红军于雪山草地的计划，打开了红军北上甘南的门户。

"九九密电"事件后，中共中央率红一、三军团编为陕甘支队先行北上。不久，在张国焘强令下，红四方面军的第四军、第三十军等部队二过草地，会同红四方面军的其余部队，以及原属红一方面军的第五军、第三十二军等南下。南下红军在朱德、徐向前等指挥下，进行一系列作战，吸引了蒋介石中央军主力薛岳部4个军14万左右的兵力和川军的主力，在军事战略上，无疑是对红二、六军团重大的配合，同时，给中央红军陕甘支队减轻了很大压力，为其顺利北上、胜利结束长征客观上创造了条件。红四方面军南下后进行的绥（靖）崇（化）丹（巴）懋（功）战役，获得胜利，随后进行的天（全）芦（山）名（山）雅（安）邛（崃）大（邑）战役后期遭到失败，证明了张国焘的南下路线行不通，但此役客观上吸引了蒋军注意力，减轻了陕甘支队到达陕北后的压力，为其经营陕北根据地间接做出了贡献。

4. 迎接红二方面军会师和三过草地

以红四方面军为主的南下红军在百丈关失利后，向西进入甘孜、炉霍、道孚地区后，建立博巴红色政权，发动藏民参加红军、筹备粮食，经过几个月的苦苦等候，1936年6月终于在西康甘孜迎来红二、六军团前来会师。为迎接红二、六军团北上，减轻其当面军事压力，红四方面军派出第四军及第三十二军一部，由道孚南下，阻止李抱冰部堵截，将其阻于雅江以东，无法西进；控制了康南咽喉，割断了康定敌军与巴塘敌军的联系，保证了红二、六军团北进侧翼的安全，为红二、六军团通过康南到康北与红四方面军会合创造了有利条件。

徐向前在迎接红二、六军团的动员会上特别强调："红军是一家人，我们和中央红军与二方面军的关系，好比老四与老大、老二之间的兄弟关系。上次我们和老大的关系没搞好，要接受教训。'兄弟阋于墙，外御其侮'。吵架归吵架，团结归团结，不能分家。现在老二就要上来，再搞不好关系，是说不过去的。每个部队都有自己的长处、短处，方针是互相学习，取长补短，加强团结，一致对敌。"①

在贫瘠的川康地区，红四方面军不仅为远道而来的红二、六军团准备了宝贵的粮食，还准备了礼物。朱德总司令号召大家献计献策，经过研究，最后决定用当地特产的羊毛捻成线，织成毛衣、毛裤、毛背心等，送给红二、六军团每人一件，这样既能表现兄弟间的革命情谊，也可供北上御寒之用。以四方面军为主的南下红军为前来会师的红二、六军团战友每人织了一件毛衣裤、毛袜。②红八十八师筹集购买了大批牛羊和粮食，准备慰劳长途跋涉而来的红二、六军团的战友。红四方面军对疲惫不堪的红二、六军团物质上的支持，简直是雪中送炭。这一切，为红二、六军团北上完成长征发挥了巨大的作用。

甘孜会师后，两军一起编为两路纵队，从1936年7月初开始，一起携手穿越茫茫大草地，直到8月11日全部走完草地。这次过草地时长一个多月③，远比红军一过草地、二过草地的5—7天长了很多。红二、六军团远道而来，过草地时间短、粮食准备严重不足，平均每人只筹集了七八天的口粮④，如果没有红四方面军的帮助，要走出草地是难以想象的。此外，在噶曲，得知红二、六军团的粮食危机后，

---

① 徐向前：《历史的回顾》（中），解放军出版社1984年版，第485—486页。
② 谭尚维：《甘孜会师》，见中国人民解放军历史资料丛书编审委员会：《红军长征回忆史料》（2），解放军出版社1992年版。
③ 关于红军第三次过草地时间，没有一个固定说法，《萧克回忆录》中认为是近两个月，但是以过腊子口为止。据《中国工农红军第二方面军长征日记》，8月11日，红二、六军团已到达阿西、巴西以东地区。这意味着已越过阿俄垭口，走完草地。
④ 颜金生：《草地记事》，见中国人民解放军历史资料丛书编审委员会：《红军长征回忆史料》（2），解放军出版社1992年版。

朱德总司令下令将四方面军直属队所有驮帐篷、驮行李的牦牛集中起来，设立临时兵站，给后卫部队作食物，保证了红二、六军团走过草地。

（四）红二方面军的策应作用

红二方面军序列：1930年7月，贺龙领导的红四军与段德昌领导的红六军在湖北公安县合编为红二军团。1931年3月，根据中共苏区中央局和湘鄂西分局的指示，红二军团改编为红三军。1933年6月，湘赣、湘鄂赣革命根据地的红军合编为红六军团。1934年8月，红六军团在西进途中正式成立军团领导机关。1934年10月，红六军团与红三军在贵州印江县木黄会师，红三军恢复红二军团番号。1935年11月19日，红二、六军团1.7万余人从湖南省桑植县出发开始长征。1936年7月，红二、六军团与红三十二军（原红一方面军的第九军团）在甘孜组成红二方面军。长征途中红二方面军由于模范执行党中央的抗日民族统一战线政策，加上红四方面军的援接，出发时1.7万人，到达静宁会师时仍有1.1万人，是保存革命力量较多、损失较少的一路主力红军部队。

1. 为中央红军先期探路

早在1934年7月中共中央、中革军委就决定派出红六军团西征，到湘西同红三军会合，创建新的根据地。红六军团经过5000余里西征，辗转到达贵州印江县木黄，于10月24日，与红三军胜利会师，会师后，两军团剩下7700余人[1]，因否决了李德把持下的中革军委要求两军团分开活动的错误决定，从此形成红二、六军团，征战川鄂湘黔。红六军团的西征，为中央红军初期的长征发挥了探路作用。

---

[1] 中国军事百科全书编审委员会：《中国军事百科全书》（军事历史Ⅱ），军事科学出版社1997年版，第1520页。

随后，为策应中央红军战略转移，开辟新苏区，两军团联手发起了凌厉的湘西攻势。在贺龙、任弼时等的领导与指挥下，红二、六军团先后攻克永顺、大庸、桑植、桃源、慈利等县的广大地区，1934年11月在龙家寨伏击战中，歼敌一个旅，击溃另一个旅，给予湘西军阀陈渠珍等以有力的打击，创建了以永顺、大庸、桑植为中心的湘鄂川黔苏区。

红二、六军团在湘西的胜利进军，震慑了蒋介石和湖南的统治集团。蒋介石和两湖军阀再也不能对贺龙、萧克领导的这支部队以"孤军"等闲视之。为了防止红二、六军团与中央红军会合，解除追击红军的后顾之忧，蒋介石在以重兵围攻中央红军的同时，又调集湘、鄂等省的军阀部队80多个团编成6个纵队，采取堡垒封锁、分进合击、攻堵结合的战法，气势汹汹地围了上来，并且把防堵中央红军和红二、六军团作为作战重点。

2. 策应中央红军四渡赤水

遵义会议后，为配合中央红军长征，牵制住何键的湘军，红二、六军团奉命与十倍于己之敌周旋于湘西，在近两个月的反"围剿"作战中，两个军团先后在溪口、后坪、高粱坪等地多次浴血战斗。1935年4月，转守为攻，在陈家河、桃子溪战斗中，给湘敌第五十八师师部及两个旅大部歼灭性打击。这些行动，令蒋介石和两湖军阀坐卧不安。何键苦苦哀求蒋介石，让他从追堵中央红军的兵力中抽回三个师增援常德。湖北军阀徐源泉害怕红军入鄂，威胁长江交通，中止了正在入川、准备对中央红军作战的两个师又两个旅的行动。由于担心中央红军向东到湘西与红二、六军团会合，蒋介石在湘鄂边境一线摆了4个师的兵力防堵红军。这一部署，为中央红军四渡赤水创造了条件，中央红军在第四次渡赤水中，就是利用蒋的错误判断，制造了去湘西的假象，声东击西，顺利地渡过了金沙江。

中央红军进入四川后,红二、六军团采用"围城打援",在忠堡全歼敌军一个师,活捉敌纵队司令兼第四十一师师长张振汉。接着又在板栗园设伏,一举歼灭敌军第八十五师,击毙其师长谢彬。两次辉煌的作战,对中央红军的大渡河之战无疑是一个策应。

红二、六军团在湘鄂川黔开展有声有色的反"围剿"作战,进行大小战斗30余次,自身迅速扩充到两万人,牵制敌军30余万,无疑为中央红军的战略转移提供了有力的支援。

3. 协同红四方面军北上

1935年11月,继中央红军、红二十五军和红四方面军实行战略转移之后,红二、六军团也踏上漫漫长征路。先是南下湘中,转战湘黔边;而后进军黔西,转战黔滇边,夺取乌蒙山回旋战的胜利。红二、六军团在乌蒙山转战时,正逢红四方面军南下作战失利。面对国民党政府军的重兵压迫,红四方面军准备向西转移,制订《康(定)、道(孚)、炉(霍)战役计划》。而乌蒙山回旋战恰在此时牵制了国民党军100多个团10多万兵力,为红四方面军实施康道炉战役创造了有利条件。

此后,红二、六军团北渡金沙江,到达甘孜与红四方面军胜利会师。会师后,面对张国焘分裂党和红军的错误行为,红二方面军进行了严肃、坚决、有效的抵制和斗争。贺龙、任弼时、关向应等人从中国革命的战略全局及党和红军团结统一的大局出发,坚决支持朱德、刘伯承等维护统一、坚持北上的主张。面对张国焘的分化、拉拢活动,坚持原则、不为所动;面对张国焘企图直接派人控制红二、六军团的行为,坚决顶了回去;对于张国焘攻击中央的文件,一律不准下发;面对张国焘试图召开党的会议,以多数压迫少数来实施自己错误主张的企图,予以正面回绝。贺龙还把红三十二军要过来,根据中共中央的决定和中革军委的命令,与红二、六军团合编组成红二方面军,归中革军委直接指挥。红二方面军要来了电报密码本,与在陕甘根据地的中共中央建立直接的沟通联系。在中央的指导和红二方面军的促成下，1936年7月27日，中共中央下属组织西北局成立，统一领导红二、四方面军的北上行动。任弼时任副书记，关向应、贺龙、萧克、王震等红二方面军主要领导均为委员。西北局的成立有利于打破张国焘的个人专权，保证了党中央方针的贯彻和北上会师部署的顺利实施。

根据朱德的建议，任弼时随红军总部行动，他以中共中央政治局委员和红二方面军政委的双重身份，多次与张国焘和红四方面军领导人陈昌浩、徐向前、傅钟、李卓然等交谈，与红四方面军其他干部进行广泛交流，有针对性地做了大量促进党内团结的工作。

红二方面军的到来，大大增强了与张国焘斗争的力量，有力推动了红四方面军与红二方面军共同北上，对三大主力红军的会师，产生了重要影响。

（五）红二十五军的先导作用

红二十五军长征序列：红二十五军于1931年10月在安徽六安建立。1932年10月，红四方面军撤离鄂豫皖革命根据地后，留下红二十五军一部坚持斗争。同年11月，根据中共鄂豫皖省委决定，红二十五军在湖北黄安重建。1934年11月16日，红二十五军2980余人从河南省罗山县何家冲出发长征。1935年9月，长征到陕北后与陕甘红军第二十六、二十七军合编为红十五军团，以徐海东为军团长、程子华为政委、刘志丹为副军团长兼参谋长。11月，红十五军团归入红一方面军序列。红二十五军是一支年轻的部队，有"娃娃红军"之称，从1934年11月开始孤军长征，却最先圆满完成长征。1935年9月18日，红二十五军到陕西延川县永坪镇与陕北红军会师，结束长征，随后同红二十六、二十七军组建了红十五军团。红十五军团不久夺取了劳山、榆林桥战役的胜利，为迎接中共中央率陕甘支队到陕北安家

打好了基础,因此红二十五军被誉为"战略先导"①。

1. 主动策应中央红军和红四方面军

红二十五军尽管势单力薄,却颇有大局观和责任感。在长征途中就主动为策应红一、四方面军做出了不凡的贡献。红二十五军长征到陕南后,已建立了巩固的鄂豫陕根据地,但当他们从缴获来的《大公报》上,得知红一、四方面军已在川西北会合,先头部队已越过松潘北上的消息后,为策应中央红军和红四方面军长征,主动做出决定:"决定了二十五军到陕甘苏区会合红二十六军,首先争取陕甘苏区的巩固,集中力量以新的进攻策略消灭敌人,直接有力地配合红军主力,创造新的伟大红军与准备直接与帝国主义作战的阵地。"②从根据地撤出主力后,他们在双石铺活捉了胡宗南的一个高级少将参议,进一步证实:红一、四方面军确已在川西北会合,先头部队已越过松潘北上,胡宗南部的主力全部西调,堵击我军主力北上,敌人后防留驻天水。得到这个可靠的消息后,红二十五军立即决定西出甘肃,牵制胡宗南的主力,打破敌人堵击我一、四方面军北上的计划。红二十五军一度截断兰州到西安的公路,由于没有电台,同中央红军和红四方面军联系不上,之后决定到陕北与刘志丹部队等会合。

2. 出色的红色播种机

红二十五军不仅在长征途中建立了一个巩固的根据地——鄂豫陕革命根据地,而且在主动撤出根据地继续长征后,发挥了红色播种机的作用。红二十五军留在陕南的武装编为红军第七十四师,在陈先瑞

---

① 徐向前评红二十五军:它西征北上的战略行动,成为主力红军北上的先导,为把中国革命的大本营建在西北建立了特殊的功勋。

② 《原中共鄂豫陕省委关于西征北上会合陕甘红军之决定经过向中央的报告》(1935年9月27日),见中国人民解放军历史资料丛书编审委员会:《红军长征·文献》,解放军出版社1995年版。

等的率领下,灵活机动地转战20多个县,歼敌4000多人,有力地配合了主力红军的长征。毛泽东曾专门表扬红七十四师,中央红军西征出动,你们就在南面闹华山,配合得好啊!难能可贵的是鄂豫陕根据地和红七十四师始终红旗不倒,一直坚持到抗日战争全面爆发,红七十四师1700余人被改编为八路军留守兵团一部。

3. 为中央红军解决经济困难

1935年11月初,红十五军团在陕北甘泉同中央红军主力陕甘支队会师。会师前夕,红十五军团即送给陕甘支队一批武器装备、药品、粮食等物资。会师后不久,与中央红军共同发起直罗镇战役,共歼敌一个师又一个团,俘敌5367人,缴枪3500余支。①彻底粉碎了敌人向陕北根据地进行的三次"围剿",为红军在西北建立广大的根据地举行了"奠基礼"。此战,中央红军虽缴获颇丰,但未解决经济上的困难。中央红军供给实在困难,毛泽东遂派陕甘支队负责后勤的杨至诚来找徐海东借2500元给中央红军,以解燃眉之急。徐海东立即从所剩的7000元经费中拿出5000元交中央,还让部队把缴获敌人的武器、弹药、药材、布匹等物品送给中央红军。②

长征期间,各路红军团结合作、相互策应的事例举不胜举,如:在长征之前,有红六军团担任战略侦察,为中央红军探路;有红七军团大张旗鼓地挑起北上抗日先遣队大旗,不顾自身安危,为配合中央红军长征而调动敌人的兵力。1934年11月初,红七军团在重溪与赣东北的红十军会合后合编为红十军团。红十军团继续奉中央军区命令在浙皖边征战,以调动敌人,后在怀玉山陷入敌军重围,方志敏被

---

① 毛泽东、彭德怀直罗镇战役战报致洛甫、周恩来电(1935年12月2日),见中国人民解放军历史资料丛书编审委员会:《红军长征·文献》,解放军出版社1995年版。
② 徐海东纪念文集编委会:《徐海东纪念文集》,军事科学出版社2000年版,第163、421页。

俘后不久慷慨就义。中央红军长征出发后，留在中央苏区的项英、陈毅部，率红二十四师、十几个独立团及地方武装约3万人在中央苏区坚持斗争，牵制了敌人的进攻，掩护主力突围。

长征期间，各路红军一盘棋，始终团结合作、相互策应，这充分说明，团结就是力量！团结不仅弥补了红军武器装备的劣势，弥补了兵力的不足，而且在每场作战中，常常能通过紧密的团结协作，集中优势兵力消灭敌人。长征的胜利，绝非哪一路红军单打独斗的胜利，而是在共同的理想信念下团结奋战，铸造的一个伟大奇迹！

四 北上抗日共赴国难是长征胜利的旗帜

长征是英勇的红军将士冲破国民党军围追堵截、征服万水千山奔赴抗日前线的过程，也是中国共产党人和红军指战员宣传抗日主张、动员广大民众拯救民族危亡的过程。毛泽东讲：长征是宣言书，长征是宣传队，长征是播种机。长征中，红军将"北上抗日""共赴国难"的思想宣传一路，动员一路，使之既成为红军长征的动员令，也成为红军指战员共同的奋斗目标。

序篇已述，北上抗日是中国共产党民主革命时期的历史使命使然。从提出反帝反封建的民主革命纲领到对日宣战，再到明确提出北上抗日，中国共产党表现了以民族利益为重、抗日救国的诚意。同时，北上抗日不只是中国共产党的心声，也是广大民众和国民党爱国官兵的呼声。但蒋介石坚持抗日必先"剿匪"，严令"侈言抗日、不知廉耻者，立斩无赦"。

历史在20世纪30年代前期形成矛盾景象——蒋介石完全可以高举抗日大旗，北上抗日，但他坚持"攘外必先安内"；中国共产党高举北上抗日旗帜，却被国民党军层层包围。红军北上抗日需面对"围剿"的国民党军。为了解决根本的生存问题，中国共产党不得不把粉碎"围剿"摆在第一位。"苏维埃政府与工农红军，为了要动员全部力量，同日本帝国主义直接作战，不能不首先同进攻我们的百万以上的国民党匪军血战。"

当然，这一时期的中国共产党也存在很多不成熟之处，如将北上抗日与"武装保卫苏联"相联系，否定国民党军队中上层爱国军官的抗日热情，反对中间派等。

时代给中国共产党提出的命题，是如何在民族矛盾逐渐上升为社会主要矛盾的情况下，调整政策，把握民族大局。后来的发展说明，这一调整充满阵痛——因国民党军队的严密封锁和"围剿"，加上党内"左"倾关门主义影响，中国共产党人面对如何实现北上抗日，如何在实现抗日主张的前提下保卫好苏区等现实问题，并未能在20世纪30年代的前几年给出合格的回答，甚至受挫于中央苏区的第五次反"围剿"。

带着需要回答的时代命题，长征开始了。

（一）高举着北上抗日的大旗

长征中，红军面对强敌和恶劣的自然环境，不忘为了民族利益而战的初心，始终高举北上抗日的大旗，从而使长征有了更高的历史意义。

在北上抗日的旗帜下，红七军团和红二十五军先后踏上征途。

长征为中共中央和中革军委实施北上抗日主张提供了契机，尽管是被迫的，但红军终于有了正式的机会能高举起这面旗帜。

1. 为打破第五次"围剿"，宣传和推动抗日救国，红七军团奉命以抗日先遣队名义北上

1934年7月，在中央苏区第五次反"围剿"作战接连失利，苏区形势极其严峻的情况下，中共中央、中华苏维埃共和国中央政府人民

委员会和中革军委决定，以红七军团组成抗日先遣队，北上闽浙赣皖边区，开展抗日运动，发展游击战争，建立苏维埃根据地，目的是"吸引蒋敌将其兵力从中央苏区调回一部到其后方去"，同时"最高度的开展福建、浙江的反日运动"。

7月5日，中共中央在给红七军团的政治训令中明确：中央与军委决定从主力红军中派遣一部分为抗日先遣队，以便在全中国的民众前面证明共产党与中国苏维埃政府及红军是唯一的真正的民族解放斗争与民族革命战争的提倡者与组织者，借此更进（一步）的揭露一切国民党的武断宣传，提高苏维埃与红军在全中国群众间的威信与推进群众的反日反帝运动到新的阶段。为实现新阶段的到来，"高举着中国工农红军抗日先遣队的旗帜而行动的七军团，应在自己的行动中最显明地表现出自己是有组织的，英勇的，守纪律的，先进的民族革命战争的先锋队，应该以自己的英勇的行动，坚忍不拔的意志及加强的政治工作去告诉和指示最广大的工农劳苦群众，怎样能够进行胜利的民族革命战争"。同时，"七军团随带党及苏维埃中央和军委的传单一百六十万份"。

这160万份传单，承载了党的大政方针。粟裕回忆："宣传抗日和支援皖南，是当时赋予七军团的任务。中央在这方面做了不少准备工作。为了宣传我党抗日主张，中央公开发表了《为中国工农红军北上抗日宣言》《中国工农红军北上抗日先遣队告农民书》等文件，印制了'中国能不能抗日''一致对外——驱逐日本帝国主义出中国''拥护红军北上抗日运动口号'等大量宣传品，总数达一百六十万份以上，这在当时条件下是很不容易的。"

比如，7月15日，中华苏维埃共和国中央政府、中革军委发布的《为中国工农红军北上抗日宣言》强调："万恶的日本帝国主义并吞了我们的东三省，侵占了我们的热河、内蒙古，现在又夺取了我们的整个华北。""国民党军阀们对于苏维埃政府与工农红军一致联合起来,共同反日的提议,完全置之不理,而且更无耻的出卖中国,加紧他们对于苏维埃政府与工农红军的五次'围剿',帮助日本帝国主义并吞中国。因此苏维埃政府与工农红军,为了要动员全部力量,同日本帝国主义直接作战,不能不首先同进攻我们的百万以上的国民党匪军血战","从无数次同国民党军血战中创造起来的反对帝国主义的中国革命根据地,我们是决不放弃的,但是苏维埃政府与工农红军决不能坐视中华民族的沦亡于日本帝国主义,决不能让全中国为国民党汉奸卖国贼所拍卖干净,决不能容许全中国广大劳苦民众为日本帝国主义整批的屠杀与蹂躏以及东北义勇军的孤军奋斗,故即在同国民党匪军的优势兵力残酷决战的紧急关头,苏维埃政府与工农红军不辞一切艰难,以最大的决心派遣抗日先遣队,北上抗日"。"中国工农红军北上抗日先遣队,愿意同全中国的民众与一切武装力量,联合起来共同抗日,开展民众的民族革命战争,打倒日本帝国主义。"

再如,以中国工农红军北上抗日先遣队名义同日发表的《我们是中国工农红军抗日先遣队》宣言,鲜明地表达了红军抗日的主张——"时机紧迫,亡国奴的痛苦是在每一个中国人的头上。一分钟不要犹豫,不要害怕一切牺牲,到我们这边来,投身于光荣的反对日本帝国主义的民族革命战争中!胜利是我们的!"

宣言外,还有许多相当完备的口号和标语,阐明国共抗日态度和政策的不同,号召国民党官兵"到北方打日本""马上开回北方打日本""好男儿去打日本""联合去打日本"。

为给抗日先遣队造势,1934年8月,红军总政治部发布关于拥护红军抗日先遣队对白军士兵宣传运动的指示,强调:"红军抗日先遣队的出去,在目前中国民族危机新阶段上,有极严重的历史意义。摆在红军中各级政治机关前面一个最迫切的任务是:立即抓紧这一事件,提高士兵对国民党卖国的愤慨,使他们更加了解与同情苏维埃红军,争取与组织白军士兵哗变到红军来,进行神圣的抗日反帝的民族革命战争。"

1934年8月1日,红七军团占领福建水口,逼近福州。当日,军团部召开"八一"纪念大会,正式宣布对外以"中国工农红军北上抗日先遣队"名义活动。此后征途中,红七军团留下大量的抗日标语、传单。

11月,寻淮洲、乐少华、粟裕等率红七军团到达闽浙皖赣地区,与方志敏领导的红十军会合,两部组成红十军团,继续执行中国工农红军北上抗日先遣队的任务。12月成立以方志敏为主席的军政委员会。1935年1月下旬,红十军团在十倍于己的国民党军围攻下严重受挫。方志敏被俘后在狱中写下了《可爱的中国》《清贫》等不朽篇章。同年8月在南昌英勇就义。余部转战闽浙赣边,坚持游击战争。

尽管红七军团、红十军团归于失败,但他们"历时6个多月,行程5600多里,沿途且战且走……一度震动了福州、杭州、徽州、芜湖以至蒋介石的反革命统治中心南京,对于宣传我党抗日主张,推动抗日运动发展,扩大党和红军的影响,以及策应中央红军主力战略转移,都起了积极的作用。广大指战员在极端艰苦的条件下长途跋涉,孤军奋战,以大无畏的革命精神,谱写了一篇雄伟壮烈的人民革命史诗"。

率余部坚持游击战争的粟裕为我们认识红七军团和北上抗日的关系留下了一段深刻的评述:

从政治上看,在当时日本帝国主义加紧侵略我国华北,民族矛盾急剧上升,全国人民要求抗日救亡的历史背景下,提出红军北上抗日的口号,举起红军北上抗日的旗帜,是正确的,对于揭露蒋介石的卖国、内战政策,宣传我党抗日主张和推动抗日运动的发展,是有积极作用的。但是，当时闽浙赣皖地区尚无直接对日作战的形势，推动抗日运动的关键，是要实行政策和策略上的调整和转变，而这一点恰恰又是"左"倾冒险主义统治的中央所未能解决的。抗日先遣队进军途中，在土地政策、工商业政策等方面仍然执行着"左"倾的一套，不利于争取团结社会各阶层，对于我们宣传抗日、发动群众损害很大。

北上抗日的旗帜是鲜明的，但需要一系列配套政策方针，当时的中共中央和中革军委确实未意识到这些，历史的发展需要党中央真正破局……

2. 红二十五军贯彻中共中央和中革军委的精神，高举北上抗日第二先遣队的旗帜，开始长征

1934年11月16日，红二十五军高举中国工农红军北上抗日第二先遣队旗帜，告别战斗多年的大别山区，踏上战略转移的征途。

红二十五军于1931年10月在安徽六安建立。1932年10月红四方面军撤离鄂豫皖革命根据地后不久，红二十五军在湖北黄安重建。

"围剿"红二十五军和鄂豫皖革命根据地的国民党军以张学良指挥的东北军为主力。针对这一情况，1934年8月，中共中央、中革军委给鄂豫皖省委的指示信明确：党与红军应加强在奉军中的抗日宣传，瓦解白军。为贯彻中共中央、中革军委的指示，红二十五军以第二抗日先遣队的名义踏上长征路。出发当日发布的《中国工农红军北上抗日第二先遣队出发宣言》指出，"中国工农红军虽处在反对五次'围剿'保卫苏区的严重任务之下，但为不能坐视国民党将中国出卖给日本，特调动一部分队伍组织北上抗日先遣队，领导并组织群众去打日本帝国主义，收回华北失地"。"卖国的国民党一定是要调动他的队伍阻拦我们的，本军当然要沿途扫除国民党的阻拦"。半个月后，红二十五军在《中国工农红军北上抗日先遣队司令部、政治部布告》中强调："我们调动队伍北上，一方面去打日本帝国主义，一方

面来帮助陕西的工农穷苦群众弄吃的，弄穿的，解除一切痛苦……欢迎一切不愿做亡国奴的人来参加我们的队伍，欢迎一切军队和围寨和我们订立抗日协定，同我们一路去打日本帝国主义，扫除阻碍我们抗日的反动武装。"

红二十五军长征，非直接北上，是先向西再北，依旧打出北上抗日的旗帜，与当时和中共中央间的通信中断、中共鄂豫皖省委对党中央精神的深入理解相关。1935年9月，红二十五军长征到达陕北，与陕甘红二十六军、红二十七军合编为红十五军团。11月，红十五军团与党中央率领的陕甘支队会师，后归入恢复番号的红一方面军序列。

红二十五军是一支年轻的红军队伍，在与党中央失去联系的情况下，孤军奋战，经过整整10个月的艰苦转战，行程近万里，途经4个省，沉重地打击了敌人，创建了鄂豫陕根据地，保存了红军的有生力量，在战略上配合了红一、红四方面军的长征，对长征胜利乃至中国革命做出了重要贡献。毛泽东评价：红二十五军"为革命立了大功"。

不可回避的是，红七军团和红二十五军虽都高举北上抗日旗帜，但均未与日军直接作战。如因此说"北上抗日"仅是红军的宣传口号，就是完全不顾及客观实际了。国民党军队的围追堵截、距离华北西北抗日前线的遥远、红军的相对弱小，诸多实际说明真的能对日作战，还需要太多因素。弱小的红军不得不首先考虑生存，不得不集中全力与"围剿"和"追剿"的国民党军作战。即如1935年2月领导红二十五军的中共鄂豫陕省委的总结——"日本加兵察、绥，横行东南"，"帝国主义直接瓜分中国的形势是空前的严重"，因反"围剿"和"追剿"战况紧张，"我们没有拿这些事实号召广大民众起来反对帝国主义。红军中干部战士对民族问题的了解非常薄弱（自然对土地革命也没有澈底了解），表现了党与红军中政治工作对于这一迫切任务实际工作的消极"。这一自我批评，既说明该部在抗日方针上的

坚定和自觉，又道出了一种无奈和自责。

总之，红军打出北上抗日的旗帜，已是迈出了实质性的一步！

（二）红军北上抗日的宣传队和播种机

宣传抗日、北上抗日方面：

长征途中的宣传内容，包括宣传党的政策主张和革命真理、宣传民族宗教政策、宣传瓦解敌军政策、宣传抗日政策、宣传反蒋反军阀，还有鼓舞战斗精神等。

从内容上，宣传抗日既是宣传党的政治主张，又能唤醒民众、瓦解敌军，还能鼓舞官兵士气。因此，对抗日的宣传，各路红军都非常重视。通过在建筑、山体、树木等上撰写或刻写标语，通过印刷和散发传单、布告，通过演出舞台剧等方式，坚持不懈地宣传，不仅内容丰富、语言活泼生动简洁，而且形式多样灵活。仅以中国人民革命军事博物馆收藏和留存有照片资料的标语、口号等列举一二：

江西瑞金：劳苦工农是红军骨肉，红军不杀穷人！红军不是蒋介石阻止抗日，老早驱逐日本帝国主义滚出中国！拥护红军北上抗日先遣队北上抗日！

福建闽侯：白军弟兄们，国民党把北方卖给日本了，中国快要送给日本了，马上开回北方打日本去。

福建周宁漫画宣传：同志：中国人不打中国人，大家打日本去。

贵州印江：打倒帝国主义！

贫民团结起来，组织抗日救国会！

贵州盘县：白军兄弟同红军联合起来北上抗日去！

贵州贵阳：白军兄弟团结起来杀死狗贪官，与红军联合一同到北方去打日本帝国主义去。

贵州遵义赤水：拥护苏维埃中央政府对日作战！

白军不打红军，北上抗日去！

白军弟兄，哗变到红军中来抗日救国去。

白军士兵暴动起来加入红军抗日先遣队！

云南昭通：欢迎湘黔川滇军队联合红军订立作战进行抗日救国！

四川广元：消灭刘湘，与中央红军共同北上抗日。

打倒日本帝国主义！

四川阿坝：白军弟兄同红军联合起来到北上抗日去！

四川沧溪：白军弟兄们：蒋介石把北方让给日本了，立刻北上抗日，挽救万万同胞。

青海：北上呼应全国抗日反蒋斗争！

陕西吴起：北上抗日，收复失地。

上录红军长征途中的抗日、北上抗日宣传标语口号仅是沧海一粟。即便如此，足以说明抗日、北上抗日仍延续着1933年以来党的抗日方针。换句话讲，长征途中红军在边作战边寻找新的落脚点的过程中，抗日和北上抗日的方针未被冷落，更不会被丢到一边。

与落实在墙壁、山石、木板等上的标语相呼应，红军政治部门为实施宣传做了大量工作。以红军总政治部为例：

1934年11月20日的《红军政治部关于目前瓦解敌军工作指示》中，瓦解湖南国民党军及地主武装的口号共有8条，其中4条为抗日内容，第一条"拒绝进攻红军的命令，要求北上抗日"，第二条是"红军到湖南来了，同红军一起抗日"，第三条是"自动派代表到红军中来，共同组织抗战抗日同盟"，第五条是"组织士兵会要求抗日以及一切言论、集会、结社、出版的自由"。

1935年1月1日的《总政治部关于瓦解贵州白军的指示》，明确瓦解贵州白军士兵的宣传口号之一，即"不打抗日红军，哗变拖枪当红军打日本"。

2月27日的《总政治部关于目前瓦解白军工作的命令》，要求"各部队立即动员自己整个部队中凡能写字的，用木炭，用毛笔，用大字，用小字，在屋壁上，在门板上，遍写下列材料十二条，做到每人每天至少写一条"。这十二条中的第二条即"红军是打倒日本帝国主义的，白军是帮助日本帝国主义的"。

6月9日的《总政治部关于渡过大渡河后适用的标语口号》，明确对川军的宣传口号有："红军是抗日反帝的主力军！"

7月的《总政治部关于反对日本帝国主义进占华北宣传大纲》中，清晰地分析了国民党出卖华北，日本制造"华北国"的事实。这一信息说明，党中央通过与红四方面军的会师，已经开始捕捉外界信息并同步于时局了。在此之后，党中央开始明确将北上与抗日联系起来，形成北上抗日的正式主张。

8月20日的《总政治部关于夏洮战役政治保障计划》中，明确对敌军的工作应当"号召士兵不打红军，北上抗日，及哗变到红军中来（特别对胡部、十九路军、东北军于学忠部）"。北上与抗日已经鲜明联系起来了。

再以军团（军）一级政治部为例：1935年7月19日，红一军政治部在《对胡宗南部士兵宣传喊话的要点》开篇的第一条就是："胡宗南部北方的弟兄们！国民党军阀头子蒋介石把东北四省卖掉了，现在日本组织华北国，蒋介石又把北方中国军队调来西北，把直隶山西河南又让给日本，你们的父母妻子亲戚朋友都要变成亡国奴了，你们愿意吗？你们是中国人，你们愿意让卖国贼蒋介石把中国卖掉吗？大家联合红军打倒卖国贼国民党军阀，北上打日本，救你们的家乡去。"

从长征沿途留下的宣传标语口号，到红军各级政治部颁发的有关瓦解敌军的要点、口号等，再到长征中各路红军的共性和普遍性，可以清楚地看到抗日、北上抗日的方针从未被放弃过、被中断过。从一定意义上讲，长征高举着北上抗日的旗帜，这些便是最生动的证明。很多史学工作者，因在中共中央、中革军委决策层的会议记录中没有寻找到具连贯性的"抗日""北上抗日"字眼，便否定长征与北上抗日的关系，显然有些武断。问题的关键是，对于中共中央和中革军委而言，他们每天最需要解决的是征途中的生存问题、落脚点问题及因党内斗争带来的团结问题。而广大指战员在生死之余，坚持书写标识口号；各级政治机关坚持适时调整瓦解敌军的宣传要点，连贯性地强调抗日、北上抗日方针，恰恰说明北上抗日等主张已内化为红军各级指战员自觉坚持和宣传的方针，成为红军指战员一切行动的最高追求。

（三）北上抗日动员长征沿途群众

长征途中，各路红军在大力宣传抗日救国主张的基础上，还发动沿途群众开展抗日救亡运动，帮助组建抗日救国先遣队、抗日救国军、抗日大同盟等武装组织。这方面，最后一支出发长征的红二、六军团成就最为卓越。

1935年11月底，红六军团一周内在湖南新化扩红1000多人，在锡矿山工人中组织了抗日救国先遣队。因红六军团很快转移，这支先遣队没有留下什么业绩。几个月后，红二、六军团组建的以周素园为司令员的贵州抗日救国军则产生了广泛影响。

贵州抗日救国军是红二、六军团长征在贵州期间帮助建立的，由中国共产党领导的，不同政治派别、不同成分组成的一支抗日反蒋地方武装。

1936年2月，红二、六军团转战到达贵州西部，建立黔西北革命根据地。2月24日，在红二、六军团的帮助下，贵州抗日救国军在毕节宣布成立。军团领导邀请贵州著名爱国民主人士、贵州省辛亥革命元老周素园担任司令员，中共贵州省工委委员邓止戈任参谋长，辖

3个支队，共3000余人，司令部设在毕节城内周素园的家。当月底，红二、六军团撤离毕节，周素园、邓止戈率领第二支队随红军进行战略大转移，后编入红军参加长征，又奔赴抗日第一线。周素园在全面抗日战争爆发后，任八路军高级参议，1938年返回原籍。贵州解放后，他任贵州省人民政府副主席、贵州省副省长。毛泽东称赞他是"我们的一个十分亲切而又可敬的朋友与革命的同志"。

根据红二、六军团领导人指示，该部第一支队席大明率部留下坚持武装斗争，策应红军转移，后因寡不敌众，部队被打散。席大明于1936年10月被四川军阀杨森以共同抗日为名诱捕，11月遇害于毕节。

该部第三支队在阮俊臣、欧阳崇庭领导下，在川滇黔边进行游击战，坚持最久。1936年6月以后，第三支队与川滇黔边区游击纵队会师，合编为中国工农红军川滇黔边区抗日先遣队，继续坚持斗争。

贵州抗日救国军的建立及其革命活动，为红二、六军团在毕节建立根据地、宣传党的政治主张和抗日民族统一战线政策，以及扩大红军、筹集粮食，实现战略转移等方面，都做出了积极的贡献，更成为长征途中红军组织群众武装群众的典范。

长征途中，红四方面军也积极组织抗日义勇军、抗日救国军和抗日救国同盟等武装和政权，教育官兵并赢得民众。

1935年10月，红四方面军在纪念十月革命通电中，提出建立抗日救国政府与抗日救国军。11月，红四方面军组织成立"四川抗日义勇军"，王维舟任总指挥。对抗日义勇军和抗日救国军，陈昌浩给出的解释是：白区为抗日救国军，赤区为抗日义勇军。此后，"抗日义勇军"淡出，"抗日救国军"因申明"救国"得到强化。1936年9月，红四方面军进至甘南，成立甘肃省抗日救国军，总指挥王维舟，第一路司令李中芳，第二路司令李彩云，第三路司令柴中孔，回民第六路司令马良俊。

"抗日救国同盟"一说,起于张国焘对少数民族抗日救国的团结。1936年1月25日,张国焘致电罗南辉并金川省委:日占华北,组织冀察自治政务委员会。……全国反日运动极高,学生示威,士兵自动与日军开火,蒋贼下令退兵,屠杀北平示威学生。你们应即广为宣传,组织抗日救国同盟,并与少数民族工作亲密联系。尽管"抗日救国同盟"后来实践收效甚微,但多少反映了张国焘基于红四方面军驻地特点进行抗日宣传的思考。

张国焘还一度使用"中国抗日红军"名义。2016年中国人民革命军事博物馆承办的纪念红军长征胜利80周年展中,就展出了一份朱德、张国焘签发的《中国抗日红军总司令部布告》。

客观地讲,张国焘和红四方面军在组织抗日武装和抗日政权方面,确实做出了一些尝试,连同将红军直接更名为"抗日红军",无论是对红军广大官兵的自身教育,还是对驻地或沿途民众的宣传动员,还是发挥了一定的作用。

(四)北上抗日为抗日战争做好政治和思想准备

如前所述,中共中央率中央红军长征的前期,因为生存的问题,在中央领导层面的各种会议记录中,少见"抗日"和"北上抗日"的字眼。1935年6月红一、四方面军会师后,因围追堵截的国民党军有所减少,情况开始发展变化——中共中央在同张国焘争论何处为落脚点的过程中,开始把土地革命低潮时的退却同迎接民族革命新高潮的进攻逐渐联系起来,提出北上建立川陕甘革命根据地的正确方针。6月底至7月上旬的两河口会议前后,中共中央将北上的战略构想完备提出。这一构想既因创建根据地的需要(包括人口、给养、民族关系、地理环境等因素,这些因素与南下松理懋威是相对比的结果),也因川陕甘具有的独特地缘优势(西靠新疆、苏联;北靠外蒙、苏联)。

也就是在此期间，毛泽东在6月29日的中央政治局常委会议上提出，要在部队中宣传反对日本帝国主义，反对放弃华北，并认为"这最能动员群众"。这样，他就把抗日与建立川陕甘革命根据地的进军方向联系起来，实际就是把革命低潮时的退却（被迫寻找立足的新根据地），同迎接革命新高潮的进攻联系起来了。

7月中旬至8月上旬，党和红军开始将北上与抗日明确联系起来。

7月中旬，毛泽东同徐向前等红四方面军指挥员谈话时，明确会师后的方针就是北上抗日，建立川陕甘革命根据地，促进全国抗日高潮的发展。当月19日，红一军（团）政治部在《对胡宗南部士兵宣传喊话的要点》中明确"北上打日本"。当月《总政治部关于反对日本帝国主义进占华北宣传大纲》中，对日本步步进逼、制造"华北国"有着清晰的记述和判断。可以推定的是，一路征战而来的中共中央、中革军委在稍得稳定后，在获取全国抗日时局的信息后，迅速捕捉到了历史使命赋予的关键，开始从阶级斗争的挫败中走向民族斗争的新起点。

8月5日，中共中央沙窝会议决议再次抨击了日本制造"华北国"的企图。17日，毛泽东向红四团政委杨成武布置先头团过草地的任务时讲：克服困难最根本的办法，是把可能碰到的一切困难向同志们讲清楚，把中央决定要过草地北上抗日的道理向同志们讲清楚。20日，《总政治部关于夏洮战役政治保障计划》明确，对白军特别对胡部、十九路军、东北军于学忠部，应"号召士兵不打红军，北上抗日，及哗变到红军中来"。

9月12日，率部先行北上的中共中央在俄界召开会议，批评张国焘"丧失了在抗日前线的中国西北部创造新苏区的信心"，用南下中国西南的边陲地区（川康藏边）的退却方针，代替向中国西北部前进建立模范的抗日的苏维埃根据地的布尔什维克的方针。至此，作为中央决议层面，已非常清晰地将"抗日"与"北上"联系起来，明确将"中国西北部"作为抗日前线，这是中共中央在经历了国民党军的围追堵截、经历了与张国焘分裂主义的斗争、经历了抗日时局信息一度断绝、与共产国际仍在断绝联系等诸多不可想象的复杂背景下，仅仅用了不到百天即敏锐捕捉到并逐渐实现的认识转变。

1935年10月，中共中央率红一方面军主力胜利结束长征。自先行北上以来，中共中央通过各种信息渠道，越来越多地掌握了西北和华北抗战的整体态势，从华北事变使民族危机加深的形势出发，更加深入地思考建立广泛的抗日民族统一战线的必要性。11月13日，刚刚到达陕北不久的中共中央发布《为日本帝国主义并吞华北及蒋介石出卖华北出卖中国宣言》，指出："在亡国灭种的紧急关头，我们的出路，只有坚决的武装起来，开展反对日本帝国主义侵略的民族革命战争，与打倒卖国贼首蒋介石国民党的革命战争。"宣言提出，愿同"一切抗日反蒋的中国人民与武装队伍"联合起来，反对日本帝国主义。

从7月中旬毛泽东在长征途中与徐向前谈话，到七八月间红军政治部门的工作要点，再到9月12日的中共中央俄界会议正式将"北上"与"抗日"联系起来，及至11月13日的"宣言"，短短不到四个月的时间内，中共中央明晰了"北上"与"抗日"的关系，明晰了选择落脚点的方向与北上抗日的关系，明晰了阶级斗争下实施战略转移的退却向积聚力量以实现民族斗争下实施战略进攻的转换关系，明晰了国内主要矛盾向民族矛盾转换的必然性认识。这一转变过程是艰难的，也是中共中央在国民党"围剿"所致生存问题暂时缓解后，在与张国焘分裂主义的斗争过程中，大体能够掌握抗日时局信息而逐渐明确的结果。换一个角度来看，如这时就要求中共中央更加明确无误地转换到建立全民族抗日统一战线上来，那也是苛求，毕竟当时党中央的主要精力还是集中于解决生存和落脚的问题。真正的转换还需要共产国际的帮助和内部认识的统一。

就在中共中央凭借着少量信息努力探索实现"寻找落脚点"和"北上抗日"相关联的过程中，远在苏联的中共驻共产国际代表团在信息充足、理论方针准备充足的前提下，适时地提出了建立抗日民族统一战线的主张。其标志即1935年《八一宣言》的发表。

1935年七八月间，共产国际召开第七次代表大会。鉴于法西斯势力在世界范围内日益猖獗的形势，会议要求纠正1928年共产国际六大以来的"左"倾关门主义倾向，制定了建立反法西斯统一战线的战略方针，指出在殖民地和半殖民地国家，共产党和工人阶级的首要任务是建立广泛的反帝民族统一战线，为驱逐帝国主义和争取国家独立而斗争。

根据华北事变以来民族危机加深的形势和共产国际七大的精神，1935年8月1日，中共驻共产国际代表团草拟了《中国苏维埃政府、中国共产党中央为抗日救国告全体同胞书》（即《八一宣言》），10月1日正式以中华苏维埃共和国中央政府和中国共产党中央委员会的名义在法国巴黎出版的《救国报》上发表。

《八一宣言》分析了由于日本侵略和蒋介石不抵抗政策所造成的紧迫形势，揭露了日本加紧侵吞华北和国民党政府对日妥协的面目，指出中华民族已处在生死存亡的关头，抗日救国是全体中国人面临的首要任务。明确提出："抗日则生，不抗日则死，抗日救国，已成为每个同胞的神圣天职！"强调建立包括上层在内的统一战线，扩大抗日民族统一战线的范围。呼吁全国各党派、各军队、各界同胞，不论过去和现在有任何政见和利害的不同，有任何敌对行动，都应当停止内战，集中一切国力去为抗日而奋斗。宣言再次宣告"兄弟阋墙外御其侮"，只要国民党军队停止进攻苏区，实行对日作战，红军愿立刻与之携手，共同救国。宣言建议一切愿意参加抗日救国的党派、团体、名流学者、政治家和地方军政机关进行谈判，共同成立国防政府；在国防政府领导下，一切抗日军队组成统一的抗日联军。中华苏维埃共和国政府和中国共产党愿意做国防政府的发起人，工农红军首先加入抗日联军，以尽抗日救国的天职。宣言最后提出了抗日救国十大纲领。

8月25日至27日，中共驻共产国际代表团召开会议，讨论在中国建立反帝统一战线问题。王明在会上做了《为争取建立反帝统一战线和中国共产党的当前任务》的报告，指出：中国人民的主要敌人是日本帝国主义；蒋介石只要真正停止反对红军的战争并掉转枪口去反对日本帝国主义，也不排除与之建立统一战线的可能性。

《八一宣言》和代表团的专题会议，突出中日民族矛盾，提出抗日救国的政治主张，初步纠正了"左"倾关门主义，表明党的政治策略开始发生新的转变。

11月中旬，中共驻共产国际代表团派回国内的张浩辗转抵达瓦窑堡，向中共中央传达了共产国际关于建立广泛的反法西斯统一战线的指示和《八一宣言》的精神。共产国际七大战略策略的转变，中共驻共产国际代表团的明确态度，对中国共产党抗日民族统一战线策略方针的制定，起了积极的推动作用。11月28日，中共中央以中华苏维埃共和国中央政府主席毛泽东、中国工农红军革命军事委员会主席朱德的名义，发表《中华苏维埃共和国中央政府、中国工农红军革命军事委员会抗日救国宣言》，内容与《八一宣言》基本精神相同，强调："继东北四省之后，现在又是华北半个中国的沦亡"，"中华苏维埃共和国中央政府与中国工农红军革命军事委员会曾经不断唤醒全国人民团结起来对日作战，曾经派遣了自己红军主力，经过二万五千里的长征，历尽艰难困苦北上抗日"。这里，首次将长征的起因与北上抗日直接联系起来。

同期，《八一宣言》经在巴黎出版的《救国报》和莫斯科出版的《国际新闻通讯》等报刊，陆续传到北平、上海等地，连同中共中央11月13日、28日的两个宣言，在社会各界引起强烈反响，有力地推动了全国抗日救亡运动的高涨。

1935年12月17日至25日，中共中央在陕西安定县（今延安子长市）瓦窑堡召开政治局扩大会议，通过了《中央关于目前政治形势与党的任务决议》。毛泽东在会上提出：战略方针应是坚决的民族革命战争。首先把国内战争与民族战争相联系，一切战争都在民族战争的口号下进行。为纠正党内的关门主义倾向，会议决议特别明确党的性质是中华民族解放的先锋队。

12月27日，毛泽东在党的活动分子会议上做题为《论反对日本帝国主义的策略》的报告。从敌我力量的对比和蕴藏在中国各阶层人民中的巨大潜力与积极性方面，论述了建立抗日民族统一战线的必要性；从国民党阵营的分化，特别是民族资产阶级在民族危急时刻的转变，阐明同民族资产阶级在新的条件下重新建立统一战线的可能性和必要性，从而向全党切实地提出建立广泛的抗日民族统一战线的战略任务。

瓦窑堡会议决议和毛泽东的报告，分析了日本侵略者打进中国之后社会各阶级之间相互关系的变化，明确提出党的基本策略任务是建立广泛的抗日民族统一战线，完成了党的政治路线的转变。

经历了战略转移中的次次阵痛，中国共产党终于实现了由阶级矛盾下的战略退却向民族矛盾下的战略进攻的转变，实现了民族矛盾已上升为国内主要矛盾背景下推动建立抗日民族统一战线的转变，使推动长征的完全胜利与实现全民族抗日真正有机地结合起来。

在此之后，中国革命史开始了迎接红军高举抗日旗帜东渡黄河、实施西北统战，进而推动全国抗日救亡运动新高潮等系列策略转变与实施相交织的双重奏时期。

（五）高举北上抗日大旗的作用和意义

长征中，红军高举北上抗日大旗，将革命追求融入艰辛的征途之中，为长征胜利发挥了重要作用，产生了伟大的历史意义。

一是鼓舞士气，增强了红军广大官兵由败转胜的坚定信心和勇担民族大任、铁心跟党走的决心。

红军宣传抗日、北上抗日的前提，是广大指战员对党的这一政策入心入脑的坚信不疑。这一坚信的态度与党中央决策长征落脚点的方向统一起来后，发挥了鼓舞军心士气的巨大作用，增强了红军广大官兵由败转胜的坚定信心和勇担民族大任、铁心跟党走的决心。

以中央红军为例，长征初期，广大官兵不明就里，不知征途何处，加上湘江战役惨败，疑惑重重；长征中期，遵义会议实现中共的伟大历史转折，四渡赤水之战摆脱国民党重兵"追剿"，坚定了广大官兵由败转胜的坚定信心；长征后期，中共中央明确将北上抗日的宣传和最终落脚点的选择方向统一起来，使广大官兵明晰了自身命运与民族命运的关系，明晰了自身前途与党和红军事业前途的关系，坚定了勇担民族大任、铁心跟党走的决心。

再以红四方面军为例，另立"中央"的张国焘，虽仍举抗日旗帜，但距抗日前线越来越远的事实，不能不使广大官兵疑惑，再加上作战受挫，士气日下。长征后期，在党中央的一再争取下，张国焘不得不率部二次北上，真正将发展的方向与抗日前线的方向统一起来，体现出应有的民族担当，广大官兵重新振奋起来，促就了三大主力红军会师的最终胜利。

历史事实证明，仅宣传抗日和北上抗日解决不了红军广大指战员的思想疑虑，只有将长征的落脚点选取方向真正与抗日、北上抗日的宣传统一起来，才能鼓舞军心士气，增强官兵信心，坚定全党全军的决心。只有这样，拯救民族危亡和北上抗日，才会由中国共产党人的夙愿，化为红军鼓舞士气的旗帜，成为红军将士战胜千难万险取得长征最终胜利的强大动力。

二是长征途中，各路红军向沿途群众宣传抗日主张，以抗日之名组织群众，激发了广大民众最质朴的民族情怀，为实现抗日战争的国民总动员做出了重要贡献。

如前所述，长征红军广泛深入地宣传抗日、北上抗日，以抗日之名组织武装，唤醒和培养了沿途群众的民族情结。正如毛泽东指出的："不因此一举，那么广大的民众怎会如此迅速地知道世界上还有红军这样一篇大道理呢？"

在20世纪30年代的中国，对于长征沿途边远地区的许多贫苦群众而言，他们尚不知"日本"为何物，便因红军的宣传知道了如此一个岛国正侵略着中国，埋下了最初的抗日情绪；对于长征沿途的士绅、土司、宗教领袖等社会上层人士而言，他们因红军的宣传知道了中国共产党以民族利益为重的政治取向，对中共和红军产生钦佩进而支持。出任"贵州抗日救国军"司令员的周素园、与刘伯承歃血为盟的凉山彝族头领小叶丹、让路并留粮的甘南卓尼土司杨积庆、与朱德结下深厚友谊的甘孜白利喇嘛寺格达活佛、支援贺龙部的中甸归化寺松本活佛和八大老僧、因支援红四方面军长征而被国民党杀害的羌族土司安登榜等，都是典型的代表。

从长征途经的十几个省看，绝大多数是全面抗战时期的大后方或对日作战前线。正是中国共产党领导红军在长征中的抗日宣传，在这些地区的广大群众中种下了最原初的抗日斗争的思想种子。接着就是蒋介石率部将势力伸向这些地方，为其后来实施"以空间换时间"的抗战战略奠定了坚实基础。这或许是互为对手的双方万万没有想到的共同收获——抗日。

三是申明政策和战略意图，明确为借道北上抗日，离间蒋介石和沿途地方实力派间的关系，使后者主动避战或假战，让路于红军，从而有利于红军的行军转移。

夹在蒋介石和中国共产党之间的国民党地方实力派，在红军长征期间，出于生存需要，对蒋嫡系部队既防范又借力，对红军既拒之"境外""送客"又不愿"越境""追剿"。因此，他们对红军既战亦不战，战为自保，不战也为自保。中共对此非常清楚，先通过开展统战工作，打通广东陈济棠部封锁线；再以鲜明的抗战宣传，申明借道北上抗战，离间不能建立直接联系的桂军、黔军、滇军、川军和蒋的关系，促就他们既战亦不战的态势。云南龙云部即是一例，红一方面军在川西北北上时川军不恋战而红四方面军南下时川军力阻也是一例。与红军不同的是，蒋介石借"追剿"红军之机，伸手四方，收拾了王家烈，扶刘湘统并四川，在两广和云南安插人员。需要强调的是，长征途中各路红军在与国民党各地方实力派作战中，充分展示了自己顽强的战斗力，比如红二十五军一路歼灭杨虎城部三个装备旅和张学良部两个师又两个团（分别与陕甘红军和中央红军合作），这是取得地方实力派尊重，并在合作抗日的前提下建立统一战线关系的实力基础。正因如此，红军过后，抗日救亡高潮逐渐兴起之际，夹缝中的地方实力派出现了新的变化——抓住历史大潮，高举抗日旗帜，粤桂军"两广事变"应运而生。再后来，"西安事变"发生。这两件事，对促成蒋介石接受全国抗战大潮，推动国共合作抗日的谈判均有着不可低估的作用。综上所述，红军长征一路宣传北上抗日，既使国民党地方实力派清楚了如何拿捏红军和蒋介石嫡系部队间的关系，从而在客观上有利于红军长征的顺利实施，更给国民党地方实力派上了一堂非常好的民族课，使他们清楚同样高举起抗日旗帜的重要意义。

四是共同的理论框架和宣传口径，使抗日、北上抗日成为中共中央和中革军委战胜张国焘分裂主义的强大助力，确保了长征的最终胜利。

1935年9月，在选择落脚点上与党中央有不同认识的张国焘率部南下后，同样关注着抗日大局，高举着抗日旗帜。正是在这一共同的理论框架和宣传口径下，抗日、北上抗日成为中共中央和中革军委战胜张国焘分裂主义的最有力武器，确保了长征最终胜利。

林育英回国并传达《八一宣言》精神，使中共中央在与张国焘分裂主义的斗争中，占据了理论优势和决策主导优势。瓦窑堡会议的召开，标志着中共中央已牢牢掌握抗日战略策略的话语权。

1936年1月16日，中共中央以秘书处名义将瓦窑堡会议的政治决议案发给张国焘。同时，林育英以个人名义致电张国焘，明确其本人作为共产国际派出人员来解决一、四方面军的分歧。27日，张国焘复电林育英、张闻天等，对瓦窑堡会议的政治决议提出修改和补充，强调对抗日主张并无二心，但坚持认为其提出的"抗日救国政府"比瓦窑堡会议明确的"国防政府"好。表面上，这只是名称之争，实质是张国焘不甘心失去话语权。

2月1日，张闻天复电张国焘强调，国防政府是联合全国一切抗日的团体、政府、军队及苏维埃、红军联合组织的，并非由苏维埃一厢情愿自称为全国抗日救国政府。接着，张闻天质问："兄方所谓对外已广泛用抗日救国政府名义，是自己取消了苏维埃的名义，还是代表全国称抗日救国政府，请即电告。"

14日，林育英、张闻天致电张国焘等，进一步声明国防政府和抗日联军的名称，"不宜再有变更"。关于红四方面军下一步方针，"（林）育英动身时曾得斯大林同志同意，主力红军可向西北及北方发展，并不反对接近苏联"，目的是"使国内战争与民族战争联成一片"，"为使红军真正成为抗日先遣队,为与苏联红军联合反对共同敌人——日本,为提高红军技术条件,这一方针自是上策"。这份电文以不容争论的态度否定了张国焘对国防政府和抗日联军的质疑,鲜明指出了张率部南下虽举抗日旗帜,却远离抗日前线,无法使红军真正成为"抗日先遣队","实现国内战争与民族战争联成一片"。

红四方面军收悉此电,正值南下受挫、川康边无法立足之际。红军总部和红四方面军总部经过认真讨论,一致赞同北上陕甘。张国焘不得不顺水推舟,并调整自己的"抗日"理论。3月2日,他在给中共金川省委书记邵式平的电报中称"将来向西北发展","建立西北抗日根据地","与全国抗日反蒋运动联系起来"。

4月上旬,红四方面军进抵康北甘孜、炉霍藏区,标志着张国焘南下方针的破产。其间,张国焘进一步完善了"西北抗日根据地"理论,把根据地的范围扩至四川、陕西、甘肃、青海、新疆、宁夏、西康等几省,称要"夺取西北,创造广大抗日根据地,争取民族革命与土地革命的结合,去完成中国革命所给予我们重大而光荣的任务"。但张国焘无论如何完善,都回答不了在西北地区如何实现真正对日作战。不能对日作战,何谈抗日根据地?

5月间,红一方面军结束东征,开始西征,红军与东北军、西北军之间三位一体的统一战线格局顺利发展,全国抗日救亡运动渐趋高潮。中共中央为进一步团结张国焘,给了不少台阶让他下。20日,林育英、张闻天、毛泽东、周恩来等致电对红四方面军"采取北上方针一致欢迎",劝张国焘"改变过去一切不适合的观点与关系,抛弃任何成见,而以和协团结努力奋斗为目标"。

近有朱德等人的劝告,远有中央一再给出台阶允以"协商",特别是南下碰壁后自己编织的"西北抗日根据地"理论难掩对日避战之事实,抗日大旗越是被高高举起,越是让张国焘无法遮蔽广大官兵的

质疑，他另立的"中央"真的是难以维持了。6月6日，张国焘在炉霍宣布取消他擅立的"中央"，成立西北局，标志着他进行了9个多月的分裂党、分裂红军的活动终告失败。

张国焘是聪明人，理论水平高，懂得高举抗日旗帜是奠定其正统地位的理论基础。但他越想把这一理论基础搞扎实，越难掩南下西进与中国民族斗争的焦点在北在东相悖的事实，加上作战失利，他不可能再掌控得住一些高级指挥员，掌握得了全局。

战胜张国焘分裂主义有诸多原因，但北上抗日的旗帜是关键性的理论因素之一。从一定意义上讲，正是抗日的民族大义迫使张国焘不得不低头，不得不"二次北上"，于是，红二、红四方面军按照党中央的统一部署，携手北上，终于在1936年10月与红一方面军在甘肃会宁和宁夏将台堡地区胜利会师。

中共中央、中华苏维埃中央政府、中革军委在庆祝三大主力红军会师的通电中特别强调了三军会师对战胜日本帝国主义侵略的重要意义："我们的这一在抗日前进阵地的会合，证明日本帝国主义的强盗侵略是决〔快〕要受到我们全民族最坚强的抗日先锋队的打击了，证明中国民族抗日统一战线与抗日联军是有了坚强的支柱了。证明处在水深火热之中的全国同胞是有了团结御侮的核心了，证明正在抗日前线的爱国工人、爱国农民、爱国学生、爱国军人、爱国记者、爱国商人，英勇的东北义勇军以及一切爱国志士是有了援助者与领导者了，总之，全国主力红军的会合与进入抗日前进阵地，在中国与日本抗争的国际火线上，在全国国内政治关系上，将要起一个决定的作用了。"①

---

① 中国人民解放军历史资料丛书编审委员会：《红军长征·文献》，解放军出版社1995年版，第1181—1182页。

五 创建新的根据地是长征胜利的标志

长征是从丧失根据地开始的。20 世纪 30 年代中叶，中国南方的各主力红军相继在反"围剿"战争中失败，被迫离开经营多年的各革命根据地，陆续踏上漫漫长征路。长征又是以能否找到或者建立新的根据地（落脚点）作为其胜利与否的标志。在战略转移的过程中，各路红军一直在为建立新的根据地进行艰苦的努力，这是红军能否真正转危为安的关键。在很大程度上，长征的过程就是党和红军创建新的革命根据地的过程，也是中国共产党人以自己的政治主张由南向北改造中国的过程。各路红军长征途经 11 个省 2 亿多人口的地区，红军的到来，使那些地区发生了翻天覆地的变化。

（一）寻找和创建新的根据地是各路红军的共识

中国共产党人对于革命根据地的重要性，早就有着清醒的认识。在苏联顾问的帮助下，第一次国共合作时期以广东为大本营进而取得北伐胜利的经历，使他们有了第一次的经验。正因为如此，大革命失败后，他们发动南昌起义和广州起义的战略设想仍然是首先收复广东为后方基地和出海口，然后向北发展。毛泽东领导的秋收起义则有所

不同，在起义遇挫之后，他们事实上改变了以夺取大中城市为立足点的城市中心论，开辟了第一个农村革命根据地——井冈山根据地，进而探索发展为农村包围城市的中国式革命道路。

不断地巩固和发展革命根据地是农村包围城市革命道路的精髓所在，也是中国共产党人在一次次失败与成功的实践中的切实感悟。在长征之前，1929年1月离开井冈山根据地的朱毛红军，一路苦战，饱尝没有根据地之痛，最终在瑞金的大柏地战斗中绝地反击，继而开辟了赣南、闽西革命根据地，才反败为胜；1932年10月，同是深受王明"左"倾教条主义危害之苦的红四方面军和红二军团，均在国民党军的第四次"围剿"中严重失利，被迫离开鄂豫皖根据地和湘鄂西根据地，在险象环生的环境中颠沛奔波了几千里，最后又分别创建了川陕革命根据地和黔东革命根据地才得以立足。而长征则犹如狂飙天降，把南方的各路红军都抛入了国民党百万"围剿"大军的汪洋大海中颠簸。失去根据地的艰苦转战，成为全体红军将士的切肤之痛。

1934年7月，以北上抗日先遣队名义出征的红七军团，与方志敏领导的红十军会师后，出师未捷，几乎全军覆没。失去根据地依托是其失败的重要因素之一。同年8月，红六军团9700人西征，转战5000里后，人员折损一多半，才和贺龙领导的红三军（原来的红二军团）在贵州印江的木黄会师。曾任红六军团军团长的萧克后来谈及他们当时要建立根据地的强烈愿望时说："二军团离开了洪湖，离开了湘鄂西，两年的游击活动，深深感到没有根据地是不行的。六军团离开了湘赣苏区，长途行军，既不能休整，也不能练兵，也有同样的感受。"[1] 于是，他们开始合力创建湘鄂川黔根据地。出发时把与红二、

---

[1] 萧克：《红二、六军团会师前后——献给任弼时、贺龙、关向应同志》，《近代史研究》1980年第1期，第15页。

六军团会合设定为目标的中央红军,从长征开始到突破敌人第四道封锁线,兵力已经由出发时的86000人锐减到30000多人,不得已转兵贵州,又相继尝试创建川黔边、川西北和川滇黔根据地,均未果。面对几十万国民党军的围追堵截,他们愈加感到创建根据地的重要性和紧迫性。在和红四方面军会师后,毛泽东和中共中央一方面对张国焘轻率放弃鄂豫皖和川陕根据地,以及不重视创建根据地等错误进行批评,另一方面提出在川陕甘地区创建根据地的战略设想。在川陕甘建立根据地是红四方面军总指挥徐向前等之前就酝酿过的计划,虽然与党中央的设想略有不同,但在两军会合后由党中央作为中央政治局的决议再次提出,得到一、四方面军将士的一致赞同。

创建新的根据地对于长征途中的红军来说,既是出于求生存的无奈,也是夺取长征胜利的唯一希望。毛泽东在《中国革命战争的战略问题》中阐述了红军由战略退却转入战略反攻的六个条件。他把根据地条件等同于有无人民的支持,认为人民的支持,"对于红军是最重要的条件。这就是根据地的条件"[①]。总之,创造新的革命根据地为落脚点,这是全党和全体红军的共识。

(二)长征路上创建的根据地

在长征途中,各路红军共建立了四块根据地。

1934年10月,红六军团与贺龙领导的红三军(后恢复红二军团番号)在贵州省印江县木黄会师后,他们以不足八千的兵力携手发起湘西攻势,至1935年1月,创建了以湖南大庸(今张家界)为中心的湘鄂川黔根据地,并将红军主力扩充到21000人。从那时起到1935年11月红二、六军团再次踏上长征路,湘鄂川黔根据地成为中共在

---

① 毛泽东:《毛泽东选集》第一卷,人民出版社1991年版,第207页。

长江以南唯一的革命根据地。

重新踏上长征征途后，1936年2月，红二、六军团在贵州西北部的黔西、大定、毕节地区，创建了黔西革命根据地，成立了中华苏维埃共和国川滇黔省革命委员会、中共川滇黔省委、贵州抗日救国军等组织，扩充红军5000人。

1934年11月，以中国工农红军北上抗日第二先遣队名义踏上长征路的红二十五军，在途中创建了鄂豫陕革命根据地。在那里他们把出发时不足3000人的队伍扩充了一倍多。1935年7月，红二十五军主力撤离鄂豫陕革命根据地，继续长征，留下红七十四师在当地坚持游击战争。

关于红四方面军创建根据地的问题比较复杂。绝大多数的党史和军史著作都把1935年3月红四方面军发起嘉陵江战役作为红四方面军长征的开始（也有以嘉陵江战役结束后的5月作为开端的）。众所周知，在长征之前，1932年10月离开鄂豫皖根据地后红四方面军曾建立了以四川通江、南江、巴中地区为中心的川陕根据地。嘉陵江战役后，红四方面军进占川西北松（潘）理（番）茂（县）地区，准备迎接已经进入川康边的中央红军。5月30日，成立了以张国焘为主席的中华苏维埃共和国西北联邦政府。6月中旬，红一、红四方面军在懋功会师。6月26日，中共中央政治局会议正式决定北上创建川陕甘根据地。但是张国焘坚持南下方针，导致红一方面军主力单独北上。红四方面军则于9月以后南下转战川康边，占领天全、芦山、宝兴、丹巴等地，计划在此建立根据地，并成立了四川省苏维埃政府，还帮助藏族人民成立了格勒得沙政府。1936年2月，百丈关战役失利，不久，张国焘南下方针破产，红四方面军被迫再次北上，向康北转移。4月，红四方面军占领康北的道孚、炉霍、甘孜、瞻化等地。7月初，红二、六军团与红四方面军在甘孜会师，共同北上，向陕甘地区进军。

根据上述可知，从 1935 年 4 月到 1936 年 7 月，红四方面军会同红一方面军和红二、六军团，实际控制川康边地区长达 15 个月，并建立了省委和各级地方政权。也就是说，在红军长征途中，以红四方面军为主体曾经创建了川康边革命根据地。但是，很可能是因为在这块根据地上发生了张国焘在北上和南下问题上与党中央的原则分歧、发生了张国焘分裂党和破坏红军团结的恶劣行径，对这块根据地的重要作用，长期以来，学术界似乎未给予足够的重视。

长征开辟的根据地中最重要的当然是陕甘宁革命根据地。但是由于它是由陕甘（包括陕北）根据地巩固和发展而来的，被称为"硕果仅存"，不是新创建的，因此，不在这里介绍。

（三）创建根据地对于夺取长征胜利的重要意义

第一，为配合主力红军战略转移，长征前夕，中共中央派出三支先遣队出征并择机建立新的根据地，当时是作为粉碎国民党军"围剿"的一种战术提出并实施的。"围魏救赵"是中国古代著名的谋略，土地革命时期曾被各根据地的红军熟练运用。1929 年 1 月，毛泽东率红四军离开井冈山根据地开辟赣南、闽西根据地，起初就是为了"围魏救赵"。这样的事例还有一些。1934 年 5 月，广昌战役失败后，中央苏区形势危急，为了打破国民党军的第五次"围剿"，同年 7 月，红七军团奉命由瑞金出发，与在闽浙赣地区开展斗争的方志敏部会合，以抗日先遣队的名义先行远征，也不无"围魏救赵"的意味（事实上，红七军团的行动和行动方向，与毛泽东和彭德怀早先就提出过的建议是一致的，只不过因为提出实施的时机与动用兵力的数量不同，而效果大相径庭罢了。毛泽东主张在第五次反"围剿"进行了两个月发生福建事变时就主动出击到以浙江为中心的苏浙皖赣地区去，李德、博古等则是在反"围剿"濒临失败时迫不得已；彭德怀主张 5 个主力军团一起出动,后者则只派出红七军团的7000人);8月,红六军团由湘赣根据地的遂川出发西征,其目的仍是如此(另外增加了为中央红军西征探路的使命)。关于这一点,周恩来在派程子华去鄂豫皖根据地组织红二十五军战略转移并建立新根据地时讲得非常透彻。周恩来说,把敌军主力引走了,"减轻鄂豫皖根据地的压力……留下的部分武装就能长期坚持,也就能够保存老根据地"[①]。这三支红军是全国红军长征的先遣队,他们的突围远征和创建新根据地的努力,虽然还不足以从根本上改变战局,但是,大大减弱了国民党军第五次"围剿"的进攻势头,为策应主力红军的长征,赢得了时间,确实起到了牵制敌军的战术作用。

第二,各主力红军出征并创建新的根据地,与坚持在老根据地进行游击战争的留守部队形成呼应,与分处其他战略支点上的主力红军及其开辟的根据地相互策应,是红军最终取得长征胜利的战略法宝。和长征前各路红军分别在各自的根据地开展反"围剿"战争有所不同,长征一开始,就是全国各路红军有计划的战略行动,各路红军都陆续投入战略大转移之中,这在客观上为各主力红军间的战略配合造成了非常有利的态势。中央红军与红四方面军和红二、六军团,以及原中央苏区留守部队之间的电讯联系密切。正是通过密切的电讯协商,中革军委与红二、六军团才在红二、六军团合力开辟湘鄂川黔根据地的问题上达成共识,于是有了湘鄂川黔根据地的开辟和红二、六军团的壮大。红二、六军团迅速成长,在中央红军和红四方面军之外形成第三大主力红军,并在长江以南开辟一块新的根据地,这在长征那种极其艰难的条件下,不能不说是个了不起的奇迹。三大主力红军之间的战略配合和战役合作,对红军夺取长征的胜利起着至关重要的作用。

---

① 程子华:《程子华回忆录》,中央文献出版社2005年版,第47页。

在著名的四渡赤水之战中，毛泽东正是利用这一有利条件，把打破敌人围追堵截的现实任务和建立新根据地的既定目标，有机地统一起来。他时而指挥中央红军向北摆出同红四方面军会师的态势，时而又回头显露出要与红二、六军团会合的趋向，巧妙地与强敌周旋，反复地调动敌人，将包袱甩给敌人，从而争得了战场主动，在惊涛骇浪中杀出了一条生路。三大主力红军相互之间及其与红二十五军、陕甘红军之间的战略配合，贯穿红军长征始终。

第三，根据地是红军密切与人民群众的关系的舞台，是获得人民群众支持的主要依托。长征中的群众工作遇到了许多困难：其一，长征是无根据地依托的流动作战和大迁徙，所需的物资给养、人力支持、兵力补充以及后方安置，都必须依靠沿途群众解决。其二，红军长征途经11个省2亿多人口的地区，所经之地，绝大部分是国民党统治下的白色区域，还有瑶族、苗族、彝族、藏族等近20个少数民族的聚居区。这些地区较少甚至根本没有受到过革命思想的影响，党的群众基础薄弱，广大群众对红军、对中国共产党、对苏维埃几乎没有什么概念。加上国民党的欺骗宣传，污蔑丑化红军"共产共妻""洪水猛兽"等，不明真相的群众易对红军产生畏惧心理。其三，长征军情危急，戎马倥偬，以红一军团为例，平均每天行军74里，几乎每天都有一次战斗，鲜有从容做群众工作的时机。其四，长征途经许多雪山、草地等无人区和大量人烟稀少的地区，无群众可做工作。上述与中央苏区和其他各革命根据地截然不同的新情况，使得如何密切与人民群众的关系成为红军在长征中的一个严峻挑战。如果单靠红军将士每天走村过寨时严格执行"三大纪律八项注意"和对穷苦百姓发自内心的爱护与帮助，展示文明之师、威武之师的精神风采，单靠每到一地镇压土豪劣绅、分浮财，单靠行军露宿的短暂时间刷标语、呼口号和济贫扶困，固然能打动一些沿途的群众，但是充其量也只是获取群众的好感和赞许，还很难使群众对红军的宗旨和任务有深入的了解，很难使群众对红军是人民的军队这一本质有真正的了解，也就很难启发广大人民群众的觉悟，从而获得他们的真心拥护和支持。

熟悉长征历史的同志都知道，长征中的群众工作是非常出色的，而且还有许多特色，比如广泛地开展了对少数民族的工作，可以说是中共开展少数民族工作的开端；再如全面深入地宣传了党的抗日救亡主张，比较系统地进行了建立抗日民族统一战线的努力；等等，从而使广大群众认识到，只有红军的道路，才是解放他们的道路。而长征沿途的广大人民群众竭尽全力给予红军巨大的支持，他们箪食壶浆迎接红军，架桥梁，送粮草，捐衣被，救伤员，做向导，不惜毁家舍命，赴汤蹈火。可以说，各族群众的大力支持是红军夺取长征胜利的力量源泉。那么，红军在长征中是通过什么方式、在什么条件下克服困难开展群众工作的呢？

毛泽东说：长征是宣言书，长征是宣传队，长征是播种机。这是对长征这一英雄史诗整个过程的经典概括。但是具体地进行分析，长征的群众工作主要是在创建和坚持根据地的过程中开展并取得实效的。在长征期间建立的存在时间比较长的4块根据地中，红二、六军团在湘鄂川黔根据地战斗生活了将近一年，红二十五军在鄂豫陕根据地停留了7个月，红四方面军在川康地区盘桓了15个月，都建立有地方政权和党的组织，都开展了土地革命（虽然仍程度不同地存在"左"倾问题），都形成了由赤卫队到地方武装再到主力红军的武装力量体系。因此，在这些根据地中，发动群众的工作比较深入，取得的成效也十分显著。就算是存在时间较短的黔西根据地，甚至是在尝试建立根据地、红军停留时间只有十几天的一些地方，其成效也明显高于日常的行军打仗。群众对红军最真诚的信任和最大的支持莫过于让自己的子弟参加红军，这可以说是检验红军群众工作深入与否的最高标准。

我们就以扩红为例。据粗略统计，长征途中各路红军共补充新兵至少超过 30000 人（红二、六军团在湘鄂川黔根据地和红四方面军的扩红数未计算在内）。从现存的一些长征日记看，红军在日常的行军中也吸收一些穷苦人参加红军，但为数不多，倒是记载了不少雇用船夫、向导、通司（翻译）和挑夫的事例。而大批的扩红，则主要是在创建根据地或在坚持根据地斗争期间。如中央红军在逗留遵义地区试图创建川黔边根据地期间，单是红九军团就扩红 4700 人；在扎西整编打算创建川滇黔根据地期间，扩红 3000 多人。再如，红二、六军团创建黔西根据地期间，尽管只有不到一个月的时间，但是在黔西、大定、毕节地区就扩红 5000 多人。

第四，根据地是各路红军长征途中的供给地和加油站。红军长征的生存环境是极其险恶的，既有毛泽东所总结的，天上每日有敌机轰炸、地下有几十万大军的围追堵截等人为的危险，又有几乎超越人类生存极限的雪山草地等自然险阻。整日处于长途跋涉和激烈战斗过程中的各路红军，伤病员无法救治和安置，粮草弹药无从补充，情况紧急时连吃饭和睡觉都不能保证，犹如在惊涛骇浪中颠簸的小船，时刻不得安宁。只有在各路红军于途中创建的根据地，他们才能得到短暂的休整。红二十五军在鄂豫陕根据地休整了 7 个月，红二、六军团在黔西根据地休整了将近一个月，中央红军一直未能如愿建立新的根据地，只是在尝试建立川黔边和川滇黔根据地时，分别在贵州的遵义地区和云南的威信（扎西）地区各得到十几天的休整。而三大主力红军在川康边根据地受益最大。

红四方面军渡过嘉陵江之后，为迎接中央红军，就实际开辟了川康边根据地。党史、军史著作在讲到遵义会议之后中央红军的重大变化时，大多会说：中央红军在毛泽东的指挥下，四渡赤水、佯攻贵阳、兵临昆明、巧渡金沙，终于摆脱了国民党军的围追堵截，取得了长征的主动权。那么，这段话究竟是从什么意义上讲的呢？我体会，不仅是因为中央红军取得了战场的主动权和拉大了与追兵的距离，很大程度上更是因为中央红军进入了一个没有国民党军围追堵截的革命根据地。当然，与红四方面军会师，得到一支由8万多人组成的有生力量的支持，也是一个重要因素。连续艰苦转战8个月、跋涉18000里的中央红军，终于可以在川康边根据地得到休整，全军上下的喜悦心情可以想见。甚至有不少人按照对党中央几度号召与红二、六军团或红四方面军会师的理解，认为战略转移已经胜利结束了。一、四方面军会师一年以后，曾在乌蒙山区"打转转"和在云南高原艰苦行军的红二、六军团（历时4个月），也抵达川康边根据地，在那里得到宝贵的休整，然后与红四方面军携手，共同北上。

川康边根据地对于红军长征胜利的重要性显而易见。但是长期以来，党史、军史学界，包括亲历者的回忆，对其重要性认识不足，强调得比较多的是张国焘的分裂、南下与北上的争论，以及藏区的民俗和艰苦的生活环境等。我们认为研究这段历史，首先必须正视的是，川康边根据地是中国共产党人和中国工农红军在长征途中开辟的一块重要根据地；必须把张国焘分裂党和红军的罪行，及其与党中央关于南下与北上的分歧，与以红四方面军为主会同中央红军和红二、六军团，开辟和经营川康边根据地的英勇斗争区别开来。事实上，在强敌围追堵截和雪山、草地等极其恶劣的自然环境困扰下，在普遍信仰藏传佛教的藏区开展群众工作和创建根据地，是一场严峻考验。进入藏区后，党中央和各路红军将士，一方面严格执行群众纪律，并特别针对藏区的实际，明确要求务必尊重藏族群众的民族习惯和宗教习俗；另一方面深刻揭露历代汉族统治阶级对藏族群众的压迫，进行一系列有针对性的宣传发动和统一战线工作。这主要是：对藏族上层人士土司、贵族开展统战工作；对广大藏族群众贯彻民族无论大小一律平等的民族政策；对寺庙、喇嘛执行信教自由的宗教政策；对广大农奴和人民群众实施党的阶级路线。在党和红军模范行动及各项政策的影响下，开创了民族团结、僧俗和睦、鱼水情深的大好局面，广大藏族群众像对待亲人那样竭尽全力支持红军。据当地党史部门的同志统计，当时只有3万人口的甘孜县就支援红军60万公斤粮食；地处农牧接合部的若尔盖县共支援粮食237万公斤。川甘交界的农业区人民1935年和1936年两度在秋收季节迎接刚刚走出草地的红军。要知道由于自然气候的关系，至今那里的粮食产量也比较低，可以想象，在红军走后，那里的群众要怎样节衣缩食才能度过全年。在藏区传诵着很多藏族群众支持红军的动人故事。中华人民共和国成立后为祖国统一献身的五世格达活佛，当年与朱德结下的友谊，已广为人知；甘南藏族土司杨积庆把窖藏的20万石粮食送给红军，并因此和他的6位亲人一起惨遭国民党反动派杀害；红军途经藏区各县都有一批伤病员被僧侣或藏族同胞保护下来，从照片上看其样貌与当地人已无差别。各县也都有不少的奴隶娃子参加了红军，其中就有后来曾任青海省人大常委会主任的扎喜旺徐和先后担任西藏自治区党委书记的天宝、杨东生等。他们是中共培养的第一代藏族干部，至今仍是藏区人民的骄傲。就这样，自然条件极端严酷的川康藏区，成为红军抵御国民党几十万大军围追堵截的天然屏障，当地热情善良的藏族群众成为各路红军的坚强后盾；历经长途跋涉和艰苦转战的三路主力红军在这里得到休养和整编，并得以较为从容地选择新的落脚点和革命发展方向。发生在这个地区的党中央和张国焘关于红军北上和南下的争论，以及后来张国焘南下失败给红四方面军造成严重损失的严酷事实，从正反两方面教育了全党和全军。从这个意义上说，红军如果没有在川康藏区的这段宝贵经历，就没有长征的最终胜利。

（四）各路红军会师陕甘宁根据地的历史必然性

　　回顾各路红军在长征途中创建新根据地的斗争经历，不难发现有一个重要的特点，那就是由南向北、向西逐次推进。起初的重点是粉碎国民党军对南方老根据地的"围剿"，保存和发展红军的有生力量。因此创建新根据地的区域主要是在长江流域，并试图与传统的革命根据地形成呼应。其中特别突出的是中央红军根据敌情变化，先后选择湘西、川黔边、川西或川西北、川滇黔边等地创建新根据地。但是，这些努力的一一落空，使得毛泽东和党中央在与红四方面军会师后，开始系统地分析和研究中国革命的形势、敌我力量的对比和分布、民族状况和各区域的经济发展水平、中国革命的发展方向和复兴之路等全局性的问题，最终确定在川陕甘地区创建新的根据地。

　　在与张国焘的分裂行径进行坚决斗争的过程中，9月9日，毛泽东率红一军、红三军（即红一军团和红三军团）先行北上后，又对其在川陕甘建立根据地的设想做了局部的调整。9月27日，在榜罗镇召开的中央政治局常委会上，毛泽东根据在哈达铺了解到的陕北还保存有一片苏区和相当数量的红军这一新情况，确定前往陕北，在那里保卫和扩大根据地，作为领导中国革命的大本营。10月19日，由红一军和红三军改编的陕甘支队到达吴起，标志着中央红军取得长征的胜利。中共中央率部抵达陕甘地区的重要意义，当时就被国统区的有识之士所洞悉。1936年1月4日的《大公报》发表了正在实地考察红军长征情况的著名记者范长江的《松潘战争之前后》（此战指歼灭国民党军第四十九师的包座战役）一文，文章认为这场战役的后果之一"是中央苏维埃已由长江流域移到黄河流域，中央红军的主力，亦由中国的东南转到西北的陕北上来"[①]。

[①] 范长江：《范长江新闻文集》（上），新华出版社2001年版，第338页。

综上所述，长征途中各路红军创建革命根据地的斗争，看似是个行军路线和确定目的地的问题，但实际上与长征发生时期的历史背景有关，与中国共产党人在长征时期所肩负的历史使命有关，与中国南北地区经济社会发展水平及政治力量的变化有关，与中国当时所处的国际环境有关。其实质是对中国革命任务、路线和前途的规律性认识问题，是关于长征道路的问题。客观地讲，对此问题的正确认识是在实践中逐步形成的，其认识过程贯穿长征始终。但是，比较成熟和稳定的认识，在红一、红四方面军会师后就形成了。这种认识主要集中在党中央与张国焘围绕北上与南下的争论过程中。中央政治局俄界会议通过的《中共中央关于张国焘同志的错误的决定》明确指出，张国焘与中央争论的实质是对目前政治形势与敌我力量对比估计上有着原则的分歧。张国焘夸大敌人的力量，轻视自己的力量，以致丧失了在抗日前线的中国西北部创造新苏区的信心，主张向川康边界地区退却。这场争论的重要见证人徐向前后来指出：党的北进方针，不是随心所欲的决定，而是基于一定的历史环境和党所面临的任务而形成的马克思主义的方针。他认为，党中央和毛泽东同志从粉碎蒋介石的灭共计划，保存和发展红军力量，使党和红军真正成为全民族抗日斗争的领导力量和坚强支柱这一基本目的出发，确定北进川陕甘地区，创造革命根据地，进而发展大西北的革命形势，是完全正确的。①

正是基于对形势、任务和中国革命前途的科学认识，中共中央在极端艰险的情况下，坚持既定的北上抗日方针不变。在陕甘支队抵达陕北后不久，从苏联回来的张浩传达了共产国际七大和中共驻共产国际代表团起草的《八一宣言》精神，这对中共中央确定抗日民族统一战线的策略起了积极的推动作用。12月17日，毛泽东在中央政治局

---

① 徐向前：《历史的回顾》，解放军出版社1998年版，第304页。

扩大会议（瓦窑堡会议）上提出：首先把国内战争与民族战争相联系，一切战争都在民族战争的口号下进行。为了纠正党内的关门主义倾向，瓦窑堡会议的决议特别明确党的性质：不仅是中国工人阶级的先锋队，而且是中华民族解放的先锋队。这标志党的政治路线的转变。毛泽东和党中央，全面调整了政策策略，并制定和成功实施了以西北统一战线带动全国抗日统一战线的战略方针，奠定了第二次国共合作的基础。在此过程中，中共中央北上陕甘创建革命根据地的设想，逐渐得到全体红军将士的拥护。1936年7月，红二、四方面军携手北上。毛泽东及其战友们继先后胜利地部署和指挥了直罗镇战役、东征战役、西征战役之后，又直接领导了迎接红二、四方面军北上和粉碎国民党军进攻的山城堡战役，以及策应因发动西安事变而遭国民党中央军进攻的东北军、西北军的军事行动。这些军事行动和西路军的英勇远征，不仅粉碎了各路国民党军对陕北苏区的"围剿"，而且沉重打击了根据地周边地区的敌军，大大拓展了苏区，使原来的陕甘苏区发展成为以延安为首府，辖陕西、甘肃、宁夏三省26个县和200万人口的陕甘宁革命根据地。从此，中国共产党和红军有了新的栖息地和出发点，陕甘宁根据地成为中国革命长期稳固的大本营，中国革命在抗日民族统一战线的旗帜下掀起了新的高潮。

第三篇 开创中国革命新局面

一　稳定的领导核心和马克思主义中国化的第一次理论飞跃

马克思曾说过："每一个社会时代都需要有自己的伟大人物，如果没有这样的人物，它就要创造出这样的人物来。"[①] 长征是对党和红军领导人领导智慧和才能的大检阅。在这场史无前例的战略大转移中，党和红军在革命的实践中，挑选出了自己公认的领袖——毛泽东，并以他为核心形成稳定的中央领导集体。与此相应，党的指导思想在血与火的洗礼中实现马克思主义与中国实际相结合的理论飞跃。正如习近平总书记在纪念红军长征胜利80周年大会的讲话中所指出的："长征途中，党中央召开的遵义会议，是我们党历史上一个生死攸关的转折点。这次会议确立了毛泽东同志在红军和党中央的领导地位，开始确立了以毛泽东同志为主要代表的马克思主义正确路线在党中央的领导地位，开始形成以毛泽东同志为核心的党的第一代中央领导集体，这是我们党和革命事业转危为安、不断打开新局面最重要的保证。"

[①] 中共中央马克思恩格斯列宁斯大林著作编译局：《马克思恩格斯选集》第一卷，人民出版社1995年版，第450页。

（一）确立毛泽东对全党和全军的领导

长征开始时，中共中央政治局常委会由王明、博古、张闻天、周恩来、张国焘、陈云、项英组成，博古负总责；军事指挥权由新设立的"三人团"——博古、李德、周恩来全权负责。毛泽东虽然是中央政治局委员和中华苏维埃中央政府主席，但实际被隔离在军机大事的决策圈之外，连他在政府工作方面的权力也被大大削弱。他在"一苏大"时兼任的人民委员会主席一职，已经在"二苏大"时改由张闻天担任。甚至差一点连参加长征的资格也被博古等人剥夺。①

长征中毛泽东领导地位的确立分三个阶段。

1. 遵义会议前毛泽东领导地位的变化

第一，毛泽东是在危急关头力挽狂澜的不二人选。

众所周知，毛泽东是中央红军的缔造者和中央苏区的开创者，他自井冈山斗争以来所摸索出的红色政权理论、农村包围城市道路和一整套切合中国革命实际的军事思想与战略战术，是领导革命根据地由小到大、红军由弱到强的根本指针。但是，随着王明"左"倾教条主义在中央苏区的贯彻和对红军指挥权的把持，在1932年10月召开的宁都会议上，毛泽东的军事思想和作战方针受到进一步的指责，并被完全剥夺了对红军的指挥权。虽然在随后进行的第四次反"围剿"中，由于周恩来和朱德等继续实行毛泽东既往的军事方针（毛泽东开始时也参与了第四次反"围剿"作战计划的筹划），从而胜利地粉碎了敌人的"围剿"，但是，在第四次反"围剿"后，随着"左"倾教条主

---

① 对此有两种说法：一种说法是毛泽东本人提出他熟悉中央苏区的情况，又能熟练运用游击战的战略战术，希望留守中央苏区；另一种说法是伍修权等同志回忆的，认为博古、李德等曾设想把毛泽东留下，后鉴于毛泽东在红军中的崇高威望，没敢实施。

义的深入贯彻而所采取的红军主力分兵出击、地方武装升级组建主力军团准备与国民党军"总决战"等军事冒险行动，已经为第五次反"围剿"的失败埋下了伏笔。以博古为首的临时中央进入中央苏区后，"分兵把守""短促出击""以堡垒对堡垒""决不丧失苏区一寸土地"等军事教条主义主张得到全面渗透，军事指挥权也逐步地为既不了解中国国情，更不了解苏区实际的李德等人所完全把持。他们实行一条进攻时的冒险主义、防守时的保守主义和退却时的逃跑主义的错误军事路线，导致了第五次反"围剿"的节节失利。1934年4月底广昌战役失败后，在中央苏区面临失守的情况下，中央书记处决定成立"三人团"①，负责筹划和领导红军的战略转移。"三人团"成立后，军事指挥进一步专断，使"左"倾教条主义军事路线达到顶峰，并最终使被迫进行战略转移的中央红军在湘江战役后陷入生死存亡的危险境地，把持红军指挥权的李德、博古等也遭受了严重的信任危机。正如刘伯承在《回顾长征》中所指出的："广大干部眼看反五次'围剿'以来，迭次失利，现在又几乎濒于绝境，与反四次'围剿'以前的情况对比之下，逐渐觉悟到这是排斥了以毛泽东同志为代表的正确路线，贯彻执行了错误的路线所致，部队中明显地滋长了怀疑不满和积极要求改变领导的情绪，这种情绪，随着我军的失利，日益显著，湘江战役，达到了顶点。"惨痛的现实教育了全党和全军，毛泽东成为他们心目中替代已经走投无路的"左"倾教条主义者、指挥红军重新走向胜利的唯一恰当人选。正如萧华后来在《长征组歌》中所吟唱的那样："全军想念毛主席，迷雾途中盼太阳。"这反映了红军将士共同的心声。

第二，毛泽东是红军转兵贵州摆脱危机的主导者。

---

① 中共中央文献研究室：《周恩来年谱（1898—1949）》，中央文献出版社1990年版，第262页。

毛泽东自第五次反"围剿"和长征以来，先是建议乘福建事变之机，红军主力突进到以浙江为中心的苏浙皖赣地区，将战略防御转变为战略进攻，继而建议红军主力到湖南中部，调动江西之敌到湖南消灭之。但均被拒绝。从翻越老山界起，毛泽东和张闻天、王稼祥就开始批评中央的军事路线，指出第五次反"围剿"以来的失败主要是军事路线的错误所致。这引发了中央领导层的激烈争论。当时，把持中央和红军领导的"左"倾教条主义者，将摆脱危机的希望完全寄托于既定的到湘西同红二、六军团会合上，他们幻想先放下包袱，再回过头来粉碎敌人的"围剿"；毛泽东则更洞察红军当时面临的危险处境，认为当务之急是尽快摆脱强敌的围追堵截，掌握战场的主动权。特别是鉴于中革军委二局破译了国民党军之间的电报，得知国民党已确悉红军将"循萧匪故道，向西急窜"，并紧急在湘西构筑了四道碉堡封锁线，张网以待，企图围歼中央红军，①毛泽东坚决反对那种不顾蒋介石已经在通往湘西的途中布置了十几万大军的口袋阵，还要硬往里钻的做法，一再要求改向敌人力量薄弱的贵州前进。

转兵贵州本来是依据当时的客观实际，为保存实力被迫采取的有效措施，却因为触及教条主义者僵化的军事指挥问题而变得异常艰难。毛泽东通过运用"党指挥枪"的原则和充分发挥党中央集体领导的作用实现了这一转变。"党指挥枪"是人民军队创建之初，毛泽东在"三湾改编"时就确立的原则，并为各路红军在以后的斗争实践中严格遵循。湘江战役之后，毛泽东力主转兵贵州，经过在老山界的争论和通道会议上的讨论，得到了包括"三人团"成员之一周恩来在内的多数同志的支持。12月18日的黎平会议，针对是否转兵贵州的激烈争执，进一步以中共中央政治局决定的形式明确："政治局认为过去在湘西

---

① 曹冶、伍星：《红军破译科长曹祥仁》，时代文献出版社2014年版，第80页。

创立新的苏维埃根据地的决定在目前已经是不可能的,并且是不适宜的。"①在1935年1月1日举行的猴场会议上,为了削弱"左"倾教条主义者对红军的指挥权,中共中央再次以政治局决定的形式强调:"关于作战方针,以及时间与地点的选择,军委必须在政治局会议上做报告。"②这样,不仅保证了转兵贵州决定的实施,而且在很大程度上限制了"三人团"的军事指挥权。需要强调的是,自宁都会议被彻底剥夺军事指挥权后,毛泽东提出过许多关系红军命运的重大进军建议,而转兵贵州的建议是第一个被党中央采纳的建议。这可以说是毛泽东与"左"倾教条主义者争夺红军指挥权和领导权的一场前哨战。正是因为成功地转兵贵州,红军暂时摆脱了国民党军的围追堵截,得到休整之机,从而使全军看到了希望。这是遵义会议能够顺利召开的重要前提。

第三,毛泽东是召开遵义会议的发动者。

从长征开始,围绕红军的前途和命运,以毛泽东为代表的部分中央领导同志和绝大多数红军将领与"左"倾教条主义者的斗争已经趋于白热化。毛泽东不仅适时提出正确的进军路线和作战方针,而且积极地进行思想发动和组织串联,耐心细致地分析形势,指出现行军事路线的错误之所在。有关于此,有很多众所周知的史料为佐证,这里不再一一列出。需要强调的是,美国作家索尔兹伯里在《长征——前所未闻的故事》中,把毛泽东与张闻天、王稼祥的交流,称为"担架上的阴谋"。这是很片面的。事实上,毛泽东不仅主动地与相关同志在会下分别交流意见,更多的是在通道会议、黎平会议、猴场会议等

---

① 《中共中央政治局关于战略方针之决定》,见遵义会议纪念馆:《遵义会议资料汇编》,中央文献出版社2009年版,第3页。

② 《中共中央政治局关于渡江后新的行动方针的决定》,见遵义会议纪念馆:《遵义会议资料汇编》,中央文献出版社2009年版,第6页。

党的正式会议上毫无保留地亮明观点，直接与李德、博古等交锋，表现出一个革命领袖不计个人得失，坦坦荡荡、表里如一的气度与胸怀。中央政治局黎平会议正是根据毛泽东在会上的意见通过了《中央政治局关于战略方针之决定》，并决定到遵义地区后召开会议，总结第五次反"围剿"以来军事指挥上的经验教训。①

总之，遵义会议前，不仅全军上下都把扭转危机的希望寄托于毛泽东重新出来指挥红军，而且毛泽东本人也已经义无反顾地回到中国革命历史舞台的中心。

2. 遵义会议奠定毛泽东领导地位的基础

遵义会议正式开会的会期只有三天，主题是总结第五次反"围剿"的经验教训和确定红军今后的行动方针。其主要成就有三：

其一，会议全面总结了第五次反"围剿"以来军事指挥的得失，集中批判了"左"倾教条主义的错误军事路线，重新肯定了毛泽东所代表的正确军事路线及其战略战术，并将其确定为红军今后的作战方针。这在张闻天在会上的"反报告"和毛泽东以及绝大多数与会者的发言中，得到充分的体现。

其二，会议剥夺了"左"倾教条主义者的军事指挥权，取消"三人团"的军事指挥体制，决定仍由红军总司令朱德和总政委周恩来为军事指挥者，而周恩来是党内委托的对指挥军事下最后决心的负责者；"扩大会完毕后中央常委即分工，以泽东同志为恩来同志的军事指挥上的帮助者"②。这标志着军事指挥体制的转变和毛泽东重新回到军事指挥的最高决策圈。

---

① 张培森：《张闻天年谱》（修订本）上卷，中共党史出版社2000年版，第167页。
② 陈云：《遵义政治局扩大会议传达提纲》（1935年2月或3月）。见《陈云文选》第一卷，人民出版社1995年版，第43页。

其三，会议增补毛泽东为中央政治局常委。这是党的六届五中全会召开整整一年后，党中央领导核心的又一次重要变动。一年前召开的六届五中全会决定设立中央书记处（又称中央政治局常委会），由博古、张闻天、周恩来、项英、陈云等为书记处书记。①遵义会议上作为正式的组织决定，增补毛泽东为中央政治局常委，标志着他进入中央领导核心。不仅如此，在遵义会议进行中，毛泽东的长篇发言，得到绝大多数与会者的赞同和支持，周恩来发言时就全力推举毛泽东来领导红军今后的行动。他的倡议得到多数人的拥护。②杨尚昆也回忆："会上，许多同志要求毛主席代替博古领导全党工作，这是众望所归。但毛主席不愿意，说他身体不好，有病。"③因此，遵义会议决定俟后"常委中再进行适当的分工"④。在1935年2月初酝酿更换党的"总负责人"时，据周恩来回忆：中央红军一渡赤水向云南扎西行军途中，洛甫首先提出中央要变换领导，他说"博古不行"。毛泽东找周恩来商量，把洛甫要求变换中央领导的意见告诉了他。周恩来毫不犹豫地说："当然是毛主席，听毛主席的话。"毛泽东说："不对，应该让洛甫做一个时期。"⑤可见，毛泽东当时就是党的最高领导职位的主要人选，只不过是因为他个人坚决不同意而作罢。

总之，遵义会议已经确立了毛泽东在全党和全军的领导地位。这样说不只是因为他和周恩来、朱德一起承担最高军事指挥的职责，也不只是因为他成为党中央领导核心的五位成员之一（项英因远在原中

---

① 金冲及、陈群：《陈云传》上卷，中央文献出版社2005年版，第148页。
② 金冲及：《周恩来传》，中央文献出版社1998年版，第349页。
③ 杨尚昆：《杨尚昆回忆录》，中央文献出版社2007年版，第118页。
④ 陈云：《遵义政治局扩大会议传达提纲》（1935年2月或3月）。见《陈云文选》第一卷，人民出版社1995年版，第43页。
⑤ 周恩来1972年6月10日在中共中央召集的一次会议上的讲话，转引自逄先知：《毛泽东年谱（1893—1949）》上卷，人民出版社、中央文献出版社1993年版，第446页。

央苏区，王明则在莫斯科，张国焘在川陕根据地，均无法参与决策），而加重了他在党和军队中的发言权，更主要的是因为在军事斗争的胜负关系中国共产党和中国革命命运的特定历史条件下，毛泽东一贯力行的军事路线和作战方针重新为党中央所接受，成为指引红军转危为安的行动指南。

　　必须注意的是，不能简单地因为毛泽东没有担任党和军队的最高领导职务，而否定遵义会议已经确立了他在党和红军的领导地位。反过来问，遵义会议并没有立即改变博古在党内负总责的地位，那么，他在遵义会议后还没有移交职务给张闻天的那段时间里所发挥的作用，能够和毛泽东相比吗？我们分析，毛泽东在遵义会议上及以后一段时间里之所以谢绝担任最高领导职务，说自己身体有病，应该是推托之辞。究其原因，一是因为自党的二大确立了与共产国际的组织隶属关系后，中共主要领导人的更迭和重大的决策都要听取，甚至是完全秉承共产国际的意见。虽然在长征出发前夕，党中央和红军总部与共产国际的电讯联络因负责中转的上海地下党组织被国民党破坏而意外中断，客观上使得遵义会议能够由中共自主召开并决定各项事宜，但是，能否立即毫无顾忌地更换原来经共产国际批准的党中央和军队最高领导人选，是毛泽东和中央其他领导人不能不顾虑的问题。二是因为遵义会议是在党和红军生死攸关的危急时刻召开的，当时最紧迫的是军事问题。为集中解决军事路线问题，同时也是为避免更多的争论和分歧，毛泽东等在遵义会议上非常策略地肯定"党中央的政治路线无疑义的是正确的"[①]。对此，张闻天曾给予高度评价，认为："毛泽东同志当时做了原则上的让步，承认一个不正确的路线为正确，这

[①] 《中共中央关于反对敌人五次"围剿"的总结的决议》，见遵义会议纪念馆：《遵义会议资料汇编》，中央文献出版社2009年版，第9页。

在当时是完全必要，完全正确的。这个例子，可以作为党内斗争一个示范来看。"① 会议虽然对博古等人进行了严厉的批评，剥夺了他们的军事指挥权，但是并没有撤销他们的党内职务；会议采用恢复红军总司令和总政委领导体制的办法，替代"三人团"的指挥机制，显得更顺理成章，便于人们接受。三是从操作层面看，毛泽东不担任党和红军的最高领导职务，能更好地发挥民主集中制的作用，使领导决策更科学，更易于贯彻实施。上述做法，避免或减轻了因人事变动造成的震动和影响，从而极大地维护了全党与全军的紧密团结和高度统一。在后来反对张国焘分裂主义的斗争中，博古、凯丰等一些在遵义会议上受到批评并仍然坚持自己错误观点的同志，包括被剥夺军事指挥权的李德，全部都坚定地站在党中央一边，同张国焘的分裂主义行径进行斗争。这充分体现了毛泽东等中央领导同志在遵义会议上所展示的高超的斗争艺术和政治智慧。

3. 遵义会议后确立毛泽东的领导地位

持否定遵义会议确立毛泽东领导地位观点的论者，把1935年3月11日中央政治局扩大会议一致否定毛泽东关于不同意进攻打鼓新场战斗的意见，并免去毛泽东在一个星期前刚刚担任的前敌司令部政委职务一事，作为自己的重要论据。那么，该如何看待这一问题呢？

遵义会议后的四渡赤水之战是决定党和红军的命运之战，是在中央红军士气最低落、身心最疲惫、处境最艰难的情况下进行的一场生死攸关的绝地反击；对于被推到历史大潮浪尖上的毛泽东来说，则是对其军事指挥才能和军事思想的最直接的检验。毛泽东和他的战友们面临着如何维系党和红军的团结、如何肃清"左"倾教条主义错误军事路线的影响、如何把因无根据地依托所造成的困难降到最低、如何

---

① 中共中央党史资料征集委员会、中央档案馆：《遵义会议文献》，人民出版社1985年版，第246页。

克服高山大河等恶劣自然环境,特别是如何突破十倍于己的国民党军队的重重包围等一系列严峻情况的挑战。从军事学角度看,指挥四渡赤水之战不同于在井冈山和中央苏区毛泽东领导粉碎敌人"进剿""会剿"和"围剿"时的战役指挥,而是具有重要战略意义的战役指挥,牵一发而动全身,事关红军的生死和中国革命的兴亡。当时形势之危急、问题之复杂、压力之巨大、任务之艰险,在毛泽东的军事生涯中可以说是空前绝后的。从1935年1月下旬离开遵义到5月9日全军渡过金沙江,长达4个月时间。在整个令人窒息和倍感煎熬的战役过程中,毛泽东的战略思想并不是一下子就和盘托出的,其战术安排也是随着战场形势的变化而不断地调整。不要说红军作战部队的基层干部和普通战士,就是在中央决策层的领导和高级红军将领中,能够完全理解毛泽东战略意图的也为数很少。特别是在当时的危急形势下,客观上也不允许把全局的作战计划悉数告知分路行军的各军团首长。因此,质疑甚至是责难在所难免。打鼓新场之争是当时大大小小诸多争论之一,相对于过去"三人团"的独断专行而言,这是遵义会议以来军事民主和党内民主健康发展的新气象,也是毛泽东重新肩负军事指挥重任后的一个插曲。在自己的意见被否决,并被免去前敌司令部政委职务的当天晚上,一切以革命利益为重的毛泽东,又打着灯笼找周恩来,反复陈述利害,打动了周恩来,继而说服了朱德。第二天中央政治局继续开会,大家又都赞成了毛泽东的意见,放弃了进攻打鼓新场的计划。鉴于战场形势瞬息万变,3月12日,中央政治局再次举行会议,根据张闻天的提议,决定由周恩来、毛泽东、王稼祥组成新的"三人团",全权指挥军事。这说明,毛泽东的领导地位不仅没有因为打鼓新场争论被动摇,反而得到了加强。

必须强调的是,即使是毛泽东也无法立即改变敌强我弱这一基本事实。他在指挥四渡赤水之战时,只能在客观条件许可的范围内去争取最大的胜利。因为对敌情判断不明，他也有过指挥土城战斗和鲁班场战斗失利的事例。但是，和"左"倾教条主义者不同，毛泽东把打破敌人围追堵截的现实任务和重建根据地的既定目标，有机地统一起来。他不为寻找新根据地所束缚，而是依据战场实际，时而向北摆出同红四方面军会师的态势，时而又回头显露出要与红二、六军团会合的趋向，把包袱甩给敌人，机敏地调动敌人，在赤水河两岸与强敌周旋。这其中，至为重要的是采取了灵活机动的战略战术和正确的军事路线。正如2月16日，中共中央和中革军委发布的《告全体红色指战员书》所指出的："为了有把握地求得胜利，我们必须寻求有利的时机与地区去消灭敌人。在不利的条件下，我们应该拒绝那种冒险的没有胜利把握的战斗。因此，红军必须经常地转移作战地区，有时向东，有时向西，有时走大路，有时走小路，有时走老路，有时走新路，而唯一的目的是为了在有利条件下，求得作战的胜利。"[1]他根据敌情变化，率领中央红军反复往返于赤水河两岸，佯攻贵阳，威逼昆明，巧渡金沙江。在十倍于己的国民党几十万大军中往来穿插，彻底改变了遵义会议前红军的被动局面，牢牢掌握了战场主动权，在惊涛骇浪中杀出一条生路，最终摆脱了敌人重兵的围追堵截，与红四方面军在四川懋功地区会师。

与红四方面军会师后，8月，中央政治局常委会召开沙窝会议调整常委们的分工，正式决定毛泽东负责军事工作。[2]这表明毛泽东在遵义会议前后的军事指挥得到党中央的充分肯定，他成为党内"在军事指挥上最后下决心的负责者"。长征抵达陕北后，11月3日，毛泽

---

[1] 逄先知：《毛泽东年谱（1893—1949）》上卷，人民出版社、中央文献出版社1993年版，第448页。

[2] 逄先知：《毛泽东年谱（1893—1949）》上卷，人民出版社、中央文献出版社1993年版，第467页。

东担任西北革命军事委员会主席;三大主力红军会师后,1936年12月7日,毛泽东又任中央革命军事委员会主席团主席。从此一直到他逝世,他始终是人民军队的最高领导人。

遵义会议确立了毛泽东在全党和全军的领导地位,是这段历史所有亲历者的共识。陈云,中央政治局常委之一,他非常清楚地知道遵义会议并没有推举毛泽东担任党和红军的最高领导职务,但是,他第一时间(几乎是在中央红军长征抵达陕北的同时),在向共产国际执行委员会书记处报告遵义会议情况时就表明:"我们撤换了'靠铅笔指挥的战略家',推选毛泽东同志担任领导。"[1] 张闻天,遵义会议后接替博古"在党内负总责",他在遵义会议召开8年后的1943年12月,也就是毛泽东终于正式担任中央政治局和中央书记处主席之后,也明确指出:"遵义会议改变了领导,实际开始了以毛泽东同志为领导中心的中央的建立。"[2] 邓小平,在遵义会议前夕刚刚再任中央秘书长,他在40多年后审阅《关于建国以来党的若干历史问题的决议》草稿时,明确要求删掉原稿中"遵义会议实际上确立了毛泽东同志在红军和党中央领导地位"一语中的"实际上"三个字。他说他当时是党的秘书长,是遵义会议的与会者。会后的行军中,他和毛泽东、周恩来、张闻天等是在一起的。每天住下来,要等各个部队的电报,一直等到深夜,再根据这些电报确定红军的行动。在重要问题上,大都是毛泽东同志出主意,其他同志同意的。尽管名义上毛泽东同志没有当什么总书记或军委主席,他实际上对军队的指挥以及重大问题上的决策,都为别的领导人所承认。[3]

---

[1] 陈云:《关于红军长征和遵义会议情况的报告》(1935年10月15日)。见中共中央文献研究室:《陈云文集》第一卷,中央文献出版社2005年版,第9页。
[2] 遵义会议纪念馆:《遵义会议资料汇编》,中央文献出版社2009年版,第89页。
[3] 邓力群:《介绍和答问——学习〈关于建国以来党的若干历史问题的决议〉》,北京出版社1981年版,第68页。

遵义会议确立了毛泽东的领导地位的这一事实，也被载入中国共产党的历史。1945年4月，中共中央通过的《关于若干历史问题的决议》这样评价遵义会议："这次会议开始了以毛泽东同志为首的中央的新的领导，是中国党内最有历史意义的转变。"[①]1981年6月27日中共十一届六中全会通过的《关于建国以来党的若干历史问题的决议》认为，遵义会议"确立了毛泽东同志在红军和党中央的领导地位，使红军和党中央得以在极其危急的情况下保存下来，并且在这以后能够战胜张国焘的分裂主义，胜利地完成长征，打开中国革命的新局面。这在党的历史上是一个生死攸关的转折点"。

总之，遵义会议本身虽然并没有推举毛泽东"在党内负总责"，也没有让他成为"最后在军事指挥上下决心的负责者"，但是，在贯彻和运用遵义会议精神的过程中，在领导各路红军粉碎国民党军的围追堵截取得长征胜利的英勇斗争中，在应对"左"倾教条主义和右倾分裂主义的挑战中，在精心维护全党与全军团结统一的过程中，在创建新的革命根据地的艰辛探索中，在完成党的政治路线的转变并最终促成全国抗日民族统一战线的伟大历程中，毛泽东都发挥了无可替代的领导作用，成为全党和全军当之无愧的领导核心。

（二）形成稳定的党的领导集体

中国共产党遵义会议前的14年历史上，党中央的领导集体更迭频繁。虽然从一大到五大，一直由陈独秀担任委员长或总书记，但其他中央局成员（常委）在每届代表大会都有很大的变化。大革命失败后先是由瞿秋白牵头负责，1928年7月的六大选举向忠发为主席。由于向忠发的文化水平低，领导能力差，六大后实际主持中央工作的是

[①] 毛泽东：《毛泽东选集》第三卷，人民出版社1991年版，第969页。

周恩来。1930年3月,周恩来出国赴莫斯科后,主持中央工作的是李立三。9月,李立三因推行"左"倾冒险主义错误下台,周恩来回国再度主持中央工作。1931年1月,在共产国际代表米夫操纵下召开的六届四中全会,开启了王明"左"倾教条主义对党中央长达4年的统治。不久,向忠发被捕,很快就叛变,并被国民党方面处死。10月,王明去苏联,临行前指定博古为临时中央的负责人。博古在中央负总责的状况,一直持续到1935年2月5日"鸡鸣三省会议",才改由张闻天在党内负总责。上述情况从一个侧面表明,中国共产党诞生后一直未形成稳定的领导集体和领导核心,尚处于未成熟的幼年时期。

以毛泽东为核心的领导集体是在长征艰难困苦的环境中自然形成的。长征出发后,特别是在湘江战役后,周恩来、张闻天、王稼祥、朱德等人对李德"左"倾军事冒险行径深感不满,对我军遭受的惨痛损失深感痛心,对党和红军的前途、命运忧心忡忡。这时,毛泽东主动和王稼祥、张闻天、周恩来等同行同住,耐心、细致地做他们的思想工作,使三人充分认识到博古、李德等的"左"倾错误,取得三人的支持;毛泽东还与朱德、刘伯承、彭德怀、聂荣臻等高级军事将领交流,与中级干部谈话,使广大红军将士逐步认清了"左"倾教条主义路线的错误。李德在《中国纪事》中就曾写道,毛泽东"不顾行军的纪律,一会儿呆在这个军团,一会儿呆在那个军团,目的无非是劝诱军团和师的指挥员和政委接受他的思想,他用这种办法把不稳定的因素带进了领导之中,使它逐渐分裂"[①]。这从反面印证了毛泽东当时进行了积极的说服帮助工作。通过通道转兵、黎平会议、猴场会议的争论和决策,彻底纠正"左"倾错误军事路线和改变中央领导,成为除博古等极少数同志外中央政治局同志的共识。于是才有了遵义会议

---

① 〔德〕奥托·布劳恩:《中国纪事(1933—1939)》,新疆人民出版社1999年版,第103页。

的召开。

遵义会议实现了中国共产党由幼年到成熟的历史转变，从而实现了红军长征由被动到主动、中国革命由失败到胜利的伟大转折。其中一个重要标志就是开始形成了以毛泽东为核心的新的中央领导集体。

在新的中央领导集体的领导下，各路红军的对敌斗争形势均发生重大转机。在原中央苏区，项英和陈毅等按照中央的电令，放弃继续与国民党"围剿"军打正规战和阻击战的战术，转而化整为零实行游击战，从而保存了骨干力量，并在南方为中共保留了多个战略支点；中央红军通过四渡赤水之战，摆脱了围追堵截的敌军，转危为安，并胜利实现与红四方面军的会师；红四方面军遵照中央要其西进接应中央红军的指示，取得陕南战役和嘉陵江战役的重大胜利，并占领川康和甘南藏区；红二、六军团继成功开辟湘鄂川黔根据地之后，连续粉碎国民党军的多次"围剿"，红军主力由7700多人迅速壮大到2万余人，成为红一方面军和红四方面军之外的第三大主力红军；红二十五军在进军途中开辟了鄂豫陕革命根据地，队伍比出发长征时壮大了近一倍。这些成果和胜利，进一步坚定了全军上下战胜国民党军围追堵截和取得长征彻底胜利的信心。

正是在以毛泽东为核心的中央领导集体领导下，在中共历史上统治时间最长、为害最严重的"左"倾教条主义——王明"左"倾教条主义终于被克服；还是在这个新的中央领导集体的率领下，在中国共产党历史上发展到极致的张国焘右倾分裂主义，最终也被克服。全党上下在实现马克思主义中国化理论飞跃后的党中央带领下，达到空前的团结和统一。

从长征初期王稼祥等人意识到需要毛泽东出来指挥红军，到遵义会议增选毛泽东为政治局常委，使毛泽东的意见起到主导作用，再到以周恩来牵头、由毛泽东为主导的军事三人团的成立和会理会议肯定毛泽东的领导，一直到在反对张国焘右倾分裂主义的斗争中，党员同志自觉地团结在毛泽东周围。上述历史过程表明，全党同志一步步、自觉地拥护毛泽东，维护其核心领导地位。而这种支持和拥戴与长征是分不开的。长征中恶劣的形势、艰苦的斗争环境，使全党认识到，只有形成一个坚强的领导核心、挑选出伟大的领导人，我们党才能取得军事上的胜利，才能维护政治上的团结，才能取得革命战争的胜利。而毛泽东经历了长期的风吹雨打，所谓"艰难困苦，玉汝于成"，终于在长征途中一步步成为全党的领导核心，这是全党和全军的选择，是历史的选择！

长征途中党中央领导集体的重要变化，几乎是在第一时间报告给共产国际的。1935年5月29日，中共中央政治局泸定会议决定派陈云去上海恢复党在白区的工作，进而转赴苏联报告红军西征（即长征）的情况。陈云于9月抵达莫斯科，10月15日在共产国际书记处会议上详细汇报红军长征的经过，特别是遵义会议后中央领导集体的变化情况。他在报告的最后强调："我们党能够而且善于灵活、正确地领导国内战争。像毛泽东、朱德等军事领导人已经成熟起来。我们拥有一支真正富有自我牺牲精神、英勇无畏、为实现共产国际总路线而斗争的干部队伍。"[1]陈云的报告直接影响了斯大林和共产国际对中共在长征中作用的观感。11月中旬，由苏联辗转抵达陕北瓦窑堡的张浩带来共产国际的声音。目前所看到的材料主要集中讲他传达共产国际七大和中共驻共产国际代表团起草的《八一宣言》精神，但是，1936年1月1日毛泽东给朱德的一份电报中说："国际除派林育英同志（即张浩——引者注）来外，又有阎红彦同志续来。据云，中国党在国际有很高地位，被称为除苏联外之第一党，中国党已完成了布尔什维克化，全苏联全世界都称赞我们的长征。"[2]这说明，遵义会议后产生

---

[1] 陈云：《关于红军长征和遵义会议情况的报告》（1935年10月15日）。见中共中央文献研究室：《陈云文集》第一卷，中央文献出版社2005年版，第34页。

[2] 逄先知：《毛泽东年谱（1893—1949）》上卷，人民出版社、中央文献出版社1993年版，第502页。

的新中央领导集体及其领导长征所取得的胜利，已经得到共产国际的认可和尊重。

总之，在经历了14年的磨难与锤炼之后，中国共产党又经历了遵义会议前后血与火的洗礼，已经成长为一个成熟的马克思主义政党。其成熟的标志就是形成了以毛泽东、张闻天、周恩来、朱德等组成的稳定的成熟的领导集体。如果没有这个成熟的领导集体，就不可能在遵义会议上开始独立自主地确定自己的路线，从而否定"左"倾教条主义的错误军事路线，并剥夺其领导权，长征就不可能出现根本转机；如果没有在四渡赤水阶段生死较量中的检验，遵义会议的精神就得不到传达和贯彻，毛泽东的领导地位和他所代表的正确军事路线就不可能得到巩固，也就不可能摆脱国民党大军的围追堵截，取得长征的主动权；如果没有形成以毛泽东为核心的中央领导集体及其坚强有力的领导，就不可能战胜张国焘右倾分裂主义所造成的严重危机，也就不可能有各路红军会师西北，并最终取得长征的伟大胜利。长征的亲历者陈云，当年在向共产国际的报告中就把党的成熟作为长征胜利的重要原因，他指出："我们党真正成熟起来了，尤其是党的领导人成熟了。它在国内战争的炮火中得到了锻炼，的确变得有能力领导像我们的西征这样光荣伟大的事业。"[①]

遵义会议开始形成的新的中央领导集体，后来发展成为党的第一代领导集体，即毛泽东、刘少奇、周恩来、朱德、陈云、邓小平等同志。他们顺应历史潮流的发展，在40余年间把握历史的航向，不断地搏风击浪，促成古老的中国在世界的东方重新崛起。他们当中的邓小平和陈云，在新时期又成为中国改革开放的总设计师和党的第二代领导

---

① 陈云：《关于红军长征和遵义会议情况的报告》（1935年10月15日）。见中共中央文献研究室：《陈云文集》第一卷，中央文献出版社2005年版，第27页。

集体的重要成员,执掌中国历史的航船沿着中国特色社会主义的航道,奋勇向前。

(三) 实现马克思主义中国化的第一次理论飞跃

遵义会议前的中央主要领导之所以更迭频繁,除了因为中共作为共产国际的一个支部而受组织隶属关系所制之外,主要是因为中共没有在坚持以马克思主义为指导思想的基础上实现马克思主义的中国化,也就是说没有形成自己的理论体系。在很长一段时期里,中共党内盛行的是照搬苏联革命经验和把共产国际指示神圣化的教条主义。

实际上,早在红军长征前,以毛泽东为代表的老一辈无产阶级革命家,在创建红军和革命根据地的过程中,把马克思列宁主义原理与中国革命实践相结合,逐渐探索出了一条适合中国国情的革命道路,毛泽东思想初具雏形。在探索中国革命发展道路的过程中,以毛泽东为代表的老一辈无产阶级革命家,在与"左"倾教条主义进行的斗争中,提出了"没有调查,就没有发言权""中国革命斗争的胜利要靠中国同志了解中国情况""马克思主义的'本本'是要学习的,但是必须同我国的实际情况相结合"[①]等论断,初步形成了作为毛泽东思想活的灵魂——实事求是的思想路线。在实际工作中,以毛泽东为代表的中国共产党人从中国半殖民地半封建的东方大国的社会历史条件出发,理论和实践相结合,探索了一条有中国特色的新民主主义革命道路,制定了一系列适合中国革命的路线、方针、政策,总结了一整套适合中国革命战争特点的军事战略战术。以毛泽东为代表的中国共产党人提出的中国革命道路理论、在农村环境下如何建设一支新型人民军队的建军原则和建设一个马克思主义武装的无产阶级政党的建党

---

① 毛泽东:《毛泽东选集》第一卷,人民出版社1991年版,第111—112页。

学说，标志着马克思主义中国化的毛泽东思想已具雏形。

但是，由于当时毛泽东在全党的领导地位还没有确立，毛泽东思想也不被全党所充分认识和理解，特别是以王明为首的"左"倾教条主义者对毛泽东的排挤、对毛泽东思想路线的指责和反对，使毛泽东思想的指导作用受到限制，其发展遇到严重的阻碍。

自中国共产党成立到遵义会议前，中国共产党还处在幼年期，全党还很难做到将马克思列宁主义普遍原理与中国的具体实践相结合，对中国革命的规律也缺乏深刻的认识，在中国革命的重大问题上习惯照搬照抄苏联的经验。加之中国共产党和共产国际的组织隶属关系，共产国际对中国革命的指挥在很大程度上也限制了中国共产党人对革命问题的探索。从党成立到遵义会议前的14年中，党的历次重要会议都是在共产国际及其代表的指导下召开的，党的纲领、路线、方针、政策也来自共产国际的指导。由此导致党内盛行教条主义路线，特别是在20世纪20年代末和30年代初，"左"倾领导人将共产国际决议和苏联经验神圣化，几乎陷中国共产党和中国革命于绝境。

然而，长征为中国共产党人总结历史经验教训和毛泽东思想进一步走向成熟提供了条件。中央革命根据地前四次反"围剿"的成功与"左"倾教条主义者指挥的第五次反"围剿"失败的比较，使人们越来越认识到"左"倾教条主义的错误和毛泽东思想路线的正确。遵义会议前，中共中央与共产国际的联系中断，为以毛泽东为代表的中国共产党人摆脱共产国际的干预和束缚，坚持马克思主义实事求是的思想路线、独立自主地处理问题创造了客观条件。在"左"倾错误统治所造成的严酷局面面前，在没有共产国际的干预下，以毛泽东为代表的中国共产党人，召开了我党历史上具有里程碑意义的遵义会议，拉开了中国共产党人独立自主地运用马克思主义基本原理解决中国革命问题的大幕，标志着中国共产党人在政治上、理论上走向成熟。作为最重要的当事人，毛泽东后来指出："中国人不懂中国情况，这怎么行？

真正懂得独立自主是从遵义会议开始的,这次会议批判了教条主义。"①

在遵义会议上,以毛泽东为代表的中国共产党人,结束了王明"左"倾冒险主义在党中央的统治,确立了毛泽东在全党全军的领导地位,其后在长征途中逐渐形成了以毛泽东、周恩来、朱德等为代表的党的第一代领导集体,为毛泽东思想走向成熟提供了坚强的组织保障。

遵义会议上,中共否定了脱离中国实际的"左"倾冒险主义军事路线,解除了共产国际代表李德的兵权,肯定和恢复了以毛泽东为代表的符合中国革命战争实际的毛泽东军事思想。毛泽东在会上做了重要发言,他对博古、李德的错误军事路线进行了切中要害的分析和批评,正确阐述了中国革命战争的战略问题,指明了红军今后的前进方向。遵义会议决议从中国革命战争的特点和规律出发,系统总结了以毛泽东为代表的无产阶级军事思想,即后来的毛泽东军事思想,把毛泽东军事思想作为全党全军军事斗争的指导思想和行动纲领。在随后的长征途中,红军积极贯彻毛泽东军事思想,根据不断变化发展的战争形势,及时调整军事战略方针,实施积极主动的作战,取得了长征的伟大胜利。在血与火的长征中,在理论与实践相结合的检验下,毛泽东军事思想得到充分运用和发展,逐步走向成熟,为毛泽东思想的成熟做了军事思想上的准备。

在长征途中的遵义会议上,以毛泽东为代表的中国共产党人不唯上、不唯书,敢于向教条主义进行坚决斗争,实事求是、理论与实践相结合,第一次独立自主地运用马克思列宁主义原理解决中国革命问题,反映了我党运用马列主义基本原理解决中国革命问题的实际能力和水平。这无疑是毛泽东思想中实事求是思想路线的胜利,标志着党

---

① 毛泽东:《革命和建设都要靠自己》。见《毛泽东文集》(第八卷),人民出版社1999年版,第339页。

的思想路线从教条主义向实事求是路线的重大转折。从遵义会议开始，毛泽东倡导的实事求是思想路线逐步成为党的指导路线。遵义会议后，在反对张国焘右倾分裂主义的斗争中、在确定北上抗日方针、在红军将陕北根据地作为革命大本营的奠基礼中，以毛泽东为代表的正确方向和以实事求是、独立自主、群众路线、马列主义与中国革命实际相结合为核心的毛泽东思想为越来越多的中国共产党人所认识和接受，毛泽东思想逐步走向成熟。红军长征胜利80年后，习近平总书记在总结这段历史时深刻指出："长征的胜利，使我们党进一步认识到，只有把马克思列宁主义基本原理同中国革命具体实际结合起来，独立自主解决中国革命的重大问题，才能把革命事业引向胜利。这是在血的教训和斗争考验中得出的真理。"

以毛泽东为核心的党的领导集体在长征这危难时刻的风口浪尖上经受了锤炼，得到全党全军的衷心拥护和信服。这是中国共产党由幼年走向成熟的重要标志。1945年党的七大选举产生的中央书记处五大书记毛泽东、刘少奇、周恩来、朱德、任弼时，全部是经过了长征磨炼的。1956年党的八大后形成的由毛泽东、刘少奇、周恩来、朱德、陈云和邓小平等组成的中央领导集体，也全部是从长征队伍里走出来的，并且还都参加了遵义会议。历史选择了毛泽东和他的战友们。在长征途中，由于形成了以毛泽东为首的领导核心，由于贯彻了独立自主和实事求是的原则，具体问题具体分析，中国共产党不仅确立了正确的军事路线，而且树立了正确的组织路线，并在中央政治局瓦窑堡会议上完成了党的政治路线的转变，从而在全国各路红军大迁徙的艰难过程中，最大限度地团结了全党和全军。随着全国各主力红军会师西北高原，中国共产党自1927年大革命失败的十年后，达到空前的团结和统一，为迎接全面抗战的爆发和中国革命新高潮的到来提供了根本的思想指引与组织保证。

二 完成骨干力量北移和实现统一指挥

从1934年10月到1936年10月间,中央红军、红二十五军、红四方面军以及红二、六军团四路红军部队,在中共中央北上抗日战略方针的旗帜下,分别从各自的根据地出发,经历数千至两万余里的战略转战,先后到达陕甘地区。

(一)冲破围追堵截走向抗日出发阵地

众所周知,长征是各根据地红军反"围剿"斗争的继续。各路红军踏上长征路的原因不尽相同,但都脱离不了反"围剿"失败或遭受国民党军"围剿"沉重压力的阴影。与在各根据地进行反"围剿"斗争相比,失去根据地后的万里转战,其艰险程度和前途的不可预知性成倍增加。面对国民党百万大军的围追堵截,面对无数的天堑险关和没有人烟的雪山草地,英勇无畏的红军健儿,硬是从似乎注定覆灭的危机中杀出一条生存的血路,翻过没人攀登过的雪山,穿越没有人踪的千里草原,成为万古传奇的"绝境天兵"。

从时间顺序上看,红二十五军是第二支踏上长征路的部队,却是最先完成长征的部队。红二十五军是红四方面军撤离鄂豫皖根据地后,

1932年10月重建的一支红军部队,以英勇善战的"儿童"军著称。红二十五军曾发展至1.2万人,但由于"左"倾冒险主义影响,部队损失严重。1934年7月,中革军委指示红二十五军以"中国工农红军北上抗日第二先遣队"名义实施战略转移。11月,红二十五军2980余人在程子华、吴焕先、徐海东率领下,由河南罗山出发,途中曾创建鄂豫陕苏区,部队发展到4000余人。1935年7月,为策应红一、红四方面军主动北上,控制西(安)兰(州)大道达半月之久,后因敌重兵进逼,不得不先行北上。9月15日到达陕西延川永坪,还有3400余人,是四路红军队伍中唯一一支人数不减反增的长征部队。9月16日,红二十五军在永坪同刘志丹率领的陕甘红军会师,合编为红十五军团,增强了陕甘苏区的红军力量,为红一方面军的到来奠定了坚实的物质基础。红二十五军一枝独秀,孤军长征,却为红一方面军安家陕北起到了战略先导的作用。不仅如此,红二十五军离开鄂豫陕根据地时留在陕南的红七十四师,继续坚持在当地的斗争,为三大主力红军的会师及其随后的战略展开,发挥了重要的策应和配合作用。1937年8月,红军整编为八路军时,红七十四师1700余人被编入八路军留守兵团。

中央红军从时间顺序上看,是最早踏上长征路的部队,也是第二支到达陕甘地区,完成长征的部队。1934年10月10日,中共中央率中央红军主力8.6万余人,撤离"红都"瑞金,开始踏上了艰苦卓绝的长征之路。英雄的中央红军以非凡的智慧和勇气,一路闯关夺隘,突破四道封锁线,血战湘江;通道转兵后,突破乌江;遵义会议后,四渡赤水,巧渡金沙江,强渡大渡河,飞夺泸定桥,翻越大雪山,与红四方面军在懋功胜利会师,恢复为红一方面军,接着穿越荒无人烟的大草地,准备北进,创建川陕甘苏区。由于张国焘拒不执行中央北上战略方针,并背着中共中央电令陈昌浩率右路军南下,企图分裂和危害中共中央。"九九密电"事件发生后，中共中央于1935年9月12日在俄界召开会议，会议通过《关于张国焘同志的错误的决定》，并决定，将红一军和红三军以及军委直属队改称为中国工农红军陕甘支队，任命彭德怀为司令员，林彪为副司令员兼第一纵队队长，毛泽东为政治委员。决定成立彭德怀、林彪、毛泽东、王稼祥、周恩来"五人团"，负责支队的军事行动，指挥陕甘支队先行北上。随后，陕甘支队夺占腊子口，翻越六盘山，10月19日到达陕北吴起镇，结束长征。

11月2日，陕甘支队经保安在甘泉南面的象鼻子湾与红十五军团胜利会师。3日，根据中华苏维埃中央政府的命令，组成西北革命军事委员会，委任毛泽东、彭德怀、周恩来、王稼祥、聂鸿钧、林彪、徐海东、程子华、郭洪涛为委员，毛泽东为主席，周恩来、彭德怀为副主席。根据中共中央的决定，重建红一方面军，陕甘支队改为红一军团，红十五军团编入红一方面军。西北革命军事委员会任命彭德怀为第一方面军司令员，毛泽东为政治委员，王稼祥为政治部主任。

红四方面军于1935年3月为策应中央红军四渡赤水，发起嘉陵江战役，一举突破川军53个团组成的嘉陵江防线，消灭川军12个团，1万余人，接着挥师西进，直捣松（潘）理（番）茂（县）地区，等候中央红军北上川西北。1935年6月18日，红四方面军与中央红军在懋功胜利会师。会师后，中共中央在懋功北部的两河口召开政治局会议。会议通过《关于一、四方面军会合后战略方针的决定》，指出：在一、四方面军会合后的战略方针，是集中主力向北进攻，在运动战中大量消灭敌人，首先取得甘肃南部，以创造川陕甘苏区根据地，使中国苏维埃运动放在更加巩固的基础上，以争取中国西北各省以至全中国的胜利。坚决反对避免战争、退却逃跑，以及保守偷安、停止不动的倾向。张国焘反对中央的北上方针，坚持南下。先是在9月2日向中央发电，借口嘎曲河涨水拒绝率左路军过草地向中共中央率领的右路军靠拢。随后又发生企图危害中央的"九九密电"事件。15日，张国焘在阿坝召开川康省委扩大会议，发布《大举南进政治保障计划》。17日，发布南下命令，并强令在左路军中的原红一方面军的第五军、第三十二军南下。此后，他率红四方面军和随其行动的中央红军两个军南下。11月，在四川名山县百丈地区遭受惨重损失，折兵过万，被迫退向川西北。党中央坚持北上抗日的方针，率领中央红军陕甘支队取得了长征的伟大胜利。张国焘面对失败，在党中央以及共产国际代表林育英的团结争取下，在朱德等人的斗争帮助下，被迫于6月6日宣布取消"第二中央"，同意北上。

红二、六军团虽然是最晚一支走上长征路的部队，但为实现中央"北上战略"方针做出了特殊的贡献。1935年11月19日，红二、六军团从湘鄂川黔根据地桑植地区的刘家坪和轿子垭出发，开始战略转移。1936年7月初，与红四方面军在甘孜会师。两军会师后，红二、六军团与红三十二军组成红二方面军。红二方面军领导人任弼时、贺龙、关向应等人，同朱德、徐向前、刘伯承等团结在一起，同张国焘分裂图谋做有理有据有节的斗争，确保两军团结一心，克服粮食不足、道路漫长等严峻的困难，携手并肩走过了时长一个多月的雪山草地征程。

三大主力红军大会师。在党中央"北上抗日"战略方针的旗帜下，红军第一、二、四方面军三大主力，经过艰苦卓绝的万里长征，如百川归海，终于在甘肃会宁和静宁将台堡胜利会师，由此标志着长征胜利结束。各路红军的长征实现了向抗日前进出发阵地——陕甘地区的战略转移，保存了革命力量。这时，红一方面军已从刚到陕北时的6000余人，发展为2万多人；红四方面军部队还有4.2万余人；红二方面军结束长征时有1.1万人。陕甘地区红军总人数有7万多人。

鲁迅和茅盾对红军长征胜利，发来贺电，其中说道："在你们身上寄托着中国和人类的希望！"以鲁迅为代表的中国知识界深刻认识到红军长征胜利的重要意义。北上抗日的战略方针，意味着中共中央将党和红军的前途命运，与中华民族的前途命运紧紧地结合在一起，既为红军赢得了发展的生机与活力，同时也为中国革命的前途指明了方向。

1936年11月28日，中共中央以毛泽东、朱德的名义，发布《中华苏维埃共和国中央政府、中国工农红军革命军事委员会抗日救国宣言》。12月7日，《总政治部关于党的新任务面前红军政治工作的任务（草案）》中指出："全国主力红军在西北抗日阵地上的大会合，开展了中华民族革命运动的新形势，一、二、四三个方面军的完全团结在党中央与军委的领导之下，是发动抗日战争、使红军进入新阶段的决定的一环。……中央坚决相信，具有成百成千的优秀干部和经过铁的锻炼的主力红军，依靠着干部的最高度的积极性，和全体红色战士对于祖国独立解放事业的热忱，必定能够完成党中央和军委给予他的伟大历史任务"，要在抗日救亡的革命战争中，以其无可比拟的英雄和模范，不仅成为全中国人民团结的中心，而且成为全世界和平的支柱。12月17日至25日，中共中央召开瓦窑堡会议，更是明确提出了党的基本策略任务是建立广泛的抗日民族统一战线。

（二）劲旅会师西北，实现党中央的统一指挥

在国民党军优势兵力的分割包围下，大革命失败后在各地陆续诞生和成长起来的各路红军，虽然都是按照中共中央关于土地革命和武装反抗国民党反动派的总方针坚持进行斗争的，但都是分兵作战，鲜有战略配合，更谈不上战役和战术的合作，统一指挥和协同行动只是一种奢望。长征却不仅因缘际会成就了中国工农红军第一次统一的行动，而且铸就了全国红军集中在党中央和中央军委统一指挥之下的机制。

三大主力红军会师前后，三个方面军的统一指挥并非一蹴而就，而是经历了一个比较复杂的过程。这一过程，主要是解决张国焘的独裁专断问题，以及红军总部并入中革军委的过程。

三大主力红军会师前夕，红军在指挥体制上面临着既有红军总部，又有中革军委的双重指挥格局。红军总部的形成，要追溯到1935年7月18日，为争取张国焘、团结红四方面军，中革军委发出通知：任命张国焘任红军总政治委员，仍以中革军委主席朱德兼红军总司令，一切红军均由中国工农红军总司令、总政治委员直接统帅指挥。8月3日，为执行《夏洮战役计划》，中革军委规定：中央红军第五、第三十二军和红四方面军第九、第三十一、第三十三军共二十个团，编为左路军，以中央红军之第一、第三军和红四方面军之第四军、第三十军共十六个团组成右路军。左路军由总司令朱德、总政委张国焘指挥，右路军由前敌总指挥徐向前、政治委员陈昌浩指挥，中共中央、中革军委随右路军北上。"九九密电"事件后，中共中央率红一方面军主力组成陕甘支队先行北上，几天后，张国焘发布南下命令，并强令在左路军中的原红一方面军的第五军、第三十二军南下，左路军中包括总司令朱德、参谋长刘伯承在内的司令部所有人员也被迫一同南下。10月5日，张国焘公然在卓木碉成立第二"中央""中央军委"。陕甘支队到达陕北甘泉后与红十五军团会师，恢复了红一方面军。这样形成了中革军委指挥红一方面军，红军总部指挥南下红军的格局。

1936年7月初红二、四方面军会师后，两个方面军均归红军总部指挥。在红军总部统一指挥下，两军一起北上，穿越茫茫大草地。红二、四方面军到达甘南后，又遭遇了张国焘的"西进"图谋。在红二、四方面军进占甘肃南部、三大主力会师在即之时，恰逢"两广事变"平息，蒋介石急调胡宗南第一军由湖南北返，企图抢占西兰公路静宁、会宁、定西段，截断红军三个方面军会合之路。

9月13日，朱德与张国焘、陈昌浩致电毛泽东、周恩来，建议三个方面军协同作战，共同打击静宁、会宁之间的敌军，以期打通红二、四方面军与红一方面军的联系。14日，林育英、张闻天、周恩来、博古、毛泽东致电朱德、张国焘、任弼时："为坚决执行国际指示，准备在两个月后占领宁夏"，要求"四方面军以主力立即占领隆德、静宁、会宁、通渭地区，控制西兰大道"，"以便十二月渡河夺取宁夏南部"。①

此时，从表面上看，中共西北局提出的这个意见与中共中央的意见基本一致，所不同的是，西北局提出的意见是要红一方面军占领西兰大道，而中共中央的意图是由红四方面军占领西兰大道。稍后，毛泽东、周恩来等迭电催促朱德、张国焘等，要求红四方面军宜在五天至七天内以主力出至隆德、静宁、会宁、定西大道，控制以界石铺为中心之有利基点，迟则界石铺通渭大道有被隔断之虞。

大敌当前，张国焘却不愿与强敌作战，反对中央北进静(宁)会(宁)的计划，主张渡黄河西进，并密令红四方面军做好渡河西进的准备。朱德则坚决支持中央的战略建议，主张红四方面军不要在甘南停留而径直跨过西兰公路去会合一方面军。但张国焘总想往西去，说"打日本不是简单的"。朱德笑他胆子太小了，说："四川军阀打仗是溜边的，碰上敌人绕弯弯，见到便宜往前抢。国焘同志你莫要溜边边呀！我们长征是要到抗日的前进阵地，红军要成为抗日先锋军、模范军。敌情在北面吃，你老想向西去，当然打它不赢，只是跑得赢了！"②

9月16日至18日，在岷州十里镇三十里铺一座西北风情的小四合院内，中共西北局举行了著名的岷州会议。会议在讨论《中共中央

---

① 中共中央领导人关于占领宁夏的部署致朱德、张国焘、任弼时电（1936年9月14日），见中国人民解放军历史资料丛书编审委员会：《红军长征·文献》，解放军出版社1995年版，第1125页。
② 吴殿尧：《朱德年谱（1886—1976）》（上），中央文献出版社2006年版，第581页。

关于抗日救亡运动的新形势与民主共和国的决议》时，朱德把话题引到北进上。他说：中央的策略路线是正确的，它是随着形势的发展而发展的，我们要马上执行，并进行传达和教育，使大家对此都能有所理解。

西北局在岷州开会前和会议期间，几次接到陕北中共中央来电谈红四方面军行动问题，朱德多次找张国焘、陈昌浩等商量，力主按中央要求，迅速北上至隆德、静宁一线，与红一方面军会合，但张国焘坚持主张西渡黄河进入甘肃西北部。朱德先说服了陈昌浩，他们一起做张国焘的工作，每天会后都争论到深夜，会议开到第三天，张国焘突然宣布辞职，住到岷江对岸的部队供给部去。朱德说："他不干，我干！"于是，朱德找来作战参谋，挂起地图，着手制定北进行动方案。① 当天晚上，张国焘又同意继续开会。与会的多数人都赞成北上会合方案，即通过《通（渭）庄（浪）静（宁）会（宁）战役纲领》，决定乘胡宗南部尚未集中于静宁、会宁、通渭及定西大道之前抢先予以占领，以配合红一方面军在运动中夹击敌人，争取与红一方面军会师。19日，红四方面军总部下达了进军令。

命令下达后，张国焘深夜3点多钟去找陈昌浩，企图说服陈昌浩支持他西进。他说了三点：（1）朱德、陈昌浩等无权改变他的计划；（2）命令是错误的，今天革命形势应该保存红四方面军；（3）会合后一切都完了，要让我们交出兵权，开除我们党籍，军法从事。说到这里就痛哭起来。陈昌浩当即表示：（1）谁有权决定，要看是否符合中央要求，而你的决定是错误的；（2）必须去会合，会合后就有办法了，分裂对中国革命是不利的，我们是党员，错误要向中央承认，

---

① 吴殿尧：《朱德年谱（1886—1976）》（上），中央文献出版社2006年版，第583页。

听候中央处理,哭是没有用。谈到这里张国焘就走了。①

张国焘星夜急驰漳县盐井镇红四方面军总指挥部,立即找徐向前、周纯全、李特、李先念等人谈话,利用他们还不了解岷州会议精神的机会,称北上是断送红军,坚持西进,并擅自命令部队停止北上,掉头西进。他说,我这个主席干不了啦,让昌浩干吧!接着又诉说了岷州会议上陈昌浩的意见得到多数人的支持,他的意见被否定的委屈。还说:"我是不行了,到陕北准备坐监狱,开除党籍,四方面军的事情,中央会交给陈昌浩搞的。"②他越说越激动,甚至还掉了泪。徐向前当时从战役上考虑认为,在西兰大道地区与敌决战,红军占不到便宜。同时,三个方面军都向陕北集中,筹粮困难,不便久驻。所以他曾向朱德、张国焘提议派主力西渡黄河,策应红一方面军西渡,共取宁夏。张国焘这么一哭诉,得到了徐向前等红四方面军总部同志的同情,大家不得不表示对于军事行动方针问题可以继续商量。张国焘指着地图鼓吹西进。大家同意了他的意见。陈昌浩虽不同意张国焘的主张,但这时已有"取而代之"的嫌疑,就更不好反对了。

9月22日,朱德接到张国焘从漳县发来的"坚决反对静会战役计划"、改部队北进为西进的电报后,一夜未眠。凌晨3时,与傅钟致电徐向前、周纯全转张国焘:"国焘同志电悉,不胜诧异。为打通国际路线与全国红军大会合,似宜经静、会北进,忽闻兄等不加同意,深为可虑。"并告,静会战役各方面军均表赞同,陕北与红二方面军也在全力策应,希勿失良机。他提议在漳县召开西北局会议,"续商大计",并致电出席过岷州会议的西北局成员兼程赶到漳县开会,继续讨论行动计划问题。天亮后,朱德即骑马奔往漳县,一天内赶了

---

① 陈昌浩与张国焘北上和西进的争论,录自《红四方面军战史资料选编》(长征时期)。
② 徐向前:《徐向前回忆录》,解放军出版社1984年版,第491页。

120里路。

9月23日，中共西北局在漳县召开紧急扩大会议（即漳县会议）。会上，朱德说：红四方面军和红一方面军会合，对整个形势是有利的。张国焘作为中共西北局书记，已签字同意北上计划，但未经中共西北局重新讨论，又马上改变计划，张国焘把自己同党对立起来了。能够和红一方面军会合为什么不会合？执行西进计划是要受到重大损失的，我仍然坚持北上计划，我认为我坚持的意见是正确的。①但是，会议在张国焘操控下否定北上计划，决定红四方面军西进。

部队继续西进洮州后，漳县会议的决定遭到红四方面军指战员的强烈反对，连红九军军长孙玉清这样的高级干部都愤愤地说："天天向太阳落去的地方走！"不少人离队，消极抵抗。

据时任红二方面军副总指挥的萧克回忆："到洮州又开西北局会议，朱德总司令说了四方面军不应西进，而应向北进的理由。徐向前也说：'鄂豫皖的老同志也不愿向西走了。'陈昌浩、傅钟、李卓然和我，都同意朱总的意见，一致要求北进。"②

这天晚上，徐向前从临洮返回洮州，向总部汇报，西进先头部队从老乡处了解到，现在黄河对岸已进入大雪封山季节，天气寒冷，道路难行，渡河计划难以实现。③张国焘说：前面不通，可以绕道西行。朱德劝他说：是回头的时候了，不能一错再错。张国焘在进退两难的情况下，才表示尊重党中央的意见。

9月28日，西北局在洮州再次召开会议，朱德、陈昌浩、徐向前等大多数人反对孤军西进，误失会合良机。这时加上中央来电明令禁

---

① 吴殿尧：《朱德年谱（1886—1976）》（上），中央文献出版社2006年版，第154—155页。
② 萧克：《萧克回忆录》，解放军出版社1997年版，第242页。
③ 徐向前：《徐向前回忆录》，解放军出版社1984年版，第499页。

止西进，电文说："我一、四方面军合则力厚，分则力薄；合则宁夏、甘西均可占领，完成国际所示任务，分则两处均难占领，有事实上不能达到（完成）任务之危险"，"四方面军仍宜依照朱、张、徐九月十八日之部署，迅从通渭、陇西线北上"。①

在西进渡河受阻、指战员强烈反对、中央明令禁止的情况下，张国焘不得不决定掉头北进。

西北局会议一致决定放弃西渡计划。9月16日，朱德与张国焘、徐向前、陈昌浩致电毛泽东、周恩来、彭德怀和贺龙、任弼时、关向应、刘伯承："已遵照党中央指示停止西渡转向北进，先头一师十月四日可到通渭、八号到界石铺。"②

9月29日，毛泽东、周恩来回电："回师北上之电敬悉，各同志十分佩服与欢慰。"并告以红一方面军策应红二、四方面军。至此，红一、二、四方面军甘肃东部会师，在朱德、陈昌浩、傅钟等同张国焘的艰辛斗争下，总算成为定局。

在此期间，为有效制约张国焘的反复无常，确保红二、四方面军执行党中央北上路线，9月19日，任弼时、贺龙、刘伯承、关向应联名致电中央，建议由朱德、张国焘、周恩来、王稼祥组成军委主席团，集中指挥三个方面军作战。同日，彭德怀也向中央提出："三个方面军须迅速统一指挥，商量态度不便作战。"中共中央当即回电："统一指挥十分必要，我们完全同意任、贺、刘、关四同志之意见，以六人组织军委主席团，指挥三个方面军。"当时，考虑到周恩来要去南

---

① 毛泽东、周恩来、彭德怀关于党中央对红四方面军行动讨论结果致朱德等电（1936年9月27日），见中国人民解放军历史资料丛书编审委员会：《红军长征·文献》，解放军出版社1995年版，第1154页。
② 朱德等关于红四方面军已遵照党中央指示停止西渡转向北进致毛泽东等电（1936年9月28日），见中国人民解放军历史资料丛书编审委员会：《红军长征·文献》，解放军出版社1995年版，第1158页。

京同国民党谈判，中共中央遂于 9 月 21 日做出决定："此间军委以毛、彭、王三同志赴前线，与朱、张、陈（昌浩）三同志一起工作。"①

9 月 21 日子夜，贺龙、任弼时、关向应、刘伯承立即向中共中央和军委致电表示同意："静会战役计划已收到。我们认为这不独是适合当前军事政治形势上需要之正确决定，而且是一、四方面军会合后，三个方面军在军事上能得到统一集中领导。我们同意毛、周、彭所提议六个军委主席团组织，党内统一团结自可随之解决。这是我党与中国革命最可喜幸之条件。为着配合一、四方面军之行动，我们拟以六军全部开出都宝地区，策应你们，并号召全体庆贺一、二、四方面军之大会合。"②

10 月 9 日，红一、四方面军在甘肃会宁会师，10 月 10 日中央书记处致电朱、张两总并彭、贺、任、徐、陈："现三个方面军已完全会合了，新的伟大战斗即将开始。为着统一作战指挥起见，拟请朱、张两同志以总司令、总政委名义，依照中央与军委之决定，指挥三个方面军之前线作战事宜。三个方面军对朱、张两总之报告，及朱、张对三个方〔面〕军之电令，均望同时发给中央军委一份，以密切前后方联络。朱、张两总、各同志对军事、政治、外交各方面，均请随时提出意见。"由朱德、张国焘"以总司令、总政委名义，依照中央与军委之决定指挥三个方面军之前线作战事宜"③。这一决定既明确授

---

① 中共中央领导人关于组织军委主席团致朱德、张国焘及红二、四方面军领导人电（1936 年 9 月 21 日），见中国人民解放军历史资料丛书编审委员会：《红军长征·文献》，解放军出版社 1995 年版，第 1140 页。
② 贺龙、任弼时、关向应、刘伯承致朱德、张国焘、徐向前、陈昌浩、林育英、张闻天、周恩来、彭德怀、毛泽东等电（1936 年 9 月 21 日），见《文献和研究》1987 年第 3 期。
③ 中共中央书记处关于三个方面军会合后的统一作战指挥决定致朱德、张国焘并各方面军领导人电（1936 年 10 月 10 日），见中国人民解放军历史资料丛书编审委员会：《红军长征·文献》，解放军出版社 1995 年版，第 1180 页。

权红军总部指挥三个方面军的地位，又明确红军总部必须"依照中央与军委之决定"进行指挥。最重要的是明确了以毛泽东为主席的军委是"中央军委"，即红军总部理应服从中央军委的领导。这实际上限制了红军总部的独立指挥权。这样一来，既限制了张国焘的独裁专断，同时也中止了9月28日张国焘自称的"中革军委"的活动。

10月26日，毛泽东致电彭德怀："国焘有出凉州不愿出宁夏之意，望注意。"当时朱德、张国焘率红军总部已与彭德怀在靖原打拉池会面。毛泽东强调"目前以打胡敌、取定远营两着为最重要"①。10月28日，党中央和军委致电朱、张并各军首长，指出目前三个方面军紧靠作战则有利，分散作战力量削弱，有受敌人隔断并各个击破之虞。提出："必要时拟请德怀赶赴前线指挥此次战役。"当日，中革军委电令任命彭德怀为红军前敌总指挥兼政委，刘伯承为参谋长，准备组织海原、打拉池战役，打击胡宗南部。10月30日，毛泽东、周恩来致电朱、张：目前先打胡、后攻宁，"一、二方面军全部，四方面军之三个军，统照德怀二十九日部署使用，一战而胜，则全局转入佳境矣。"②中革军委为集中三个方面军主力打击胡宗南部，防止张国焘出凉州西进，从而成立由红一方面军总指挥兼的红军前敌总指挥部，由彭德怀直接指挥三个方面军。

11月1日，朱德、张国焘、彭德怀、任弼时、贺龙开会决定，为打击尾追逼迫的胡部，由彭德怀统一指挥河东三个方面军部队作战，即红一、二方面军和四方面军的第四、第三十一军等。11月21、22日，彭德怀统一指挥三个方面军主力取得山城堡战斗胜利。30日，朱德、

---

① 毛泽东：《目前以打胡宗南与取定远营为最重要》（1936年10月26日）。见逄先知：《毛泽东年谱（1893—1949）》上卷，人民出版社、中央文献出版社1993年版，第602页。
② 毛泽东、周恩来关于先打胡宗南后攻宁夏部署致朱德、张国焘电（1936年10月30日），见《毛泽东军事文集》第一卷，中央文献出版社、军事科学出版社1993年版。

张国焘在周恩来陪同下率红军总部机关抵达保安。12月2日,红军总司令部机关在保安合并入中革军委机关,红军总部撤销。12月7日,中革军委发布主席团通电第一号,转达中华苏维埃中央政府关于中革军委扩大组织的命令:以毛泽东、朱德、周恩来、张国焘、彭德怀、贺龙、任弼时七人组成主席团,主席毛泽东,副主席周恩来、张国焘。朱德、张国焘仍任红军总司令、总政委,但已不直接指挥部队。彭德怀这时仍任红军前敌总指挥部总指挥,任弼时任总政委,直接指挥红一、二方面军,以及红四方面军在黄河以东的第四、第三十一军。至此,中共中央实现了统一红军的指挥权。

对于三军大会师和实现统一指挥的重要意义,杨尚昆在1936年所写的《全国主力红军大会合》一文就明确指出:"三大红军主力会合,在数量上固然会大大地增加起来,成为一极大的红军,同时质量上的加强,其程度是不可测量的。三个方面军都有极其丰富的斗争经验,有各种军事上的特长,会合之后,就将要融合为一,以这种九年国内战争的经验和全体健儿的集体意志,去战胜日本及一切汉奸卖国贼,这是有把握的",因此,"这一伟大的会合,在红军本身上说来,也有极重要的意义,在中国发展的历史上,将划出一个崭新的时期"[①]。

由此,自1927年大革命失败后陆续诞生的各支红军,终于齐聚西北,第一次纳于中共中央和中革军委的直接统一指挥之下,形成坚不可摧的钢铁力量。长征的胜利宣告了国民党军队围追堵截聚歼红军企图的彻底破产,还宣告党领导的人民军队即将进行的抗日战争有了前进出发阵地。长征同抗日战争的胜利,乃至解放战争的胜利紧紧联系一起。对此,美国作家索尔兹伯里说得很精辟:长征"使毛泽东及共产党人赢得了中国"。

[①] 中国人民解放军历史资料丛书编审委员会:《红军长征·回忆史料》(2),解放军出版社1995年版,第350页。

三 掀起抗日救亡高潮

历史事件间的关联往往超出当事人的主观意图。

中国工农红军的长征，起因于被动，但是，因为肩负着拯救民族危亡的重任，高举着北上抗日的大旗，结果却使红军主力转移到抗日前线。中共中央到达陕甘后，积极调整政策策略，推动抗日民族统一战线，促进了全民族抗战的形成，掀起全国抗日救亡运动的新高潮。

（一）以西北统一战线带动全国统一战线

中共中央领导红军长征到达陕北后，在纠正"左"倾教条主义错误、纠正陕甘苏区"肃反"错误，组织剿匪、东征、西征等军事行动和实现三大主力胜利会师的同时，加强内部建设，调整苏区土地政策，开展广泛而深入的抗日民族统一战线政策教育。在山城堡战役和西安事变后，国内和平基本实现，全党和红军队伍面临着新的形势和任务。1936年12月，红军总政治部根据党中央指示，制定《关于在党的新任务面前红军政治工作的任务（草案）》，指出：在全军准备直接对日作战阶段，"红军政治工作的中心任务应该是，坚决执行共产党抗日救亡统一战线的方针"。1937年2月，中共中央向全党指出："今后

的任务是巩固国内和平,实行对日抗战。"①3月,中共中央和中革军委再次指出:"今天的任务是巩固国内和平,准备对日抗战,以推动全国统一战线的实际工作与抗战的开始。党的中心任务是积极参加抗日救国运动,成为这一运动中心领导的力量。"②根据党中央和中革军委的指示,红军各部队于1937年上半年深入进行了以形势任务为中心的思想教育,使全军广大指战员的思想认识、政治觉悟有很大提高,为保证全军顺利实现由国内革命战争向抗日民族战争的转变,准备开赴抗日前线直接对日作战,做了充分的思想和理论准备。

与此同时,中共中央和毛泽东适时把握阶级矛盾和民族矛盾在国内政治领域中主次关系的相互转变,制定和调整一系列方针政策,积极促成全国抗日民族统一战线的成立。

在政策层面最为关键的,即由"反蒋抗日"向"逼蒋抗日"再向"联蒋抗日"的转变。中共中央领导红军在巩固苏区的过程中,一方面不得不继续和国民党军交战,另一方面以民族大义为重,于1936年4月至9月实现由"反蒋抗日"到"逼蒋抗日"的转变,完善党的一系列配套政策,如用"民主共和国"代替"人民共和国",进而在解决西安事变的过程中,实现向"联蒋抗日"的转变。与此相应,党中央通过多条渠道,秘密与"围剿"红军的国民党军,特别是蒋介石南京政府进行接触和谈判,以停止内战、共同抗日。

1936年西安事变的和平解决,成为由国内战争走向全国抗日战争的转折点,成为时局转换的枢纽。1937年2月,国民党五届三中全会在南京召开,会议虽未制定明确的抗日方针,未根本放弃反共立场,

---

① 中央档案馆:《中共中央文件选集》第11册,中共中央党校出版社1991年版,第159页。
② 中央档案馆:《中共中央文件选集》第11册,中共中央党校出版社1991年版,第162—163页。

但原则同意以谈判谋求和平和国共合作。这表明，国民党政府实际上初步接受了中国共产党提出的抗日民族统一战线政策，国内和平基本实现。

在与南京国民政府谈判的同时，中共中央采取主动致函、派人联络等方式，全面做好国民党地方实力派和国民政府军政要员、蒋介石嫡系将领的统战工作，努力营造良好的区域政治环境和国内政治力量共同抗日的局面。

首先，做好张学良东北军和杨虎城西北军的统战工作，努力实现西北抗日民族统一战线，营造良好的区域政治环境。

选择张、杨作为切入点，不仅因其与红军相邻，而且关键原因有二：

一是二人素有抗日情怀。东北军起于关外，"九一八"后因不抵抗政策败退关内。张学良背负骂名的同时，被迫奉蒋介石之命先是赴鄂豫皖地区"剿共"，继而率部进驻西北，"进剿"红军。张明白，自己空有"打回老家去"的愿望，却不得不成为蒋的棋子，与主张抗日的红军内耗。西北军将领杨虎城在九一八事变后，积极主张抗日，反对蒋的"攘外必先安内"政策。1933 年日军入侵关内，杨虎城请缨抗日，遭蒋冷遇。同年 6 月，所部与红四方面军达成互不侵犯的《汉中密约》。

二是 1936 年 10 月红军长征胜利会师前后，红军在与张、杨两部的交战中，屡次获胜并俘虏其部分高级将领，彰显了中共的谈判实力和基础，更有了牵线人。劳山一战，东北军一一〇师两个团被歼，师长何立中被毙，团长裴焕彩被俘；榆林桥一战，高福源团长被俘，其团被歼，高后成为统战的牵线人；直罗镇一战，东北军一〇九师和六一七团被歼，师长牛元峰被毙。短短两个月，东北军在与红军的作战中损失惨重，迫使张学良思考所部"进剿"红军的结局该会如何。在此之前，杨虎城部与红四方面军和长征中的红二十五军多有交手，均失利,损兵折将严重,因此当红二十五军和党中央率部到达陕甘后,杨部再也不主动参与"围剿"红军之事。

正是基于以上判断,中共中央积极做好张、杨的统战,意在实现西北三位一体的局面,实现以区域促进全国的战略布局和示范效应。

在此过程中,中共中央派联络局局长李克农两次会见张学良,商谈合作抗日。1936年4月,周恩来和张学良在延安秘密会见,一致同意停止内战、共同抗日。张学良建议联蒋抗日,对中共改变对蒋态度起了重要作用。中共中央还派汪锋、王世英等会见杨虎城,达成初步合作协议。同期,毛泽东、周恩来等多次致信张学良、杨虎城。至1936年上半年红军东征回师,红军和杨虎城部十七军、张学良部东北军之间停止敌对行动,初步建立西北三位一体局面。这既是三方共同生存的需要,更是反映了三方在民族危机下一致抗日的强烈诉求。不久,张学良、杨虎城响应中国共产党的抗日统一战线政策,发动西安事变。中共中央在事变中坚持民族大义,促成和平解决,使之成为时局转变的关键。

其次,积极做好国民党地方实力派和国民政府军政要员、蒋介石嫡系将领的统战工作。

正是在对张、杨统战工作的示范和促进下,中共对各地方实力派的联络工作,增强了在全国共同抗日的政治氛围。山西,薄一波、彭雪枫等在从事上层统战、开展抗日救亡运动中,把山西牺牲救国同盟会发展成为实际上由党领导的统战组织。京冀,张经武等积极联络宋哲元部,在北方局的协助下,对推动二十九军抗日起了重要作用。中共还同四川的刘湘、西康的刘文辉、云南的龙云、山东的韩复榘、广东的陈济棠、广西的李宗仁和白崇禧等,均建立联系,争取到他们愿同中共联合抗日的态度。中共不懈的努力,增强了地方实力派抗日救国的信心，为抗日民族统一战线的建立，为全民族团结抗战局面的形成做了重要准备，更为掀起全国抗日救亡运动新高潮营造了良好的政治氛围。

为推进抗日局面的形成，中共中央还摒弃前嫌，积极联络国民政府军政要员和蒋介石嫡系将领，如宋子文、邵力子、孙科、于右任、陈立夫、覃振和胡宗南、汤恩伯、陈诚、贺耀祖等，向他们宣传党的抗日政策，呼吁停止国共内战，努力影响国民政府的决策。

在中共大力推进上层统战、推动全国抗日救亡运动期间，绥远抗战于1936年11月爆发。此前半年，日本于5月建立"蒙古军政府"，侵略矛头直指绥远。8月14日，毛泽东致函国民政府绥远省主席兼第三十五军军长傅作义，强调"保卫绥远，保卫西北，保卫华北，先生之责，亦红军及全国人民之责也"，明确"近日红军渐次集中，力量加厚，先生如能毅然抗战，弟等决为后援"。10月，毛泽东再致信：红军三个方面军已集中于陕甘宁地区，一俟取得各方谅解，划定抗日防线，即行配合友军出去抗战。[①]绥远抗战爆发后，全国人民掀起援绥热潮，激发了举国的民族意识。11月21日，毛泽东、朱德发贺电给傅："足下孤军抗日，迭获胜利，日伪军不能越雷池一步，消息传来，全国欢腾，足下之英勇抗战，为中华民族争一口气，为中国军人争一口气。"[②]11月24日，百灵庙大捷后，中共中央派南汉宸率慰问团到绥远慰问前线将士，赠"为国御侮"锦旗一面。12月1日，《中国共产党中央委员会中国苏维埃中央政府关于绥远抗战通电》发表，要求南京政府施行抗日政策，开放抗日救亡运动，召开救国代表大会，

---

① 中共中央文献研究室：《毛泽东书信选集》，人民出版社1983年版，第43、82、83页。
② 逄先知：《毛泽东年谱（1893—1949）》上卷，人民出版社、中央文献出版社1993年版，第665页。

表示"我们准备立刻开赴晋绥前线,担任一定的抗日战线",以达到"保卫晋绥,保卫华北,保卫中国"[①]的目的。

实践证明,通过对国民党地方实力派和国民政府军政要员、蒋介石嫡系将领的统战工作,使其投入援绥抗战的时代大潮中,对促成蒋介石接受全国抗战,实现国共合作抗日,奠定掀起全国抗日救亡运动新高潮的政治时局,有着不可低估的作用。

(二)东征——走向抗日前线的先声

1935年10月,中共中央和陕甘支队长征抵达陕北与红十五军团胜利会师后,中央红军以寻找和开辟新的革命根据地为目的的战略转移,看似已经完成。但是实际上,完整意义上的红军长征并未结束。这不仅是因为红二、六军团和红四方面军尚在长征途中,更主要的是因为长征所肩负的多重历史使命还有待实现。

就根据地问题看,硕果仅存的陕甘革命根据地弥足珍贵,但它基本偏于陕北一隅,当时面积只有4万多平方公里,人口仅有40余万;这里是单一的个体农业经济,几乎没有工业,而且土地贫瘠、交通困难,发展水平极其落后;更为严重的是它正遭受着东北军、十七路军、晋绥军和陕北地方军阀井岳秀、高双成、高桂滋以及宁夏、甘肃军阀武装的20万大军的"围剿"。这里作为陕甘支队和红二十五军的落脚点已经难以为继,更不足以承载中国革命骨干力量的适时北移和中国革命新的大本营的战略重任。

就红军长征的历史任务看,北上抗日是红军长征的三大历史任务之一,红军将士高举北上抗日的大旗走过了万水千山。但是最后抵达

---

① 中央档案馆:《中共中央文件选集》第11册,中共中央党校出版社1991年版,第118—120页。

的新的根据地——陕甘根据地只是"靠近"抗日前线，毕竟还不是真正的抗日前线，中共和红军将士北上抗日的夙愿尚未实现。从这个意义上讲，长征还没有结束。不仅如此，当时中国共产党人既肩负着率领全国民众抵抗日本侵略拯救民族于危亡的历史使命，又要同武装到牙齿的阶级敌人的"围剿"进行殊死搏斗，而后者中的许多力量都有可能成为抵御日军的同盟军，是中共新确定的政治路线——抗日民族统一战线策略的团结争取对象。中共处于两难境地。再者，红一、四方面军会师后，针对日本帝国主义对华北侵略步伐的加快和民族危机的加重，毛泽东和中共中央提出把国内战争与民族战争结合起来的战略方针。这是一个蕴涵着深刻辩证法思想的重要举措，也是解决当时困扰中共两难处境的唯一正确的方针。但是要真正能够成功地实施这一方针，既面临着国民党蒋介石方面顽固坚持"攘外必先安内"政策的生死挑战，又要战胜中共党内"左"倾关门主义错误的严重阻挠，事关从内战到抗战的伟大战略转变，是一个极其棘手的难题。方向虽已明确，但毛泽东和他的战友们亟待找到一个切入点、一种载体、一条出路。

正是在这种情况下，东征被提上议事日程。关于红一方面军（后改称中国人民红军抗日先锋军）1936年2月20日到5月5日出兵山西75天的东征过程，这里不再赘述，想主要就东征的战略任务及其完成情况谈谈东征的历史意义和深远影响。

1. 东征的根本战略目的是推动全国抗日救亡运动走向高潮

几乎在中共召开瓦窑堡会议正式确立抗日民族统一战线总策略的同时，在中共北平地下党的领导下平津地区爆发了大规模的一二·九抗日爱国运动。为了呼应和声援华北地区的抗日浪潮，为了推动全国民众抗日救亡高潮的兴起和全民族抗日统一战线的建立，为了把北上抗日的初衷贯彻到底，同时也是为了解决中共和红军下一步的战略发

展方向问题，中共中央政治局瓦窑堡会议还专门研究了军事战略问题。当时，有些同志痛感丢失根据地后在长征路上饱尝各种艰难牺牲之痛，提出不急于向外发展，而是先在陕北巩固和稳定一段时期；还有些人认为主要的军事压力来自国民党中央军、东北军和十七路军，主张向南逐步推进；也有同志主张为打通与苏联的联系，取得国际支援，应首先向宁夏北出绥远内蒙。毛泽东为此进行了反复的研讨，他不同意现时就向西北出宁夏的意见，也不赞成林彪以红军的主要干部率兵出陕南开展游击战争的提议。他认为根本方针应是南征与东讨（山西）。但他把南征界定为旨在粉碎敌军的"围剿"，而不主张把战略进攻的方向定为南下（只是在西安事变后，为打破蒋介石的威逼和对红军、东北军和十七路军的分而治之，他曾一度在党内酝酿过出兵陕南的策略），他把下一步进军的重点定位在东征山西。他在瓦窑堡会议前给张闻天的电报中就指出："目前不宜即向宁夏，根本方针仍应是南征与东讨。东讨之利益是很大的。"[①]12月23日，毛泽东在瓦窑堡会议所做军事报告中提出：第一步，在陕西的南北两线给进犯之敌以打击，巩固和发展陕北苏区，从政治上、军事上和组织上做好渡黄河去山西的准备。第二步，到山西去，准备击破阎锡山的晋绥军主力，开辟山西西部五县以至十几县的局面，扩大红军一万五千人，并保证必要时返回陕西所需要的物质条件。第三步，根据日军对绥远进攻的情形，适时地由山西转向绥远。[②]同日，瓦窑堡会议讨论通过了毛泽东起草的《中央关于军事战略问题的决议》，正式明确"在以坚决的民族战争反抗日本帝国主义进攻中国总任务之下，首先须在一切政治的

---

① 毛泽东：《目前根本方针应是南征与东讨》（1935年11月30日）。见《红军东征——影响中国革命进程的战略行动》（上），中共党史出版社1997年版，第36页。
② 逄先知：《毛泽东年谱（1893—1949）》上卷，人民出版社、中央文献出版社1993年版，第498页。

军事的号召上与实际行动上，确定'把国内战争同民族战争结合起来'的方针"①。并提出："把红军行动与苏区发展的主要方向放到东边的山西和北边的绥远等省去。"②

瓦窑堡会议虽然确定了东渡黄河开辟山西转赴绥远抗日前线的战略取向，但是却认为这些行动部署的基础，"应确定地放在'打通苏联'与'巩固扩大现有苏区'这两个任务之上，并把'打通苏联'作为中心任务。拿'巩固扩大现有苏区'同它密切地联系起来"③。由此而来的问题是，确定东征之初中共中央实际赋予东征三重目的。那么，在打通苏联、巩固扩大现有苏区和取道山西开赴抗日前线这三重目的中，究竟哪一个是最主要的，也是最根本的目的呢？这一问题是在此后东征的筹备和进行过程才进一步得到明确的。

最早提出反对打通苏联的是李德，他通过周恩来向中共中央提交了他的书面意见，认为"同苏联的联系不应当作为自己的主要战略目的"④。他主要是担心会因此而挑起日本和苏联的冲突，害怕经山西绥远由内蒙打通与外蒙的联系，"将损害苏联的和平政策，客观上会成为日本侵犯蒙古人民共和国的借口"⑤。毛泽东与中共中央对他的意见予以驳斥。中共方面最早修正瓦窑堡会议文件相关提法的文件，是由时任中国工农抗日红军先锋军总政治部主任杨尚昆1936年2月4日签署的《关于东征部队的政治工作问题的训令》，其中明确指出："红军出师东征，基本任务是：给日本帝国主义对华北五省的侵略以

---

① 《红军东征——影响中国革命进程的战略行动》（上），中共党史出版社1997年版，第37页。
② 《红军东征——影响中国革命进程的战略行动》（上），中共党史出版社1997年版，第38页。
③ 《红军东征——影响中国革命进程的战略行动》（上），中共党史出版社1997年版，第38页。
④ 李德：《关于红军渡过黄河后的行动方针问题的意见书》（1936年1月27日）。见《红军东征——影响中国革命进程的战略行动》（上），中共党史出版社1997年版，第70页。
⑤ 〔德〕奥托·布劳恩：《中国纪事（1932—1939）》，现代史料编刊社1980年版，第217页。

迎头痛击,发动山西广大民众的抗日运动与抗日战争,援助全国人民的反日运动,消灭卖国贼阎锡山,扫清抗日道路,扩大与巩固现有抗日根据地,解除山西人民的痛苦,实现组织抗日联军与国防政府以开展神圣的民族革命战争。"①在红军渡河出师的当日,张闻天发表重要文章全面阐述东征的意义,他更加明确地写道:"发动与组织全中国抗日民族革命战争,援助和响应全中国首先是华北的八千万人民的抗日斗争,是红一方面军东征的中心任务。"他在文中反复强调:"红一方面军的东征,不是避免,而是为了要争取同日本帝国主义直接作战的时机";"红一方面军的东征,不是避免,而是为了要创造实现国防政府与抗日联军的有利条件";"红一方面军的东征,不是避免,而是为了开辟苏维埃与红军发展的新局面"。他坚信以红一方面军的东征为开端,"在抗日战争的发动中,在国防政府和抗日联军的产生中,苏维埃与红军的发动者与组织者的作用,将使我们在事实上(我们不争名义)成为民族革命的领导者"②。值得注意的是,当时张闻天作为中共党内负总责的领导人在通篇论述红军东征的文章中,没有一处再谈及红军东征与打通苏联的关系。不仅如此,虽然在东征结束后的一段时间里,中共中央并没有放弃"打通苏联"的设想,还进行过更为具体的筹措,但是在1936年2月初到5月东征结束期间,在中共方面与东征相关的文电、讲话和会议记录等文献中,再无将东征与"打通苏联"(打通国际线)相联系的表述。1936年3月召开的中共中央政治局会议——晋西会议上进一步明确了调整后的红军东征方针:"(一)发展的方向,应该对着日本前进的方向。我们向华北

---

① 《红军东征——影响中国革命进程的战略行动》(上),中共党史出版社1997年版,第73页。
② 张闻天:《论红一方面军的东征》(1936年2月20日)。见《张闻天文集》(二),中共党史出版社2012年版,第50—51页。

发展，不仅因为它是矛盾的集中点，而且因为这是直接指向日本侵略军。""（二）以组织抗日斗争、抗日团体为中心任务。""（三）争取红军对日直接作战，直接对抗。"①在3月23日的会议上，中共中央把东征第三步的发展方向由过去的"绥远等省"改为"红军集中河北"，这就在进军方向上彻底将东征与"打通苏联"划清了界限。毛泽东在这次会议上谈到"联俄问题"时还旗帜鲜明地指出：中国人的事要自己干，相信自己。从前我们有信心，才创造了苏维埃，现在为什么失掉信心？②上述情况表明，中共中央在东征出征伊始就对东征的战略目的做了重要调整，实际放弃了把经山西取道绥远，打通与苏联的联系作为东征的战略目的之一，坚定地把争取直接对日作战，促进全国抗日统一战线的建立，以及推动全国抗日救亡运动的新高潮，作为最主要的战略目标。

征尘未洗的红一方面军倾其全力东征和中共中央离开立足未稳的根据地随军渡河的英勇壮举，充分展示了中国共产党人为挽救民族危亡与自己的敌人血战到底的英雄气概。这不仅给分不清"剿共"与"抗日"孰重孰轻的晋绥军等国民党军政界以极大的震慑，也不仅给山西乃至华北的八千万人民以极大的鼓舞，而且给全中国一切不愿做亡国奴的人民以前所未有的激励。抗日先锋军的旗帜和率先开赴抗日前线的实际行动与决心，振奋了全国的军心民心，中共的抗日救亡主张第一次真正地在全国各界民众中产生了广泛的影响和呼应。正如林育英、张闻天和毛泽东等1936年5月20日在给红二、六军团和红四方面军将领的电报中所描述的那样——红军的东征引起了华北、华中民众的

---

① 张闻天：《共产国际"七大"与我党抗日统一战线的方针》（1936年3月20日）。见《张闻天文集》（二），中共党史出版社2012年版，第58—59页。
② 逄先知：《毛泽东年谱（1893—1949）》上卷，人民出版社、中央文献出版社1993年版，第525页。

狂热赞助，上海许多抗日团体及鲁迅、茅盾、宋庆龄、覃振等均有信来，表示拥护党与苏维埃中央的主张，甚至如李济深亦发表拥护通电，冯玉祥主张抗日与不打红军，南京内部分裂为联日反共与联共反日两派，正在斗争中。上海拥护我们主张的政治、经济、文化之公开刊物多至三十余种，其中《大众生活》一种销数就有二十余万份，突破历史总记录，蒋介石无法制止。马相伯、何香凝在上海街上领导示威游行，许多外国新闻记者赞助反日运动，从蓝衣社、国民党起至国家主义派止，全国几十个政治派别在联共反日或联日反共问题上，一律起分裂、震动与变化。我党与各党各派的统一战线正在积极组成中。所有这一切都证明，中国革命发展是取着暴风雨的形势。①

总之，红军东征使得全国民众切实地认识到红军长征的"北上抗日"不是口头的宣传而是实实在在的行动；红军东征使中共"将国内战争和民族战争结合起来"战略初见成效，推动了红军由内战向抗战的伟大战略转变；红军东征使全国人民初步看到"共产党和红军不但在现在充当着抗日民族统一战线的发起人，而且在将来的抗日政府和抗日军队中必然要成为坚强的台柱子"②。

2. 东征促进了各路红军长征立脚点的巩固与发展

红军东征最大的顾虑是能否保住来之不易的陕甘革命根据地。经历了长征中千辛万苦的磨难的中央红军和红二十五军将士，对没有革命根据地可依托的痛苦和艰辛，有刻骨铭心的感受。中央政治局和红军主要将领中有不少人对毛泽东提出的东征心存疑虑。彭德怀作为东征军的总司令，甚至在已经率军抵达前线后的1月26日，仍郑重地

---

① 中共中央文献研究室，中央档案馆：《建党以来重要文献选编（1921—1949）》第13册，中央文献出版社2011年版，第125—126页。
② 毛泽东：《论反对日本帝国主义的策略》（1935年12月27日）。见《毛泽东选集》第一卷，人民出版社1991年版，第157页。

致电当时在陕甘的四位中央常委张闻天、毛泽东、周恩来、博古和自遵义会议以来实际成为中央领导核心成员的王稼祥，忧心忡忡地指出："陕北苏区是中国目前第一个大苏区，是反蒋抗日有利的领域，是全国土地革命民族革命一面最高旗帜，应以如何手段使之巩固扩大，如红军行动有脱离这个苏区危险性可能时，都是不正确的。"他在电报中还特意告诫"不要忘记第一次到遵义轻易入川的教训"[①]。彭德怀所说的是遵义会议上决定，放弃在以遵义为中心的地区建立川黔革命根据地的计划，改向川西发展，结果致使中央红军经历了四渡赤水那100多天的艰苦转战。几十年后彭德怀在其自述中回忆，东征时他考虑到红军经过长征的长途跋涉后体质很弱，而且人数很少，加上刘志丹和徐海东的部队也不过13000人，因而提出过河是必要的，但必须绝对保证同陕北根据地的联系。的确，做出东征的决策是要下极大决心的。

这首先是固守陕甘根据地还是向外发展的问题。毛泽东早在1935年12月1日给张闻天的电报中就提出"用战争、用发展、用不使陕北苏区同我们脱离的方针"[②]，并在瓦窑堡会议讨论军事战略时予以进一步的阐述，其基本思路是以发展求巩固。他的这一主张得到张闻天的积极支持，他在毛泽东发言之后表示："我是反对长久停留一地的。五次反'围剿'战争经验证明，这样做反而伤元气遭受损失。为了长期与敌人作战，红军行动要更广泛，更活一些。红军走了，敌人注意红军，苏区才能巩固"[③]。为坚定全党全军必胜的决心，张闻天提议中共中央随军东征。这样，红军的东征犹如

[①] 《红军东征——影响中国革命进程的战略行动》（上），中共党史出版社1997年版，第67页。
[②] 逄先知：《毛泽东年谱（1893—1949）》上卷，人民出版社、中央文献出版社1993年版，第493页。
[③] 《红军东征——影响中国革命进程的战略行动》（上），中共党史出版社1997年版，第44页。

红军再次踏上长征路，显示出这一决策的非同一般。

其次是向什么方向发展的问题。前文已述，最后按毛泽东的意见决定向东发展。

再次是能否冲破黄河天险并在与阎锡山部队战斗中取得胜利的问题。那时，阎锡山统治和经营山西已经25年，有8万多优良装备的晋绥军，由其军队的封建性、顽固性和保守性特点所决定，晋绥军在军阀混战中养成善于打防守战的特点。因此，红军要以寡抵众，以弱抗强，并且要跨越黄河天堑深入敌人腹地进行攻势作战，风险极大。但结果，毛泽东和中共中央充分估计到抗日救亡旗帜的巨大号召力和影响力，为争取直接对日作战和巩固发展现有苏区，率正义之师孤军深入，运用灵活机动的战略战术，广泛发动群众，东征军横扫山西50多个县，歼敌7个团，俘敌4000人，缴获了大量的枪炮弹药，扩红8000人，取得东征的伟大胜利。

最后是东征的红军在战局出现不利局面时能否安全撤回和陕甘革命根据地是否会因主力红军东征而丧失的问题。

对此，毛泽东与中共中央极其审慎地做了充分的准备。其一，乘直罗镇战役粉碎国民党军对陕甘根据地第三次"围剿"之威，各部队按照毛泽东的部署，分别对"围剿"陕甘根据地之南北两线的东北军和陕北地方军阀及地主武装等进行了有组织的进攻，震慑了南线的国民党军，扫清了北线东征线路上的敌人武装。其二，对陕甘根据地周边的各派力量，大力开展抗日统一战线工作。1936年1月20日红军代表李克农与张学良、王以哲在洛川谈判，达成了与东北军在共同抗日的意愿下，双方各守原防、恢复通商的协议，并与陕北军阀高桂滋达成合作意向。[1] 这样，就解除了东征的后顾之

---

[1] 逄先知：《毛泽东年谱（1893—1949）》上卷，人民出版社、中央文献出版社1993年版，第506—507页。

忧。其三，进一步肃清中共北方局代表朱理治等在陕北错误"肃反"的恶劣影响，大力加强中央红军、红二十五军和陕甘红军相互之间的团结，扩大和整编地方红军。同时，实行广泛深入的抗日民族统一战线教育和政策，调整对富农政策，努力发展经济，从内部巩固陕甘革命根据地。其四，派出有力武装保护黄河各渡口，掩藏和整修渡船，部署接应部队，切实保证东征主力必要时的回撤线路和安全。这样，当国民党中央军 15 万大军进入山西，战局出现重大转折时，东征红军得以及时安全地西渡黄河回到陕甘根据地。

如前所述，巩固和扩大现有苏区是在最初筹划红军东征时就提出的三重目的之一。红军东征很好地贯彻了毛泽东"以发展求巩固"的指导思想。东征前，阎锡山晋绥军的正太护路军司令兼陕北"剿共"总指挥孙楚指挥 4 个步兵旅和 1 个骑兵旅占据着陕北吴堡、义和镇和神木、府谷等地，严重威胁着陕甘根据地东部。红军东征渡河和在山西的迅速展开，迫使这部分晋绥军急忙撤回山西参加围堵红军。在东征前线的毛泽东和彭德怀第一时间掌握了这一动态，及时电告红一军团的林彪、聂荣臻和红十五军团的徐海东、程子华以及后方的周恩来、博古，"吴、佳、神、府广大区域的恢复与占领，使红军战略后方增加了力量"①。这样，河西的陕甘根据地与河东的东征军形成直接呼应的有利态势。虽然后来因国民党中央军入晋，河东红军主力被迫全部撤回河西，但毕竟扩大和巩固了陕甘革命根据地。特别是因为红军主力在山西的纵横驰骋和在那里恢复建立了大批的中共组织，以及组建了二三十支游击队，沉重打击了阎锡山的统治，消灭和钳制了其大量的武装力量。因此，虽然主力红军撤回后，阎锡山叫嚣要"追剿"，

---

① 《红军东征——影响中国革命进程的战略行动》（上），中共党史出版社 1997 年版，第 125 页。

并象征性地调兵遣将,但实际上他已经无力西顾。陕甘根据地东部的安全得到根本的保证。不仅如此,红军东征期间扩红8000人,几乎是东征红军的一半多,壮大了主力红军的力量。而且东征期间,红军缴获和募集了50万元的钱款和物资,使陕甘根据地的经济困难得到极大的缓解。红军东征和随后的西征,以及西安事变后为抵御国民党军可能的进犯,红军主力南下关中,与东北军、十七路军形成相互策应,从而使陕甘根据地由陕北一隅发展为陕甘宁革命根据地,地域扩大为20余县近13万平方公里,人口增加到150多万,成为三大主力红军长征的落脚点和中国革命长期稳定的大本营。

3. 东征推动了以西北统一战线带动全国抗日统一战线战略的实现

瓦窑堡会议后,毛泽东和中共中央提出并开始实施以西北统一战线带动全国抗日统一战线的战略。东征是其中的一个重要环节。

中共中央决定红军主力向东出师山西而不是南下,既是出于自己的战略考虑,也是向张学良和杨虎城的东北军与十七路军示好。张、杨所部在过去围堵红军长征和"围剿"陕甘革命根据地的过程中损兵折将,深感"剿共"是死路一条;同时又因为蒋介石和国民党中央军的压迫与歧视,与之矛盾重重;更因为日本对华侵略的步步深入激起强烈的民族义愤,对蒋介石顽固坚持"攘外必先安内"的反动政策深恶痛绝。因此,他们积极响应中共关于建立抗日民族统一战线的号召,在东征前后与中共达成停战抗日的协议,结成"三位一体"的统一战线。这为中共的东征解除了后顾之忧,坚定了中共东向发展的决心。

东征期间,中共关于抗日民族统一战线的战略发生了一个重大的变化,这就是由"反蒋抗日"开始向"逼蒋抗日"转变。以蒋介石为代表的大地主、大资产阶级把持着中央政权,掌握着中国最大多数的军队,对外是中国国家政府的代表。因此,同他们建立统一战线关系,是实现全民族统一战线的核心和关键,也是抗日民族统一战线形成的标志。以往学术界有不少论者十分看重8月15日共产国际给中共中央书记处的指示电。该指示电强调决不能同时既反对日本侵略者又反对蒋介石,督促中共进一步修正政策,从而促使中共中央下决心实行"联蒋抗日"政策。事实上,转而实行"逼蒋抗日"的决策是东征期间中共中央根据国内外局势的变化独立自主做出的决策。

从一方面看,王明和中共驻共产国际代表团在推动中共转变对蒋政策方面的确发挥了重要作用。1935年10月29日,王明在给季米特洛夫的信中就分析了蒋介石和南京政府转变政策的可能性,称已经有消息说蒋介石"确信共产党只是现在才真正维护自己国家的利益,并想改变自己的战线,也就是同我们建立统一战线进行抗日斗争"[①]。11月7日,王明在巴黎《救国报》(1935年12月改为《救国时报》)发表的《答反帝统一战线底反对者》中,第一次公开表明"联蒋抗日"的可能性,即所谓"如果他(指蒋介石——作者注)真正停止与红军作战,并掉转枪头去反对日本帝国主义的话,那么,中国共产党和苏维埃政府不但给他以向人民和国家赎罪的自新之路,而且准备与他及南京军队一起,在共同的一条战线上,去反对日本帝国主义"。随后,王明于1936年1月间三次应邀与受蒋介石委派的南京政府驻苏联大使馆武官邓文仪进行接触,并在当月的23日将蒋介石赞同中共关于抗日民族统一战线主张以及期望中共中央直接与其谈判的信息及其联系渠道等,写信告诉毛泽东、朱德、王稼祥(但毛泽东等是否收到或何时收到,不详)。[②] 同月26日,中共

---

① 中共中央党史研究室第一研究部:《共产国际、联共(布)与中国革命档案资料丛书》第15辑,中共党史出版社2007年版,第62页。
② 中共中央党史研究室第一研究部:《共产国际、联共(布)与中国革命档案资料丛书》第15辑,中共党史出版社2007年版,第111页。

驻共产国际代表团在巴黎《救国时报》发表王明起草的《中国苏维埃政府主席毛泽东和人民外交委员会委员长王稼穑〔祥〕最近谈话》，指出："红军与蒋介石间能否成立协定，并不是决定于中国苏维埃政府，而是决定于蒋介石是否决心抗日。中国苏维埃政府在不分党派、不问过去关系，只求一致抗日这一主张上，决不保留任何例外，决不绝人自新之路。"7月22日，王明在共产国际执行委员会书记处讨论中国问题的会议上发言，批评中共中央政治局瓦窑堡会议关于"抗日反蒋"的决议是错误的，当场得到季米托洛夫的首肯。会议责成王明等起草一份指示，这就是8月15日共产国际给中共中央书记处的指示电。收到指示电后，中共中央于25日发出《中国共产党致中国国民党书》，表示"早已准备着在任何地方与任何时候派出自己的全权代表，与贵党的全权代表一道，开始具体实际的谈判，以期迅速订立抗日救国的具体协定"[①]。

另一方面的事实是，毛泽东和中共中央是在第一线的斗争实践中认识并最终完成对蒋政策的转变。1935年11月中旬抵达瓦窑堡的张浩只是凭记忆口头传达了共产国际七大和《八一宣言》的精神，而1936年3月辗转从苏联回到陕北的刘长胜带回的是1935年7月召开的共产国际七大的书面文件。中共中央与共产国际从1934年10月中断的电讯联系直到1936年6月16日才恢复。[②]因此，对王明在此前的主张毛泽东等并不知晓，中共中央是根据国内形势的变化独立自主决定实行"逼蒋抗日"或"联蒋抗日"的。长征抵达陕北后，一直在国内率领红军与国民党军浴血奋战的毛泽东，虽然在理论上已经认识

---

① 逄先知：《毛泽东年谱（1893—1949）》上卷，人民出版社、中央文献出版社1993年版，第573页。

② 是日中央书记处致电中共驻共产国际代表团，电文原稿注有"发报第1号"字样，见张培森：《张闻天年谱》上卷，中共党史出版社2010年版，第233页。

到国内英美派大资产阶级在对日态度上有可能发生转变，但是在行动上却因蒋介石顽固坚持反共、"剿共"，而针锋相对地执行"抗日反蒋"并重的方针。当时，国共两党先后通过四条渠道探讨合作抗日的可能性。1936年2月27日，受宋庆龄之托前往陕北的董健吾（当时化名周继吾），和受上海地下党委派来汇报与国民党陈立夫方面的代表曾养甫等谈判情况的张子华，一同抵达瓦窑堡，带来蒋介石亦有和红军妥协共同抗日倾向的信息。这印证了毛泽东关于中国社会主要矛盾的判断。3月4日，毛泽东等就明确地转告董健吾："弟等十分欢迎南京当局觉悟和明智的表示，为联合全国力量抗日救国，弟等愿与南京当局开始具体实际之谈判"，并提出"停止一切内战，全国武装不分红白，一致抗日"等五项具体意见。[①] 随后，毛泽东和张闻天等在东征前线接待了张子华和李克农，以及中共北方局联络处长王世英，听取他们与国民党中央、与张学良、与十七路军等接触谈判的情况汇报，并召开中央政治局会议就对蒋态度问题等进行了专门的讨论。张闻天在3月20日的报告中谈及地主买办集团内部"分化很明显"，"南京政府内部和一些军阀也在和我们接洽谈判"。他在报告中没有再提"反蒋抗日"的口号，而是认为"必要而且可能与各种政治派别进行上层统一战线"。24日张闻天在中央政治局会议所做的结论中提出："反日"与"反卖国贼"二者"亦应区别"，应该"集中力量反对最主要的敌人"。[②] 4月9日，在东征前线的毛泽东又和彭德怀联名致电张闻天，重申："我们的基本口号不是讨蒋令，而是讨日令。"同日，周恩来在延安同张学良会谈合作抗日问题时，张表示希望中共方面改

---

① 逄先知：《毛泽东年谱（1893—1949）》上卷，人民出版社、中央文献出版社1993年版，第519页。

② 张培森：《张闻天年谱》上卷，中共党史出版社2010年版，第217页。

"反蒋抗日"政策为"联蒋抗日",这也从一个侧面促进了中共中央改变既往政策的决心。5月5日,毛泽东在著名的"停战议和一致抗日"东征回师通电中,放弃了在东征出师宣言和其他宣传材料中把蒋介石和阎锡山作为"卖国贼"的提法,采用了"×××氏"的中性提法,提出"为了促进蒋介石氏及其部下爱国军人的最后觉悟,故虽在山西取得了许多胜利,然仍将人民抗日先锋军撤回黄河西岸,以此行动,向南京政府、全国海陆空军、全国人民表示诚意"①。东征班师回到瓦窑堡后,毛泽东在6月12日召开的中央政治局会议上更明确地指出:我们的口号,我们的重心是抗日,请蒋出兵,以扫除抗日阻碍。②之后,毛泽东等在向朱德、张国焘等解释这一政策变化情况的电报中指出:"中国最大敌人是日本帝国主义,抗日反蒋并提是错误的。我们从二月起开始改变此口号。"③16日,中共中央与共产国际的电讯联系恢复。8月15日在接到共产国际关于"联蒋抗日"的最新指示以后,毛泽东和中共中央对这个问题提得更为明确、更加具体。他们"认定南京为进行统一战线之必要和主要的对手"④,"是我们进行整个统一战线的重心"⑤。8月25日,毛泽东亲自起草了《中国共产党致中国国民党书》,倡议实行第二次国共合作。9月1日,中共中央正式向党内发出《关于逼蒋抗日的指示》。

---

① 《红军东征——影响中国革命进程的战略行动》(上),中共党史出版社1997年版,第274页。
② 逄先知:《毛泽东年谱(1893—1949)》上卷,人民出版社、中央文献出版社1993年版,第551页。
③ 逄先知:《毛泽东年谱(1893—1949)》上卷,人民出版社、中央文献出版社1993年版,第576页。
④ 逄先知:《毛泽东年谱(1893—1949)》上卷,人民出版社、中央文献出版社1993年版,第568页。
⑤ 逄先知:《毛泽东年谱(1893—1949)》上卷,人民出版社、中央文献出版社1993年版,第573页。

红军东征对抗日民族统一战线的另一个重要贡献，就是推动了与阎锡山方面统一战线关系的建立。东征打破了阎锡山的政治均衡术，迫使他必须在联日反共、联共抗日、抗日反蒋三者之间做出抉择。这一方面是因为红军的东征沉重打击了他的统治，展示了中共与红军的强大力量及坚决抗日的决心和联合抗日的诚意；另一方面是因为蒋介石的国民党中央军借"助剿"之机，终于进入阎锡山"独立王国"的腹地，并在红军撤回后仍赖在那里不走，给其以严重的威胁。同时，日本方面也就红军进入山西向他表示了强硬的态度，逼迫他像冀察当局那样与日本合作"反共自治"，并加紧策动内蒙的德王和伪军李守信部进犯绥远。阎锡山对日本的"逼宫"取"搁置"的态度，暗中支持绥远的傅作义组织抵抗；对蒋介石的"剿共"要求虚与委蛇；对中共则采取两面态度——他在山西境内加紧镇压中共组织和实行白色恐怖的同时，与中共中央和中共北方局派遣的代表以及中共的上层人士往来联络，甚至派其亲信到监狱通过讯问王若飞打探中共关于联合抗日的政策动向。

中共方面，在被迫撤离山西下达西渡黄河命令的电报中，毛泽东就强调："华北各省仍然是战略进攻方向的主要方向，在把蒋介石部队调出山西以后，在积极地进行山西干部的创造，山西士兵运动的加强，神府苏区的扩大等条件下，再一次进入山西作战的机会是会有的。坚持以陕甘苏区为中心向各方面作战，而以东方各省为长时期内的主要方向，这是明确的方针。"① 在继续加强对山西下层士兵及群众的鼓动与组织的同时，东征班师后，毛泽东和中共中央特别注重对山西上层人士特别是阎锡山的统一战线工作。5月25日，毛泽东通过

---

① 《红军东征——影响中国革命进程的战略行动》（上），中共党史出版社1997年版，第267—268页。

被俘的晋绥军团长郭登瀛带去他给晋绥军第七十二师师长李生达和第六十六师师长杨效欧,以及阎锡山本人的亲笔信,促其觉悟,再次表达中共方面停战议和一致抗日的诚意。27日,张学良应中共之请飞抵太原,对外宣称商讨"剿共",实际是帮助中共沟通与阎锡山的联系。除多次直接写信给阎锡山、傅作义表示合作意向外,毛泽东还一再致电新任中共北方局中央代表的刘少奇,强调统一战线工作以宋哲元、傅作义、阎锡山等各派军队为第一位。中共北方局委托中华民族革命同盟华北办事处主任朱蕴山三次去山西劝说阎锡山与中共合作抗日。8月下旬,刚刚从北平草岚子监狱出狱的山西籍共产党人薄一波接到阎锡山的邀请,要薄回晋帮助其开展抗日民运工作。薄顾虑自己的共产党员身份答应此事是否合适,就请示北方局。北方局向他传达了毛泽东关于把对晋绥军等华北地方实力派的统战工作放在第一位的电报内容,指示他必须去。[①] 此后,经过薄一波和中共山西公开工作委员会及秘密的山西工委的积极工作,阎锡山为保全自己在山西的统治地位,最终确定联共拥蒋,"守土抗战"。中共以"牺牲救国同盟会"为载体与阎锡山建立起特殊形式的统一战线。在此前后,中共中央先后直接派南汉宸、彭雪枫、周小舟与阎会晤,商定在太原建立中共驻晋秘密联络站。12月,彭雪枫作为中共中央和红军的代表在太原建立办事处与电台。

中共与阎锡山抗日统一战线关系的确立,是中共以西北统一战线带动全国统一战线战略,继形成与张学良杨虎城"三位一体"关系之后的又一重要成就。由于阎锡山还具有国民政府军事委员会副委员长的身份,是地方实力派的代表人物,因此这一统战关系不只影响晋绥两省,而且波及整个华北,乃至全国。它对推动西安事变的和平解决,

---

① 薄一波:《七十年奋斗与思考》上卷,中共党史出版社1996年版,第200页。

对促进国共第二次合作的实现,对全面抗战爆发后八路军三个师开赴山西抗日前线和中共领导的抗日武装在华北敌后的战略展开,产生了重要的作用。

4.东征与八路军出师及敌后游击战战略支点的形成

东征红军继续和发扬了红军在万里长征中的播种机和宣传队作用,吸取和总结了前一阶段在无根据地战略转移中开展群众工作的经验。有所不同的是,东征前对如何开展战区的群众发动工作进行了更为精心细致的准备,组织了以林育英、李富春为书记和副书记的地方工作委员,和一批地方干部组成工作队、工作组随军行动,每到一地就及时地划分开展群众工作的区域,分配扩红和募集抗日经费的数目,并要求每一个红军指战员都要进行群众的宣传教育工作。更为重要的是,东征以开赴抗日前线争取直接对日作战为号召,旗帜更加鲜明。而东征的红军将士又都是经过抗日民族统一战线思想教育武装的,并且已经在长征途中和在陕甘苏区积累了进行抗日宣传和统一战线工作的初步经验。因此,东征的群众工作其针对性更强,工作方法更得力,政策性更突出,成效相应更大,影响范围和深度也都是空前的。

红军抗日先锋军东征山西,在75天的时间内转战53个县城,其影响深入波及整个山西和晋绥地区。东征红军以自己的实际行动打破了阎锡山等对红军和共产党的诬蔑,使山西人民以及晋绥军的官兵们对中共和红军的性质、宗旨及其抗日救亡主张有了深刻的认识与感受;东征期间中共在中阳、石楼、灵石等地建立了党的组织,在赵城、洪洞、汾西、蒲县、临汾等地组建中共临时县委,在中阳县建立了中共县工委和县苏维埃政府,在石楼、永和、隰县、灵石、蒲县、汾阳等地建立了一批区、乡、村苏维埃政权,并成立了河东独立团和20多支地方游击队,一大批人数多少不一的抗日救亡群众

团体和群众性抗日救亡运动在山西蓬勃兴起；东征中吸收了8000多名山西籍青年参加红军，密切了红军与三晋父老的血肉联系。这些都为全面抗战爆发后八路军主力开赴山西，并在那里创建抗日根据地，形成向华北敌后开展抗日游击战争的战略支点，奠定了坚实的思想和组织基础。

在东征影响下中共与阎锡山建立的抗日统一战线关系，是八路军三个师的主力得以全部开赴山西抗日前线的前提条件。与同其他地方实力派和军事力量的统战关系不同，中共与阎锡山的统战关系不仅有固定的区域作为活动空间，而且有相对稳定的统一战线组织——山西牺牲救国同盟会和第二战区民族革命战争战地总动员委员会为载体，因而是最富成效的统战关系。凭借着这种关系，八路军总部和中共北方局机关全部在山西活动，八路军及其地方武装迅速壮大，并创建了实际在中共领导下的山西新军决死队；还是凭借着这种关系，太原失守后，根据毛泽东关于开展独立自主山地游击战的指示，八路军在晋东北、晋西北、晋东南、晋西南四个地区实行战略展开。在晋东北地区，聂荣臻率一一五师一部，依托恒山山脉创建晋察冀抗日根据地；林彪、罗荣桓率一一五师三四三旅，到晋西南地区依托吕梁山脉，创建晋西南抗日根据地；贺龙、关向应率一二〇师，到晋西北地区，依托管涔山脉创建晋西北抗日根据地；刘伯承、张浩率一二九师及一一五师三四四旅，到晋东南地区创建晋冀豫抗日根据地。山西成为中共和八路军在华北敌后开展抗日游击战争最重要的甚至可以说是唯一的战略支点。

东征促成中共及其领导的武装力量完成了由国内战争到民族战争的伟大转变。

（三）推动全国抗日救亡运动发展

中共中央率红一方面军主力北上到达陕甘之际，日本侵略者利用国民党的不抵抗政策，制造华北事变，企图成立"冀察政务委员会"，实行华北特殊化。在此背景下，轰轰烈烈的一二·九运动爆发。

一二·九运动是全面抗战爆发前由中国共产党领导的一场声势浩大的学生爱国运动，使中国人民被压抑的爱国情绪猛烈地爆发出来，为推动全国抗日救亡运动制造了强有力的社会舆论和民众诉求声势，并因此而将之推向新的高潮。

1935年年底，党中央为加强对华北抗日救亡运动的领导，决定派刘少奇到天津，主持北方局工作，贯彻瓦窑堡会议精神（刘于翌年4月到任）。同年11月，中共北平临时工作委员会成立。在临时工委领导下，北平学生组织成立了北平市大中学校学生联合会（简称北平学联）。之后不久，传来日本操控的"冀察政务委员会"即将成立的消息。

12月9日，在中共北平临时工委领导下，东北大学、清华大学、燕京大学、国立北平师范大学、中国大学、北京大学等高等院校和部分中学的学生涌上北平街头，举行声势浩大的抗日游行。游行队伍沿途遭到国民党军警的残酷镇压，30多人被捕，数百人受伤。16日，北平部分大中学校学生再次突破军警阻拦，汇集天桥广场，召开3万余人的市民大会，通过了"不承认冀察政务委员会""反对华北任何傀儡组织""收复东北失地"等决议案。会后的大规模示威游行再次遭到反动军警的血腥镇压，参与者被捕数十人，受伤300余人。

慑于人民爱国运动的压力，国民党当局被迫宣布"冀察政务委员会"延期成立。

在北平学生英勇斗争的影响下，各地民众纷纷行动起来。从12月11日开始，天津、保定、太原、西安、济南、杭州、上海、武汉、宜昌、成都、重庆、广州、南宁等大中城市，先后爆发学生抗日集会和示威游行。各地工人在全国总工会的号召下，纷纷罢工，支援学生斗争，要求对日宣战。海外侨胞和在外国留学的学生团体，发表宣言支持国内爱国行动。这样，局部地区的抗日救亡运动很快发展为全国规模的群众运动，此即著名的一二·九运动。

一二·九运动，公开揭露了日本吞并华北进而鲸吞中国的阴谋，打击了国民政府的妥协退让政策，促进了中华民族的觉醒，标志着中国人民抗日救亡民主运动新高潮的到来。通过一二·九运动，许多先进知识青年走上与工农群众结合的道路，为抗战和中国革命事业准备了一大批骨干力量。毛泽东评价这次运动是"动员全民族抗战的运动"，"准备了抗战的思想，准备了抗战的人心，准备了抗战的干部"，"成为中国历史上的一个非常重要的纪念"。①

为将一二·九运动的成果引向深入，12月20日，中共中央通过共青团号召广大青年："把反日救国运动扩大起来！到工人中去，到农民中去，到商民中去，到军队中去！"②为此，平津学生联合会组织了500人左右的南下扩大宣传团。1936年2月1日，在该团基础上，中华民族解放先锋队（简称民先队）成立。这是在中国共产党领导下的以抗日民主为目标的先进青年群众组织，并很快发展为有两万余人的全国性组织。广大青年学生深入农村宣传抗日救亡，成为党建立抗日民族统一战线的助手，成为党领导抗日救亡运动的重要纽带和有生力量。

九一八事变后，因家国被侵、故土难回，以宣传抗日、收复东北

---

① 毛泽东：《一二·九运动的伟大意义》（1939年12月9日），见《毛泽东文集》第二卷，人民出版社1993年版，第253页。
② 中央档案馆：《中共中央文件选集》第10册，中共中央党校出版社1991年版，第804页。

失地为宗旨的东北抗日救亡运动,一直非常活跃并独成体系。中国共产党除在东北直接领导抗日战争外,还在关内大力支持由东北爱国民主人士、流亡民众和学生、东北军爱国官兵共同发起的东北抗日救亡运动。

受一二·九运动影响,流亡关内的东北民众、学生以在北平的东北大学为中心,积极组织抗日救亡团体,开展救亡运动。1936年年初,东北大学工学院迁到西安,东北抗日救亡运动的中心由此转移至西安,和西北人民一道掀起抗日救亡高潮,为西安事变爆发奠定了良好的群众和舆论基础。1936年12月9日,在中共西北特支领导下,西安各救亡团体联合发动纪念一二·九运动一周年爱国请愿大游行。1万多青年学生悲壮的抗日呼声,使古城西安为之震荡。特别是当游行队伍冒着呼啸的寒风,奔赴临潼向蒋介石请愿时,群情激愤至高潮,使前来劝阻的张学良深为感动。几天后,张学良、杨虎城发动了震惊中外的西安事变。西安事变是民族矛盾尖锐发展的结果,也是全国抗日救亡运动猛烈发展的表现。后者,与中共在其间的努力推动有着深厚关系。

西安事变后,由于蒋介石背信弃义,扣押张学良,东北军东调,东北爱国人士被迫遣散各地,关内东北抗日救亡运动群龙无首。在此情况下,中共中央一方面给予舆论上的引导,发表声明,要求蒋介石不折不扣地履行诺言。同时,指派刘澜波联络东北爱国人士,把北平、南京等地的东北救亡团体组织起来,促蒋抗日。1937年6月,在北平,16个东北救亡团体联合成立了东北救亡总会(简称东总),该会把拥护国共合作、共同抗战作为主要任务。在东总的统一领导下,东北爱国人士为推动全面抗战的爆发再次团结起来,共同奋斗。全面抗战爆发后,以吕正操为代表的东北军将领,最终走上中共领导的抗战道路。

上海是南方抗日救亡运动的中心。为打开新局面,党中央和中共驻共产国际代表团先后派人到上海,与潜伏的党组织重新建立联系,积极开展统战工作，促进各党各派联合抗日。一二·九运动的发生，直接促成了全国爱国民主人士以上海等地为中心的汇集。1935年12月12日，沈钧儒、马相伯、邹韬奋、章乃器等280余人发表《上海文化界救国运动宣言》。12月27日，上海文化界救国会成立。一个月后，上海各界救国联合会成立，以沈钧儒、章乃器、李公朴、陶行知、邹韬奋、沙千里、王造时、史良等为执行委员，沈钧儒为主席。在此前后，各地爱国人士和团体纷纷成立各界救国会，发出通电，出版各种救亡刊物，要求国民党政府保卫领土主权，停止内战，出兵抗日。

1936年5月29日，全国学生救国联合会在上海成立。5月31日至6月1日，全国各界救国联合会在上海成立，鲜明提出了建立"人民救国阵线"的主张，呼吁各党各派立刻停止军事冲突，释放政治犯；立刻派遣正式代表进行谈判，以便制定共同抗敌纲领，建立一个统一的抗日政权。此后不久，海外华侨中也成立了抗日救国联合会。这样，原来比较分散的爱国民众运动，汇合成一股持续的、团结统一的、壮观的抗日救亡洪流。7月15日，沈钧儒、章乃器、陶行知、邹韬奋联名发表《团结御侮的几个基本条件与最低要求》的公开信，要求国民党联合红军共同抗日，指出"先安内后攘外"对日有利，表示坚决站在救亡阵线立场，为中华民族解放运动的胜利而奋斗。他们的主张得到社会各界的广泛支持和响应，呼应了中国共产党抗日统一战线政策。

1936年11月，国民政府以"危害民国"罪在上海逮捕了救国会领导沈钧儒等7人，制造"七君子事件"。事发后，中共上海党组织策划声势浩大的营救爱国民主人士活动，进一步团结了一大批各界爱国进步人士，为上海抗日救亡斗争做出新的贡献。七七事变后，南京国民政府不得不宣布具保释放沈钧儒等7人。

在各地抗日救国会成立至成为全国性组织，并实施对南方大中城市抗日救亡运动的领导过程中，中国共产党通过派遣党员直接参与组织活动、与其核心领导保持紧密联络等方式，给予了极有力的支持，从而使之成为接受中国共产党的抗日民族统一战线主张,具有广泛社会基础的抗日救国阵线组织。毛泽东、周恩来等多次致函救国会领导人,充分肯定救国会提出的全国团结一致、抗日救国的主张,表示愿同救国会"在各方面作更广大的努力与更亲密的合作"[①];同时以谦逊的态度沟通和交流抗日民族统一战线政策,认真听取爱国民主人士的意见和建议,表达对他们爱国行动的敬佩和赞赏。中国共产党人的态度,给予救国会和爱国的人们以极大的支持和鼓舞,对于推进抗日救亡运动的蓬勃发展产生了积极影响。

中共中央长征先行到达陕甘之后,通过积极作为,使苏区得以稳固;进而立足西北地区,面向全国,积极联络国民党地方实力派和国民政府军政要员、蒋介石嫡系将领等,调整"反蒋抗日"为"逼蒋抗日"进而为"联蒋抗日";引导学生爱国运动,领导一二·九运动,支持东北抗日救亡运动,联络各爱国民主力量,从而掀起了全国抗日救亡运动的新高潮。在此过程中,中国共产党通过政策方针的宣传和引导,通过在国统区广交朋友,通过地下党组织的发动和组织,在掀起全国抗日救亡运动新高潮的同时,也极大地提升了党在全国民众心目中的影响力、号召力、凝聚力,真正树立起中国共产党与坚持抗日救亡运动之间不可分割的鲜明旗帜。

如同毛泽东所讲:"长征一完结,新局面就开始。"[②]通过宣传和推动抗日民族统一战线方针,推动抗日救亡运动的新高潮,中国共产党极大地凝聚了全国抗日救国的核心力量,团结起全国一切不愿做亡国奴的各阶层群众,使党在不足两年的时间内,得以重新布局,重拾信心,重塑形象,迸发出空前的感召力。

---

① 中共中央文献研究室:《毛泽东书信选集》,人民出版社1983年版,第63页。
② 毛泽东:《毛泽东选集》第一卷,人民出版社1991年版,第150页。

如果说长征是中国共产党及其领导的红军由散至合的过程，那么，中共中央在长征到达陕北后，在迎接红二、四方面军长征北上过程中，调整政策、安稳苏区、积极推动全国抗日救亡运动新高潮的过程则又是由合至散的过程。只是，这时的"散"，不是指红军队伍的散，而是指党的抗日民族统一战线政策散向全国，并真正被国人接受；是指党在全国各地的党组织得到恢复和发展，实现了脱胎换骨般的新生；是指党真正扭转了关门政策之弊，在全国的影响力、号召力、凝聚力得到提升和增强。

从理解毛泽东指出的"新局面"的角度——这个新局面可以这样来描绘——以陕甘宁的中国共产党制定的一系列方针政策为活水之源，逐渐地向西北地区、向华北地区、向上海南京地区、向西南边陲之地，如涟漪扩散般，将这鲜活的富有希望之水，散播到全国各地，注入新的生机和活力，激活了爱国学生，唤醒了地方实力派，呼吁着国民政府军政要员包括蒋介石本人在内，一步步掀起抗日救亡运动新高潮，一步步将停止内战、共同抗日的时代要求推向实践。当这一切都水到渠成之时，中国工农红军三大主力也实现大会师，胜利结束长征，从而将阶级斗争落幕，并成功地将其转换为民族解放的前奏序曲，为党领导军队改编并出师抗日铺就了道路，使中国共产党和红军转危为安，使中国革命由低潮走向高潮，并在更深远、更广泛的意义上为中国革命的发展，奠定了坚实的基础。

正因此，我们说，长征成为中国革命的转折点。

四 创建中国革命稳固的大本营

（一）硕果仅存的革命根据地

众所周知，各路铁流最终汇集在陕甘高原。中央红军和党中央选择陕甘革命根据地为落脚点，看似因为偶然地从报纸上得知那里存在有红军和工农政权，实际上还有其必然性。这不只是因为陕甘地区地形复杂，沟壑纵横，交通困难，回旋余地大，适宜开展游击战争；也不只是因为这里是国民党反动统治的间隙和力量薄弱地区，虽然被杨虎城西北军、张学良东北军、阎锡山晋军以及宁夏马鸿逵等军阀武装所包围，但这些地方实力派与蒋介石及其中央军心怀二志，存在着控制和反控制的矛盾。更重要的，我们还必须从当时国内外政治形势的大背景去考察。当时国内正处于中国革命中心从南向北转移的大趋势下，以抗日救亡为主题的新的革命高潮在北方日益高涨，陕甘地区邻近抗日前线，又与苏联和蒙古国遥相呼应，符合实施毛泽东和党中央关于打通国际线依托苏联、发动民族抗战推动革命新高潮战略的条件。种种因素形成合力，将陕甘根据地推到中国革命发展的最前沿。

陕甘根据地（包括陕北）是自大革命失败前后起，以刘志丹、谢子长为代表的共产党人，一次次在失败和挫折中奋起，经过近10年的牺牲奋斗，才建立和发展起来的一块红色根据地。在土地革命战争后期，全国南方各苏区陆续丢失的历史环境下，陕甘根据地得以"硕果仅存"，有其独特的经验与条件。其一，坚持党的领导，始终维护党的团结统一。以刘志丹、谢子长、习仲勋等为代表的陕甘根据地领导人，努力排除"左"右倾错误的干扰，在内部意见分歧和争论面前，不计较个人荣辱得失，坚定维护革命大局，维护根据地党的统一和红军的团结，最大限度地保存和发展了革命力量。其二，坚持从实际出发创建根据地，在巩固中求得生存和发展。陕甘的共产党人深入调查研究，坚持实事求是，创造性地开展了武装斗争和土地革命。以陕北安定、陇东南梁和关中照金为中心创建的"狡兔三窟"式多区域战略布局，为粉碎敌人的多次"围剿"提供了有利条件，得到毛泽东的称赞。其三，坚持贯彻统一战线的策略方针，团结社会各方面人士，扩大了根据地建设的同盟军。根据地采用"红色""白色""灰色"三种斗争方式，注重发动组织工农群众，积极开展兵运工作，竭力争取、教育和改造绿林武装，使革命武装不断发展壮大。其四，坚持群众观点和群众路线，始终与人民群众血肉相连。党员干部依靠群众、宣传群众、组织群众、武装群众，与群众同甘苦、共命运，坚持廉政勤政，切实维护群众利益，为根据地赢得了坚实的群众基础。

在中央红军到达陕北以前，红二十五军就于1935年9月15日率先到达陕西延川永坪镇。16日，刘志丹率领西北红军到达永坪镇，两军胜利会师。会师后，红二十五军、红二十六军、红二十七军合编为红十五军团。红十五军团组建后，在徐海东、程子华、刘志丹的指挥下，立即投入反击国民党军第三次"围剿"西北苏区的斗争，先后发起劳山战役和榆林桥战斗，消灭国民党东北军六十七军一个师又一个团的兵力，巩固和扩大了陕甘革命根据地，为迎接中共中央和中央红军到达陕北奠定了基础。在榆林桥战役中被俘虏的团长高福源被毛泽东赞为"东北军中最早觉悟的军官"，他后来秘密加入中国共产党，并以自己特殊的身份为红军和东北军的联合做出了贡献。

中央红军长征到达陕甘地区时，这里已经在连成一片的 20 多个县建立了工农民主政权，游击区所及有 30 多个县；这里有红二十六军和红二十七军两支主力红军 4000 多人，另有相应人数的游击队，加上新近抵达的红二十五军，陕甘根据地共有红军 8000 人，与陕甘支队的人数大体相当。更为重要的是，这里长时期以来受到共产党人的发动和影响，特别是多数地区已经进行了没收地主土地分配给农民的土地革命，群众的斗争觉悟普遍高，并形成了刘志丹、高岗、张秀山、习仲勋等在群众中享有崇高威望的领导骨干和干部队伍。

经过长途跋涉抵达陕北的中央红军，虽然革命斗志依然昂扬，但是身体已经是疲惫不堪，并且几乎到了弹尽粮绝的境地。陕甘人民以极大的热情欢迎阶级亲人，倾其所有帮助中央红军。中央红军的全体将士，体力得到恢复，伤病得到救治，身心得到彻底的休整，特别是摆脱了一年间无根据地作战的痛苦，感受到回家的温暖。以找到新的根据地为标志，中央红军的战略转移终于取得胜利，艰苦的万里长征终于结束了，中国革命又揭开新的一页。从这个意义上讲"陕甘救了中央"并不为过。

（二）长征落脚点的巩固与发展

但是，陕甘地域狭小、人口稀少、地瘠人贫，客观上存在着与成为中国革命大本营和新的革命高潮策源地这一重要地位不相称的巨大差距。加上周围各路军阀虎视眈眈，当时国民党军对陕甘根据地的第三次"围剿"尚未被彻底粉碎，之后也一直没有放弃对该地的进攻，直到 1936 年 6 月，国民党军高双成部还趁红军主力西征之机，突袭占领中共中央所在地瓦窑堡，张闻天、毛泽东、周恩来等匆忙撤离瓦窑堡，被迫进驻保安。可见陕甘地区生存环境的恶劣、艰险。特别是在中央红军抵达这里时，仍在顽固执行王明"左"倾教条主义的中共北方局代表，罔顾九一八事变以来国内政治形势的巨大变化，提出与党中央北上抗日方针背道而驰的进军方向，要求红十五军团向西南发展，与陕南、川陕苏区连成一片。并全面否定刘志丹等在陕甘根据地执行的正确路线，特别是用残酷的肉刑等逼供性手段开展错误的"肃反"。刘志丹、高岗、张秀山、习仲勋、马文瑞等一大批陕甘根据地的创建者和领导骨干被抓（有的已经被开除党籍），红二十六军营级以上的干部和地方的党政骨干200多人被错杀，致使党组织和干部队伍被严重削弱，军心动摇，民心不稳。习仲勋同志后来回忆："白匪军乘机挑拨煽动，以致保安、安塞、定边等几个县都反水了，根据地陷入严重危机。"陕甘革命根据地和陕甘红军面临着空前的生存危机。

如何使长征保留下的革命火种在陕甘根据地生根、发芽、开花、结果，是党中央抵达陕北后萦绕在毛泽东脑际的主要问题。他认真反思了第五次反"围剿"失败而丢失中央根据地的原因，认为，"五次反'围剿'失败，敌人的强大是原因，但战之罪，干部政策之罪，外交政策（指中共与外界的一切交往，而不是专指与外国的交往——引者注）之罪……是主要原因。机会主义，是革命失败的主要原因"[①]。有鉴于此，毛泽东当时主要从组织路线、军事路线和政治路线等方面领导进行了巩固与发展陕甘根据地、迎接中国新高潮的艰苦努力。

第一，开始全面地纠正"左"倾教条主义者的组织路线。党中央果断停止了在陕甘根据地进行所谓"肃反"的错误行动，释放了刘志丹、习仲勋等一大批领导骨干，并重新分配他们工作。刘志丹先后被任命为西北革命军事委员会后方办事处副主任、中国人民红军北路军

[①] 毛泽东读《辩证法唯物论教程》（中译本第三版）时的批注，阅读的时间是1936年11月到1937年4月4日，见《毛泽东哲学批注集》，中央文献出版社1988年版，第106、107页。

总指挥、红二十八军军长等职。习仲勋被安排在关中特委工作，1936年任中共环县县委书记。由于当时"左"倾教条主义没有得到清算，陕甘边苏区的地方干部和军队干部仍然戴着右倾机会主义的帽子，对他们的工作分配并不公正，但这批领导骨干能够重新被使用，对于陕甘根据地的巩固、发展具有积极意义。对主持错误"肃反"的人员，中央进行了撤职、警告等组织处理，并撤销朱理治任书记的中共陕甘晋省委及聂洪钧为主席的西北军事委员会，分别成立陕甘、陕北省委和关中、三边、神府特委及相应的军事机构。

鉴于"肃反"造成的红二十五军和陕甘红军之间的隔阂，党中央要求对红二十五军和红一军团调到红二十六、二十七军的干部进行一次普遍教育，对陕甘红军"不得发生任何骄傲与轻视的态度"，对陕甘红军干部的"不安与不满进行诚恳的解释"，"使十五军团全体指战员团结如一个人一样"。[1]

解决陕北"肃反"问题的同时，毛泽东还解决了鄂豫皖"肃反"中遗留下来的问题。红二十五军长征到达陕北的3000多人中，还有300多名在鄂豫皖苏区"肃反"中被定为"反革命嫌疑"的人尚未做结论，毛泽东询问了情况后说：他们长征都走过来了，这是最好的历史证明，应该统统释放；党员、团员要一律恢复组织生活，干部要分配工作。[2]

中央对地方组织机构的调整，对其他各路红军中存在的错误干部政策的纠正，在全党端正和树立了正确的组织路线，从而迅速扭转和稳定了局势，稳定了军心，化解了陕甘根据地的危机。这被习仲勋后来喻为"红日照亮了陕甘高原"。因此，从这个意义讲"中央救了陕

---

[1] 逄先知：《毛泽东年谱（1893—1949）》上卷，人民出版社、中央文献出版社1993年版，第501页。
[2] 逄先知：《毛泽东年谱（1893—1949）》上卷，人民出版社、中央文献出版社1993年版，第489页。

甘"也是恰如其分。假设陕甘根据地的"肃反"问题不被及时纠正，陕甘苏区自身难保，也就不可能为党中央提供落脚点了。

在长征以来党和部队干部严重减员的情况下，毛泽东认为"干部问题是一个有决定作用的问题"，应该"从发展北方以至全国的革命武装力量出发"予以重视。他要求清查降级使用人员，把他们提升起来，同时提拔老战士，开办教导营。① 他在给红军主要将领的电报中曾明确要求："凡属同意党的纲领政策而工作中表现积极的分子，不念其社会关系如何，均应广泛地吸收入党，尤其是陕甘支队及二十五军经过长征斗争的指战员，应更宽广地吸收入党。""凡属经过长征的分子，一律免除候补期。"② 1936年6月，中国人民抗日红军大学在瓦窑堡创办（后迁至延安，改称"中国人民抗日军事政治大学"，即"抗大"），党中央和军委主要领导人都前往授课。全面抗战爆发前，红大和抗大共培训军政干部3800余人，输送了大批人才。此外，中革军委还创办红军摩托学校，红军总司令部二局开办无线电侦察和谍报训练班，军委三局开办红军通信学校，总供给部开办红军供给学校，总卫生部开办卫生学校。这些专业技术训练班、校，培养了大批专业技术人才，为迎接全面抗战准备了骨干力量。

第二，开展有效的武装斗争，巩固和发展革命根据地。毛泽东及其战友们以陕甘根据地为依托，先后胜利地部署和指挥了直罗镇战役、东征战役、西征战役、山城堡战役。此外，他们还直接领导了迎接红二、四方面军北上和策应因发动西安事变而遭国民党中央军进攻的东北军、十七路军的军事行动。这些军事行动和红二、四方面军的北上，

---

① 逄先知：《毛泽东年谱（1893—1949）》上卷，人民出版社、中央文献出版社1993年版，第511页。
② 逄先知：《毛泽东年谱（1893—1949）》上卷，人民出版社、中央文献出版社1993年版，第500—501页。

以及西路军的英勇远征,不仅粉碎了各路国民党军对陕甘苏区的"围剿",而且沉重打击了根据地周边地区的敌军,大大拓展了苏区,使原来的陕甘苏区发展成为以延安为首府,辖陕西、甘肃、宁夏三省26个县和200万人口的陕甘宁革命根据地。这标志着长征获得最终的胜利和国民党军围歼红军企图的彻底破产,中国共产党和红军有了新的栖息地和出发点,中国革命有了长期稳固的大本营。

中共中央到达西北苏区后,鉴于兵力的锐减,积极扩大红军武装队伍,动员地方游击队担负扩大苏区的任务。1936年年初,在新扩红军和收编地方武装的基础上,重建了红一军团第一师,新组建了红二十八军、红二十九军。这些武装力量后来都发展成为抗日的重要力量。此后,为巩固抗日后方,又将苏区划分为5个清剿区,将军事打击与政治争取结合起来,抽出兵力清剿和肃清土匪,至全面抗战爆发前基本肃清匪患,保证了苏区内部的稳定安宁。

在此过程中,毛泽东还用很大的精力总结自己的军事思想,力图从理论上肃清"左"倾教条主义军事路线的影响,并以适合中国革命战争特点的科学理论武装全军。他在保安(今志丹县)创办了著名的窑洞大学——中国抗日红军大学,并亲自为学员们讲授"中国革命战争的战略问题"。毛泽东指出:"我们不但需要一个马克思主义的正确的政治路线,而且需要一个马克思主义的正确的军事路线。"他明确反对那种照搬苏联内战经验的做法,重申列宁关于马克思主义活的灵魂是"具体地分析具体的情况"的理论,号召研究中国革命战争的规律。他在红军大学的讲稿《中国革命战争的战略问题》的问世,标志着毛泽东军事思想的形成和"左"倾教条主义军事路线的彻底被肃清。1961年3月23日,毛泽东在广州召开的中共中央工作会议上这样说:"没有那些胜利和那些失败,不经过第五次反'围剿'的失败,不经过万里长征,我那个《中国革命战争的战略问题》小册子也不可能写出来。"

第三，继解决遵义会议没有来得及解决的政治路线问题之后，在全党开展正确的思想路线教育。遵义会议没有提出政治路线的错误，而是着重解决了军事路线问题以及部分组织路线问题。对政治路线的认识，由于军情紧急，加上当时党内整体政治理论水平不高且严重不平衡，在相当长一段时间，全党并未在认识上达成突破性的共识。直到中共落脚陕甘地区，在此巩固发展起来之后，中共才在全党和全军中广泛开展了统一战线思想的教育，从思想上和组织上肃清了"左"倾关门主义的影响，确立建立抗日民族统一战线的正确主张，提出并成功实践了以西北的联合抗日推动全国抗日民族统一战线的形成这一重要战略。

党中央长征抵达陕甘后，从遵义会议就实际开始转变的思想路线问题又有了新的突破。毛泽东到达陕北后，在工作极其繁忙的情况下，大量研读马克思主义哲学书籍。据统计，1936年到1941年的5年间，毛泽东阅读的哲学方面的书籍有200多万字，并撰写了2.7万字的批注。其中，1936年至1937年7月间阅读的《辩证法唯物论教程》和《辩证唯物论与历史唯物论》对他的哲学思想发展产生了较大影响，他为这两本书写作的批注有1.4万余字。1937年4月，毛泽东应抗日军政大学邀请去给学员讲授哲学，直到卢沟桥事变发生，共讲了100多个小时。他在抗大讲课的稿子，后来整理为《辩证法唯物论讲授提纲》，《实践论》和《矛盾论》均是这个讲授提纲中的章节内容。《实践论》和《矛盾论》生动地体现了马克思主义哲学理论与中国革命实际相结合的原则，是马克思主义哲学中国化和现实化的典范，一经问世，便在各抗日根据地陆续传开，有力推动了遵义会议以来一切从实际出发和具体问题具体分析原则的发展，为中共六届六中全会提出马克思主义中国化，做了重要的思想理论准备。

而全面抗战时期开展的延安整风运动，在全党深刻批判了"左"倾教条主义的错误，教育全党学会运用马克思列宁主义的立场、观点和方法，研究和解决中国革命的实际问题。延安整风运动之后，全党确立了实事求是的辩证唯物主义的思想路线，确立了坚持马克思列宁主义基本原理同中国革命具体实际相结合的原则。更重要的是，延安整风使全党深刻认识到了教条主义的危险性，在党内达成了警惕"左"倾教条主义危害的思想共识。由此统一了全党思想，使全党紧密团结在以毛泽东为正确路线代表的党中央周围，起到了巩固党、巩固毛泽东领袖地位的重要作用。

第四，全面开展苏区建设，夯实陕甘宁根据地的物质基础。1935年11月，中共中央为加强苏区的建设和统一领导，设立中华苏维埃共和国中央政府西北办事处，全面领导苏区建设。对内取消各种苛捐杂税；开发延长油矿、组织贩运盐池的盐、派部队保护贸易运输和帮助苏区群众开垦荒地；开办各种群众文化福利设施，发展苏区经济文化事业。鉴于宁夏甘肃边界地区有大量回民聚居，加强民族政策教育，争取回民同胞拥护党的抗日救国主张。积极展开对"哥老会"群众的宣传，使其团结在党的周围。国内和平实现后，根据中共中央关于停止土地革命的新政策，调整阶级政策和富农政策，改变过去把富农与地主、豪绅同样对待，全部没收富农土地财产的政策，"保障富农扩大生产（如租佃土地，开辟荒地，雇用工人等）与发展工商业的自由"[①]，积极开展减租减息斗争，团结爱国乡绅共同抗日。这些举动壮大了红军，扩大了中国共产党的影响，充实了物质基础，是使陕甘宁根据地能够成为八路军出征抗日的出发点和战略后方，并长期成为中国革命大本营的重要条件。

（三）奠基西北

从1933年陕甘边革命根据地建立，到1948年中共中央东渡黄河

[①] 中共中央文献研究室、中央档案馆：《建党以来重要文献选编（1921—1949）》第12册，中央文献出版社2011年版，第502页。

离开陕北,从陕甘边和陕北革命根据地到陕甘革命根据地,再到陕甘宁革命根据地,红色政权在西北大地上屹立了15年,在最危急的时刻挽救了中国革命,跨越了土地革命战争、抗日战争和解放战争3个历史时期,面积最大时超过了13万平方公里,人口将近200万。中共中央在这里工作、生活了13年,首倡并促成全国的抗日民族统一战线,领导全国人民进行了艰苦卓绝的抗日战争,赶走日本侵略者,打败国民党反动派,谱写了中国革命的壮丽篇章,续写了伟大的长征精神。

1. 这里是八路军出师抗日的出发点

1937年8月,经过艰辛的谈判,国共双方达成协议,将红军主力改编为国民革命军第八路军,全军约4.6万人,设总指挥部,下辖3个师。朱德、彭德怀为正副总指挥。除正职外,军队中的副职,从副师长到副排长,都由中共自行选派。8月25日,八路军举行庄严的誓师大会。除部分兵力留守陕甘宁边区外,其3个主力师在朱德、彭德怀率领下,先后从陕西韩城及潼关东渡黄河,兼程北上,开赴山西、察哈尔、河北、绥远四省交界的恒山地区的抗日前线。依据中共中央的决定,八路军把作战的战略方向选择在敌后,在敌后开展游击战争,建立根据地。八路军先后创建了晋察冀抗日根据地、晋西北和大青山抗日根据地、晋冀豫抗日根据地,并不断发展壮大。陕甘宁根据地成为八路军出师抗战的出发点。

2. 这里是全国抗日民主的模范根据地

1937年9月6日,按照团结抗日的原则,陕甘宁革命根据地的苏维埃政府正式改称为陕甘宁边区政府,下辖23个县。陕甘宁边区政府的正式成立,标志着苏维埃政治制度的结束和抗日民主政权阶段的开始。陕甘宁边区是中共中央所在地,是人民抗战的政治指导中心,是八路军、新四军和其他人民抗日武装的战略总后方。中共中央十分重视边区的巩固和建设,提出要把边区建设成为全国抗日民主的模范区。中共在这里实行民主政治,成立各级议会和民主政府,奠定了边区抗日民主政权的基础。在此基础上，陕甘宁边区实行一系列民主改革，根据当地的实际情况，大力发展经济、文化教育和卫生事业。同时，边区军民肃清土匪，打击汉奸、特务和反动地主，进一步巩固了边区安宁。全面抗战初期，陕甘宁边区成为进步青年向往的圣地。全国各地成千上万的爱国青年，不顾国民党当局的阻挠和破坏，不畏艰苦，奔赴延安，追求革命真理。

3. 这里是中共理论创作的伊甸园

延安时期是中共理论创作的高峰期。以毛泽东为代表的中国共产党人从中国实际出发，进行了大胆的理论探索与创新，系统阐述了新民主主义革命理论，确立了党的实事求是的思想路线，完成了马克思主义中国化的第一次历史性飞跃，产生了毛泽东思想。毛泽东在此时期撰写了大量的理论著述，毛泽东思想也在延安发展成熟，并在中共七大上被列为中共的指导思想。毛泽东思想是马克思主义中国化第一次历史性飞跃的结晶，是延安时期中国共产党最伟大的理论创新成果。在延安，中共开展整风运动，既是一次全党范围内的马克思主义的思想教育运动，也是破除党内把马克思主义教条化、把共产国际决议和苏联经验神圣化错误倾向的伟大的思想解放运动，对于全党同志特别是党的高级干部，坚持一切从实际出发、理论联系实际、实事求是的辩证唯物主义的思想路线，坚持马克思列宁主义基本原理同中国革命具体实际相结合的原则，具有极其重大和深远的意义。这为实现在以毛泽东为核心的中共中央领导下全党新的团结和统一，为抗日战争的胜利和新民主主义革命在全国的胜利，奠定了根本的思想政治基础。

在中国革命的征程中，陕甘革命根据地因缘际会，成为各路红军长征的落脚点、八路军抗日的出发点、中国革命长期稳定的大本营。从中共中央长征落脚这里开始，陕甘宁根据地成为中国革命的中心，中国革命从此开始由北向南蔓延、发展，中国的历史进程从此展开新的篇章。

五　中国共产党走向世界的开端

长征不仅彻底粉碎了国民党蒋介石对红军的围追堵截，而且打破了他们向中国社会各界封锁中国共产党人的企图，并使他们向国际社会封杀和污蔑中国共产党人的一切图谋统统破灭。毛泽东和他的战友们在深刻认识独立自主重要性的同时，还获得另外一个重要的观念——中国与世界是紧密联系的。毛泽东在中共六届六中全会上所作的《论新阶段》的报告中明确指出："中国无论何时也应以自力更生为基本立脚点。但中国不是孤立也不能孤立，中国与世界紧密联系的事实，也是我们的立脚点，而且必须成为我们的立脚点。我们不是也不能是闭关主义者，中国早已不能闭关。"[①] 长征胜利前后，中共通过对长征的国际传播，中国共产党人获得最初的国际影响力，并且为中国共产党开展抗日民族统一战线的宣传和推动国际反法西斯统一战线的建立提供了契机和窗口。长征为中国共产党向外部世界打开了一个更广阔的新天地。

长征之所以能够成为中国革命的伟大转折，很大程度上是因为在

---

① 《毛泽东军事文选》（内部本），战士出版社1981年版，第190—191页。

长征途中中国共产党人不再简单机械地按照共产国际的指示办事，而是从实际出发按照中国革命的特点规律，走自己的道路。从 1921 年中共成立，到遵义会议之前，中共在共产国际的领导帮助下，不懈地探索中国革命的发展道路。由于自身的经验不足，曾出现过陈独秀右倾机会主义错误、王明"左"倾教条主义错误，过度依赖共产国际指示，从而使中国革命遭受了不应有的曲折和严重损失。土地革命战争时期，以毛泽东为代表的中国共产党人，在进行土地革命战争的斗争实践中积极适应当时中国社会的特点和规律，独立自主地开始探索中国革命战争的道路，即走农村包围城市、武装夺取政权的道路。长征前夕，由于上海的党中央机关遇到破坏，中共中央同共产国际的通信联系中断，这同时也给中共独立思考革命道路提供了历史机遇。遵义会议总结了第五次反"围剿"的失败经验，清算了"左"倾冒险主义在军事方面的错误，实际上开始确立了毛泽东在中共中央、中央军委的领导地位，也打下了中共独立自主实行对外战略的组织基础。

1935 年 11 月，张浩回国到瓦窑堡向中共中央传达共产国际七大和《八一宣言》精神。随后，中共中央在瓦窑堡会议上制定了抗日民族统一战线的总策略。1936 年 6 月，在共产国际派出的刘长胜携带密码到达陕北后，共产国际与中共中央得以恢复通信联系，也恢复了来自共产国际的领导。这时，中共对苏联和共产国际的战略，不再是像"左"倾领导人在长征之前那样机械地执行他们的指示，而是根据中国革命特点，在符合国际共产主义运动利益的同时，在国内建立抗日民族统一战线，为即将爆发的全面抗日战争做好准备。中国共产党人围绕对长征的宣传，开始了一场声势浩大的舆论宣传攻势。

（一）陈云的随军西行见闻

陈云是红军长征的亲历者。他是作为中共中央政治局常委（亦称中央书记处书记)、中华全国总工会党团书记和中央白区工作部部长参加长征的。长征开始时,他又被指定为驻红五军团的中央代表,以后又担任军委纵队的政委,是中央决策核心的成员。1935年1月15日至17日,陈云出席了著名的遵义会议。会后,他和毛泽东、张闻天等同志受命到各军团干部会议上传达遵义会议精神。陈云的传达提纲手稿(最新研究认为是向共产国际的报告提纲),至今仍是我们研究遵义会议最重要的档案依据。在红军勇夺泸定桥的当天(1935年5月29日)晚上,陈云出席中央政治局泸定会议。会议决定派遣陈云离开长征队伍去上海,恢复党在白区的工作。这样,陈云惜别朝夕相处的战友,由当地(冕宁)的地下党党员席懋昭等护送,经天全、雅州(今雅安)、成都、重庆,于8月5日辗转到上海。后经宋庆龄精心安排,由马海德护送乘船赴海参崴,于8月20日抵达莫斯科。此后不久,陈云回顾自己在长征途中8个月的不平凡经历,假托为一名被俘的国民党军医,化名"廉臣"写下《随军西行见闻录》。

《随军西行见闻录》(以下简称《见闻录》)全文约4.5万字,不仅是出自作者的亲历亲闻,而且是在作者离开长征队伍不久即写出的,加之作者曾经参与长征的领导决策这种特殊身份,因而具有真实性、权威性和重要的史料价值。这主要是:第一,系统地记述了中央红军自1934年10月中旬从中央苏区突围西征,到1935年6月陈云离开长征队伍这8个月间,由江西经湖南、广东、广西、贵州、四川、云南、西康,而转入四川之理县、松潘与红四方面军会合这一万八千里行程。单就战役而讲,《见闻录》较详细地记载了连破敌人四道封锁、转兵贵州、抢渡乌江、智取遵义、四渡赤水、佯攻贵阳、兵临昆明、巧渡金沙江、勇夺泸定桥等主要战役的经过,具体描绘了红军将士一路夺关斩将势不可挡的豪迈气概和传奇经历。这虽然不是长征的全部路程,但如此系统地正面记述红军长征的历史还是第一次。第二,为后人研究长征提供了许多重要的线索。例如，一些学术著述论及红军被迫离开苏区长征时，大多一味责难"左"倾领导者不准备不动员，仓促行动。事实上，难以粉碎敌人第五次"围剿"的形势早已明朗，就连博古本人也清楚地认识到形势的严峻。在这种情况下，要进行这么大规模的战略转移，"左"倾领导者将行动神秘化，或限制在极小的范围内是有的，但完全不进行任何准备，不进行一定的动员是不可能的。《见闻录》写道："此次红军抛弃数年经营之闽赣区域而走入四川，显系有计划之行动。当去年退出江西以前，以我之目光观之，则红军确已进行了充分准备。自五月到九月召集了红军新兵将近十万人……"这一段话，就很能启发我们对这个问题的思路。再如转兵贵州问题，有的论著认为，中央做出改变长征方向转兵贵州的决定不是在通道，至少是在红军占领黎平两天以后（1934年12月16日以后）。《见闻录》则在叙述了国民党军薛岳、周浑元等在城步、绥宁、靖县一带部署重兵阻止红军主力与贺龙、萧克之红军会合的态势之后，明确地写道："当时红军前锋已占通道县，即避实就虚而径趋贵州之黎平府。"另外，1982年6月，陈云在答复有关部门询问他是否参加过黎平会议的复信中也曾写道："中央决定不在湖南会同二、六军团建立革命根据地并向贵州进军后，我和刘伯承应博古之约，在洪州司与他见面。他告诉我们，红军改向贵州前进。"查《陈伯钧日记》红五军团（陈云当时随五军团行动）抵达洪州司的时间是12月16日，第二日即移驻中赵，18日抵黎平。由此可知中央决定转贵州的时间应在到黎平之前，通道转兵的说法是完全成立的。总之，这样的事例和线索在《见闻录》中有很多，是研究红军长征历史的宝贵凭据。第三，《见闻录》不仅系统地记载了长征中红军将士行军打仗的主要过程，而且还涉及红军的俘虏政策、红军的群众工作、红军的组织纪律、红军的民族政策、人民群众对红军的拥护和帮助、红军的抗日爱国热忱等多方面的内容。此外,《见闻录》还假借一个国民党军被俘军医的第三者眼光,细致入微地描绘了红军领袖们的坚毅、勇敢和机智,以及他们与国民党军形成鲜明对照的朴实、高尚的品质和廉洁、民主的作风。如毛泽东高超的指挥艺术和他在为路旁饿以待毙的农妇让衣让粮时所表现的一片爱心;如朱德与士兵水乳交融,素有"伙夫头"的称谓;如"周恩来之勇敢、毅力之办事精神";像徐特立林伯渠等的乐观豁达和和蔼可敬;等等。在《见闻录》中提到的红军将领有几十人之多。在国民党方面对红军和中国共产党人大加诋毁的情况下,如此全面真实地歌颂红军及其领袖,宣传红军的政策及红军的英勇无畏与不可战胜,不仅在当时起到了鼓舞振奋民心,把全国人民团结在中国共产党的旗帜下的作用,而且至今仍是后人进行革命传统教育的优秀素材。

《随军西行见闻录》写成于 1935 年秋,最早发表于中国共产党 1936 年在巴黎主办的《全民月刊》,同年 7 月在莫斯科出版单行本。1937 年 7 月 30 日的巴黎《救国时报》再次发表此文。8 月 5 日出版的《救国时报》还刊载了《廉臣捐赠"随军西行见闻录"版权启事》。这样就首先在海外宣传和报道了红军长征。目前所知,国内最早印行此文的是 1937 年 3 月北平东方快报印刷厂秘密印行的《外国记者中国西北印象记》一书,全文收入了此稿。该书是由北平进步青年王福时召集李华春、李放、郭达等人,在美国记者斯诺夫妇和中共北平地下党组织的帮助下,汇集并翻译斯诺等外国记者有关苏区的中英文报道编辑而成。该书系 32 开本,共 8 篇,300 页。第一篇《毛施会见记》,是 1936 年 7 月 15 日至 9 月 23 日毛泽东与斯诺(当时他根据译音取中国名字为"施乐")历次谈话的记录(不包括 9 月底至 10 月初毛泽东与斯诺谈自己生平和红军长征的内容);第二篇《红党与西北》,是斯诺 1937 年 1 月 21 日在北平协和教会的讲演稿;第三篇是根据斯诺访问苏区后在《大美晚报》《每日先驱报》等报刊上发表的 13 篇稿子翻译的，题为《红旗下的中国》；第四、五、六篇是根据英文刊物《亚洲》刊载的一位美国经济学家诺曼·韩威尔有关红四方面军川陕苏区的三篇见闻翻译的，即《中国红军》《中国红军怎样建立苏区》《在中国红区里》；第七篇《中日问题与西安事变》，是毛泽东1937年3月1日同史沫特莱的谈话，是3月10日毛泽东亲自托人捎给斯诺请他"广为宣播"的；第八篇就是廉臣的《随军西行见闻录》。需要强调的是，该书虽然都是关于中国红军和苏区的内容，但专门谈红军长征的只有陈云这一篇。此外，斯诺还为该书提供了包括"毛泽东在保安"那幅著名照片在内的32幅照片和10首在红军中流行的歌曲，以及毛泽东的《七律·长征》。这是毛泽东"长征"诗的首次发表，与现在流行的版本对照，"金沙水拍云崖暖"一句，当时为"金沙浪拍悬岩暖"。

《外国记者中国西北印象记》第一版印行5000册，很快就销售一空。此后各地出现过十几种翻印本，其中流传较广的有1937年4月上海丁丑编译社和1937年11月署名陕西人民出版社的翻印本。国内出版的单行本较早的有两种，即1937年11月民生出版社本（题目改为《从江西到四川行军记》）和陕甘人民出版社1937年12月本。此外，1939年1月大文出版社还将斯诺采访毛泽东关于红军长征的那段记述同陈云的这篇文章一同束集出版，题为《长征两面写》（32开本，62页，国家图书馆收藏）。1985年1月为纪念遵义会议召开50周年，《红旗》杂志曾经全文发表了陈云的这篇著作。1995年5月人民出版社出版的《陈云文选》又根据1936年7月莫斯科出版的此文单行本，重新校订，再次全文收入此篇著作。《随军西行见闻录》是第一部系统反映红军长征这一震撼世界的重大事件的著作。

陈云当时还有一篇关于长征的重要文献，即1935年10月15日，陈云（化名"史平"）在共产国际执行委员会书记处会议上关于红军长征和遵义会议情况的报告。和《随军西行见闻录》的写作风格和读者对象完全不同，这篇报告从正面叙述了长征的经过，并对其中的一些事件进行了因果分析和评论，而且由于是对共产国际的报告，不存在保密的问题，因此，其史料价值和思想性之高，是同期所有关于长征的宣传报道和读物都无法比拟的。比如说学术界在论述遵义会议在实际上已经确立了毛泽东对全党全军的领导地位时，往往只能从毛泽东所起的主导作用进行探讨，因为他在整个长征过程中都没有担任党和军队的最高领导职务。但是，这篇报告在介绍长征中如何纠正军事指挥上的错误时，明确写道："党对军队的领导加强了。我们撤换了'靠铅笔指挥的战略家'，推选毛泽东同志担任领导。"这就为我们研究遵义会议后是否已经确立毛泽东对全党全军的领导地位，提供了重要的佐证。陈云这篇报告很长时间未能公开，2001年第4期《党的文献》才首次发表了此报告俄文记录稿的翻译整理稿。中央文献出版社2005年6月出版的《陈云文集》第一卷，以《关于红军长征与遵义会议情况的报告》为题，全文收入。

与此报告相关，陈云还有一篇关于长征的文章。1937年春出版的《共产国际》（中文版）第一、二期合刊，发表有署名"施平"的《英勇的西征》一文。此文同《随军西行见闻录》相对照，不仅二者的起止时间是一致的，而且主要内容与陈云对共产国际的报告大致相同，甚至有些段落的行文也相一致。"施平"应该是"史平"的谐音，《英勇的西征》就是根据陈云对共产国际报告整理的，或者说是其"压缩版"。而且，中央档案馆编辑的《馆藏革命历史资料作者篇名索引》中也将此文归在陈云名下。1996年第5期《党的文献》重新发表《英勇的西征》，并在注释中明确，"施平"就是陈云。陈云是长征亲历者，同时也是中国共产党高层宣传长征的第一人。

此外，萧克于1937年7月5日写的《红二方面军北上抗日》一文，也被送到了苏联，后存放在中共驻共产国际代表团档案中，文章详细报告了红二方面军北上的意义、经过、所取得的胜利和主要经验。这些文章向世界无产者介绍了中国工农红军在国际共产主义运动中所做出的巨大努力和成就，展示了一座不朽的丰碑。

（二）传教士勃沙特向世界宣传长征

有趣的是，向西方世界首次宣传中国红军长征的第一人竟然是一名英国籍的瑞士传教士，他就是 R. A. 勃沙特。1922 年，25 岁的勃沙特受英国基督教会派遣携妻子罗斯·波斯哈特来华传教，任英基督教中华内地会派驻贵州镇远教堂的牧师。1934 年 10 月红六军团西征到达贵州省黄平县老城时，俘虏了勃沙特等几个外国传教士。此后，他跟随红六军团行军达 18 个月之久。勃沙特后来追述他当红军俘虏的生活时说，起初跟在红军的掌旗兵后面走，感到很别扭，但随着对红军的了解后，他感到宽慰了，因为红旗上的星，仿佛就是"明亮的晨星"。勃沙特本来是红军的俘虏，但在随红六军团转战的过程中，他逐渐认识到了红军是一支帮助穷人的正义的军队，共产主义并不像国民党宣传的那么可怕。红军的济世救人、优待俘虏等做法逐渐改变了他的看法。在旧州的一个天主教堂里，红军发现了一张法文的中国大地图，勃沙特帮助红六军团军团长萧克把中文名字一一翻译了出来，这张地图对红六军团的行军打仗发挥了大用，特别是对甘溪突围同红二军团会师发挥了作用。勃沙特帮了红军这一次忙，红军也优待这个俘虏，给勃沙特马骑，为他治好了重病。当红军长征到云南昆明附近的富民县时，红二、六军团执行共产国际七大建立世界反法西斯统一战线的精神，鉴于他是瑞士中立国国民身份，将其释放。临别，红军还送给他一笔丰厚的路费。

其时，与红军朝夕共处一年半，耳濡目染，受到了红军的影响，勃沙特这位外国传教士已由红军的一个敌视者变为一个坚定的同情者，成为红军的忠实朋友。他对被红军拘押的经历，并不记恨，相反对红军部队严明的组织纪律、执着的信仰，以及不赌博、不抽鸦片的作风，留下了极其良好的印象。正是随着对红军认识的一点一点加深，勃沙特认识到了红军扣押他而后又释放他的原因是："红军很可能要借此告诉人们，扣押外国人的目的并非财物，金钱对红军并非大事，重要的是红军要借此告诫外国人，他们反对在中国传播基督教，因为他使中国人民甘受痛苦，是人民精神上的鸦片，并与共产主义相悖。红军要借此告诫世界各国，他们不允许基督教这种外来学说，来阻碍他们在自己国土上进行的共产主义的实验。"

后来每当勃沙特和教友谈到红军时，态度都极为友善。在他眼中，红军这支衣衫褴褛但纪律严明的队伍，是一支为理想而战的军队。他为红军的精神所折服，经常给人们宣讲："红军对穷人很好，即使在艰苦征途之中，仍时时不忘穷人。红军打仗勇敢坚强，指挥官都很年轻。"

他回国后，已因拘押的事件而成为名人，四处巡讲。一份英国的地方性报告记录这样写道：

薄复礼先生（即勃沙特）告诉我们，中国红军那种令人惊异的热情，对新的世界的追求和希望，对自己信仰的执着是前所未闻的，他说，他们的热情是真诚的，令人惊奇的。他们相信，他们自己所从事的革命是世界革命的一部分。红军已经超过两万人，他们大多数年龄在 20 到 25 之间。他们正年轻，为了他们的事业正英勇奋斗，充满了青春的活力和革命激情，薄复礼先生常常渴望他们成为基督徒。但他们却自豪地说，他们是红军，是共产主义者，所做的一切都是从这一点出发。在所经过的每一座小村庄，他们都要留下标语、口号或其他特征。

1936年8月，勃沙特在脱离红军长征后利用不到四个月的时间口授并在伦敦出版了这一亲历红军长征见闻录——《神灵之手》。勃沙特是第一个向国外客观报道中国红军长征的外国人。在《神灵之手》的结尾，勃沙特甚至还大胆呼吁年轻的基督徒要学习红军那种精神，并以红军那种简练有效的办法，重视穷困的民众，并和他们同呼吸，共命运。

《神灵之手》比埃德加·斯诺写的《红星照耀中国》（即《西行漫记》）还早一年，成了西方最早介绍红军长征的专著。这本书的出版，掀开了西方人报道长征的序幕。可惜的是，因为书名和教会的关系，这本书在当年，并没有如斯诺的《红星照耀中国》那样引起广泛的关注。

（三）毛泽东亲自组织的长征宣传浪潮

毛泽东作为领导红军夺取长征胜利的统帅，对长征胜利的历史非常自豪，也十分重视对长征的宣传。1936年8月5日，他和总政治部代主任杨尚昆联名向参加过长征的同志发出征稿函："现因进行国际宣传，及在国内国外进行大规模的募捐运动，需要出版《长征记》①，所以特发起集体创作，各人就自己所经历的战斗、行军、地方及部队工作，择其精彩有趣的写上若干片段。文字只求清通达意，不求钻研深奥，写上一段即是为红军做了募捐宣传，为红军扩大了国际影响。"同时，他们又向各部队发出电报："望各首长并动员与组织师团干部，就自己在长征中所经历的战斗、民情风俗、奇闻轶事，写成许多片段，于九月五日以前汇交总政治部。事关重要，切勿忽视。"毛泽东和杨尚昆的征稿函所提到的"国际宣传"，主要是指为当时正在陕北苏区进行采访活动的美国记者斯诺提供素材。

---

① 《长征记》即《红军长征记》，毛泽东征文时尚未确定最终书名。

毛泽东和杨尚昆发起的《长征记》征稿活动，截止期为1936年10月底。由于征稿活动开展期间，红二、四方面军正在向陕北开进的途中，因此，所征集到的稿件几乎全部是反映红一方面军长征情况的。共有200多篇稿件，50多万字。经由徐梦秋、丁玲、徐特立、成仿吾等组成的编辑委员会编辑整理，于1937年2月编成《二万五千里》一书。该书有110篇文稿、30多万字，分上下两册，当时没有印刷，只是抄写了20份。直至1942年11月，八路军总政治部才把《二万五千里》作为党内参考资料印行。1955年5月，人民出版社选取其中51篇文稿，另收入廉臣的《随军西行见闻录》和杨定华的《雪山草地行军记》（自1937年1月15日起在巴黎《救国时报》上连载）、《由甘肃到陕西》（自1937年7月5日起在巴黎《救国时报》上连载，当时的篇名为《由甘肃到山西——抗日人民红军北上长征的后一阶段》）等文章资料，以《中国工农红军第一方面军长征记》为名，正式公开出版发行此书。

《二万五千里》虽然当年因为种种原因未能及时全文印行，但仍为宣传长征发挥了重要作用。除了它的部分文稿刚刚征集上来就提供给斯诺之外，整部书稿编成后曾由潘汉年带一部到上海，潘将稿子转交给董健吾，嘱咐他设法出版。董健吾是中共秘密党员，公开身份是牧师。1936年2月，他受宋庆龄的委托曾经潜往陕北苏区，传递国民党要员宋子文、陈立夫希望与中共接触谈判的信息。同年7月，又是由他带领斯诺和马海德到陕北的。董健吾根据《二万五千里》，编写成《二万五千里西引记》（以下简称《西引记》）一文，化名"幽谷"，在1937年7月出版的《逸经》杂志第33、34期合刊上刊出，文末还附录了"红军第一军团西引中经过地点及里程一览表"。为掩人耳目，作者在序言中自白："余既非参与其役，又未列于追剿，何能言之凿凿，一若亲历其境者？盖于双方对峙之营垒中均有余之友好，各以其所知者尽述于余。余乃考其异同，辨其虚实，然后以其可言者言之，以其可记者记之，而成此篇。"《西引记》虽然篇幅不长，但把红一方面军经历的主要战斗、事件以及行军路线都按时间顺序交代得非常清楚、准确。将《西引记》的内容与《二万五千里》相对照，可见《西引记》中的有些情节直接引用了《二万五千里》的文字。例如，强渡乌江一节，引自刘亚楼的《渡乌江》；在茅台的经历一段，引自熊伯涛的《茅台酒》；关于"火焰山"行军的内容，引自艾平（张爱萍）的《火焰山》。《西引记》公开发表后，引起轰动。除有一些刊物转载外，还有一些根据此文编写的读物出版。如 1937 年 11 月，上海光明书局出版黄峰编《八路军行军记》；12 月，上海大众出版社出版赵文华编《二万五千里长征记》；同月，复兴出版社的大华著《二万五千里长征记》等。这些文章、书籍的出版，大大地弥补了《二万五千里》未能及时印行的缺憾。

（四）斯诺掀起宣传长征的高潮

1936 年 7 月，美国记者、燕京大学新闻系教师埃德加·斯诺，在宋庆龄、张学良的协助下经西安到陕甘苏区，成为第一个在红色区域进行采访的西方记者。斯诺的陕北之行，之所以能够成行，不是偶然的，而是经过了双方的精心组织和准备。斯诺去苏区的想法，首先是通过他所执教的燕京大学的进步学生和地下党员的介绍，得到中共北方局的支持；而后他又到上海得到宋庆龄、董健吾等的帮助。1936 年 3 月，斯诺和马海德曾经赶到西安，想通过在张学良处做地下工作的中共代表刘鼎的关系去陕北，但未果。7 月，他们第二次又去，终于成行。中共中央方面对接待第一个来自西方国家的记者，也十分重视，事先做了认真的准备。1936 年四、五月间，中共中央曾收到过斯诺提出的一份问题单子，上面所列的 11 个问题，就是 7 月 15 日，毛泽东第一次同斯诺谈话时所回答的主要内容。5 月 15 日，中央政治局常委会议专门讨论了"对外邦如何态度——外国新闻记者之答复"。中央常委张闻天、毛泽东和博古，以及王稼祥等参加了会议，并发了言。中央档案馆保存的档案，记录下这次会议对斯诺所提问题的答复，其主要精神也可在7月15日毛泽东与斯诺的谈话中得到充分的体现。可见，双方事先都对这次后来显现出历史性意义的会见，做了充分的准备。

斯诺是1936年7月13日抵达当时的红色首都——保安的。从7月15日开始，到10月12日斯诺离开保安，毛泽东同斯诺进行了数十次谈话。其中，7月底到9月下旬，斯诺到彭德怀率领的西征军进行前线采访。据文献查证，毛泽东与斯诺谈话涉及的主要问题是：

7月15日，谈外交问题；

7月16日，论日本帝国主义；

7月18日，谈内政问题；

7月19日，继续谈内政问题；

7月23日，谈特殊问题（即中国共产党与第三国际及苏联的关系）；

9月23日，论联合战线；

9月底至10月上旬，应斯诺的一再要求，毛泽东与斯诺谈了他个人的生平。但是，正如斯诺后来所记述的那样，毛泽东谈着谈着，就开始脱离"个人历史"的范畴，不着痕迹地升华为一个伟大运动的事业了。虽然他在这个运动中处于支配地位，但是你看不清他作为个人的存在。所叙述的不再是"我"，而是"我们"；不再是毛泽东，而是红军了；不再是个人经历的主观印象，而是一个关心人类集体命运盛衰的旁观者的客观史料记载了。大概正是因为这个缘故，斯诺记录下来的不只是毛泽东个人的生平，更主要是毛泽东所经历的中共党史，特别是对他刚刚领导的红军长征的历史，叙述得尤其细致。后来出版的以"毛泽东自传"或"毛泽东自述"冠名的各种书籍，大多就是在斯诺根据这些谈话写作发表的书籍和文章的基础上，编译而成的。因此，其内容除了叙述毛泽东自述的简要生平外，几乎都有对红军长征过程的描述。除系统地采访毛泽东外，斯诺在苏区先后采访了数以百计的中共领袖和红军将领，以及普通的红军战士。刚刚结束的红军长征，仍然是他们谈话的一个重要内容。斯诺本人作为一名资深记者，以他的敏锐眼光洞察着中国革命的进程，他写道："红军的西北长征，无疑是一场战略撤退，但不能说是溃退，因为红军终于到达了目的地，其核心力量仍完整无损，其军心士气和政治意志的坚强显然一如往昔。共产党人认为，而且显然也这么相信，他们是在向抗日前线进军，而这是一个非常重要的心理因素。这帮助他们把原来可能是军心涣散的溃退变成一场精神抖擞的胜利进军。"而之所以能变成胜利进军，其精神动力具体体现在哪里？斯诺在《西行漫记》中写道："冒险、探索、发现、勇气和胆怯、胜利和狂喜、艰难困苦、英勇牺牲、忠心耿耿，这些千千万万青年人的经久不衰的热情、始终如一的希望、令人惊诧的革命乐观情绪，像一把烈焰，贯穿着这一切，他们不论在人力面前，或者在大自然面前，上帝面前，死亡面前都绝不承认失败——所有这一切以及还有更多的东西，都体现在现代史上无与伦比的一次远征的历史中了。"

除此之外，毛泽东在8月发起的《长征记》征稿活动为斯诺提供关于长征的系统资料，毛泽东本人还亲笔为他题写了《七律·长征》。毛泽东当时之所以花费那么多的时间，又那么专心致志地同斯诺交谈，其原因正像斯诺后来所写的："毕竟我是一种媒介，他通过我，第一次得到了向世界发表谈话，更重要的是，向全中国发表谈话的机会。他被剥夺了合法地向中国报界发表意见的可能，但是，他知道他的看法一旦用英语发表出去，尽管国民党实行新闻检查，也会传回到大多数知识分子的耳朵里。"因此，当1936年10月蒋介石平息"两广事变"

后，再次把"围剿"的锋芒指向西北的红军时，毛泽东就一再催促斯诺抓紧离开苏区。为了保证斯诺路途的安全，毛泽东曾于10月5日、10月7日以及10月10日的中午12时和晚上12时（零点），四次打电报给中共驻西安张学良部的代表刘鼎，要他请张学良安排其所部王以哲军长、刘多荃师长，派车来接斯诺。正是在毛泽东的亲自安排下，斯诺在10月12日离开苏区，经西安，于10月底安全地返回北平。

10月末，斯诺回到北平之后即发表了大量通讯报道，还热情地向北大、清华、燕大的青年学生介绍陕北见闻。1937年3月5日和22日他借燕大新闻学会、历史学会开会之机，在临湖轩放映他拍摄的反映苏区生活的影片、幻灯片，展示照片，让国统区青年看到了毛泽东、周恩来、彭德怀、林彪等红军领袖的形象，看到了"红旗下的中国"。与此同时，斯诺离开苏区后在最短的时间里就写出多篇报道。11月12日，当时在中国影响最大的《密勒氏评论报》就开始分期刊登斯诺写的《毛泽东访问记》。上海的英文报纸《大美晚报》在稍晚些的日子予以转载。接着，1937年2月5日，《大美晚报》发表了斯诺1月21日在北平协和教会发表演讲的稿子《红党与西北》；4月15日创刊的英文刊物《民主》，发表了《苏维埃的台柱子》（即后来收入《西行漫记》中的《苏维埃掌权人物》一节）；英文的《亚洲》杂志发表《来自红色中国的报告》《毛泽东自传》以及关于长征的报道；《美亚》杂志发表了《中国共产党和世界事务——和毛泽东的一次谈话》；《新共和》刊登了《中共为何要长征》；《星期六晚邮报》刊载了《我去红色中国——中国抗日战争秘史》。此外，《生活》杂志不仅刊载斯诺的有关报道，还以1000美元索购斯诺在苏区拍的照片75张。《每日先驱报》则在头版连载斯诺的报道，并配以大篇幅的照片和有关的社论。斯诺自己回忆，他单是为《纽约太阳报》就写了30篇报道。当然，斯诺这一时期最重要的活动还是在撰写上述相关文章的基础上，写作和出版他的不朽之作——《红星照耀中国》。1937年7月,伴随着卢沟桥畔中国人民全面抗战的隆隆炮声,斯诺完成了书稿的写作。《红星照耀中国》刚一出版,便立刻风行全球。10月,《红星照耀中国》英文版首先由伦敦维克多·戈兰茨公司出版。它一鸣惊人,短短的几周就发行10万册以上,一个月就加印了五次,被誉为"真正具有重要历史和政治意义的著作"。1938年1月3日,美国兰登书屋出版《红星照耀中国》的美国版。书出后,一个月就售出12000册,并连印数次,成为有关远东的非小说类最畅销书。此后,《红星照耀中国》在国外被一版再版,先后被翻译为法、德、俄、西、意、葡、日、蒙、荷、瑞典、印地、哈萨克、希伯来、塞尔维亚等十余种文字出版,驰誉全球。在斯诺的这些文章和著作发表后不久,相关的汉译本随之问世。《红星照耀中国》最早的中译本是胡愈之组织翻译、由复社出版的《西行漫记》,其广泛流传的盛况,已为大众熟知。还有一些字数不多的小册子,也流传广泛。如汪衡根据斯诺在《亚洲》杂志发表的《毛泽东自传》翻译、由上海文摘社于1937年11月印行的该书汉译本,当月就又印了第二版。根据国家图书馆馆藏目录记载,截至1949年,汪衡的这个译本,陆续有华北新华书店、大连大众书店、太岳新华书店、佳木斯东北书店、华北书店、冀中新华书店、胶东新华书店、北京民主书局、辽东书店、吉林书店等多家、多版次的翻印本问世。需要说明的是,在国家图书馆馆藏目录上还可以看到,在汪衡译的《毛泽东自传》出版前后,还有多种其他译者翻译和别的出版机构出版的《毛泽东自传》问世(也都包括大量关于长征的内容)。比如,翰青、黄峰合译,上海光明书局1937年11月3日版;张洛甫译、陕西延安书店1937年版;平凡译、战时文化书局1937年版;张宗泽译、延安文明书店1937年10月再版;以及李杜译、汉口抗敌出版社版;毕正译、新建出版社版;丁洛译、上海三友图书公司版等。

在中国共产党尚处于在野和"非法"地位的情况下，斯诺关于中国苏区报道的著作不仅能够热销一时，而且长久不衰，很重要的原因在于这些著作真实地介绍了毛泽东的生平，传播了红军长征的事迹，弘扬了共产党人的奋斗精神。正如斯诺后来所言：从严格的意义来讲，这本书的大部分不是我写的，是中国革命青年所创造、所写下的。读者从中"可约略窥知使他们成为不可征服的那种精神，那种力量，那种欲望，那种热情。——凡是这些，断不是一个作家所能创造出来的。这些是人类历史本身的丰富而灿烂的精华"。

（五）长征引发中国苏区热

长征的胜利结束和斯诺的来访，既是中共改变外交政策的产物，又为打开外交局面提供了良好的契机，引发国际社会的中国苏区热。自1936年斯诺访问延安后，到1937年7月7日中国全面抗战爆发前，有许多外国记者和中国问题专家相继访问过延安，如斯诺夫人尼姆·威尔斯、美国著名记者史沫特莱、德国友人王安娜（王炳南的夫人）、美国外交政策协会远东问题专家托马斯·阿瑟·毕森、美国《太平洋事务》杂志主编欧文·拉铁摩尔、美国《美亚》杂志主编菲利普·贾菲，以及《纽约先驱论坛报》的维克多·基恩和合众国际社的厄尔·H.利夫等。他们从延安返回后，对中共和长征的介绍，在世界形成了一股"中国共产党热"，这既为世界人士认识中共、又为中共与国际社会建立联系打下了基础。这一时期关于红军长征的报道和宣传物，比较著名的还有继斯诺之后到延安采访的美国记者史沫特莱写的《伟大的道路》、斯诺的妻子海伦·福斯特（即尼姆·威尔斯）写的《红色中国内幕》（即《续西行漫记》）、王安娜写的《中国——我的第二故乡》和毕森写的《抗日战争前夜的延安之行》等。

尼姆·威尔斯是斯诺的夫人。受斯诺陕北之行的感染，也为进一步丰富斯诺采访苏区的材料，她于1937年4月动身去陕北，在西安遇阻，后经红军驻西安办事处请示毛泽东批准，于5月初抵达延安。当时，毛泽东正忙于主持全国苏区党的代表会议，但仍热情地接待并多次会见她。特别是1937年5月14日夜至次日凌晨，毛泽东同她彻夜长谈。陪同尼姆·威尔斯来陕的王福时（当时叫王爱华），将这次谈话记录成稿，后发表在北平地下党的刊物《人民之友》上。1937年8月20日，巴黎《救国时报》全文转载了这篇谈话稿。因为《救国时报》上发表这篇谈话的题目为《抗日民主与北方青年——毛泽东氏与北方青年的谈话》，那么，这篇谈话是对威尔斯谈的，还是同来参加苏区党代会的北平地下党代表黄敬、李昌、杨学诚、林一山等人谈的呢？中央文献研究室《毛泽东文集》编辑组当年为把这篇谈话收入《毛泽东文集》，曾先后访问过当事人林一山、李昌，并通过电话询问了当年在延安为威尔斯和毛泽东谈话做翻译的黄华（王汝梅）。同时，他们还查阅了《"一二·九"回忆录》《新中华报》《解放》等，排除了这篇谈话是毛泽东同北平学生谈话的可能性。1988年9月7日，蒋建农在采访王福时同志时，他明确讲，这篇谈话，是毛泽东接受尼姆·威尔斯采访时谈的。尼姆·威尔斯经过这次延安访问，写出了《红色中国内幕》（即《续西行漫记》）等书。

美国记者史沫特莱1928年来到中国上海，她在中共地下党帮助下向法国、美国报刊报道中国革命情况。1933年她写了《中国红军在前进》，报道了1927年大革命失败到中央苏区的一、二、三次反"围剿"史实，1936年年底，她不顾生命安危，到西安报道西安事变。在中国全面抗日战争的前夜，毛泽东同史沫特莱也有过一段很深的交往。大概是因为史沫特莱是亲身经历了西安事变以后到延安的，1937年3月1日，毛泽东特别同她进行了题为《中日问题与西安事变》的长谈。毛泽东对这次谈话非常重视，因为这是他在西安事变和平解决的新形势下系统地阐述中国共产党的抗日民族统一战线政策，特别是对国民党五届三中全会后，社会各界对中国共产党提出的"四项要求""五项保证"的种种误解做了有力辩驳。毛泽东除了将此次谈话记录的整理稿在1937年3月16日、19日、23日、26日、29日和4月3日的《新中华报》上分六期连载外，还于3月1日和3月29日分别致信斯诺和范长江，指出："我同史沫得列（特莱）谈话，表示了我们政策的若干新的步骤，今托便人寄上一份，请收阅，并为宣播。"斯诺收到毛泽东的信后，随即将这篇谈话交给王福时，作为《外国记者西北印象记》的第七篇，于当月在北平出版印行。史沫特莱的这次延安之行最主要的收获是她与朱德结下了深厚的友谊，她通过系统地采访朱德，开始写"朱德传"，即《伟大的道路——朱德的生平和时代》。史沫特莱写道，史诗般的长征结束时重新合在一起的红军队伍和1934年10月中央红军离开江西时的战斗力不相上下，它仍是历史上一支无与伦比的坚强队伍。经过二万五千里血与火的洗礼的红军战士已被锻造成"最结实、最有政治觉悟的老战士"。她写道："事实、数字和一路上千山万水的名称，都不足以说明长征的历史意义，它们更不能描绘出几十万参加长征的部队的不屈不挠的奋斗精神，以及他们所遭受的苦难。"在采访和帮助红军的过程中，史沫特莱对中国人民产生了深厚的感情，以至于她在书中忘情地写道："我一直忘记了我并不是一个中国人。"她在遗嘱中特意要求在她的葬礼上奏中国国歌《义勇军进行曲》，并把遗骨安放在中国。1955年《伟大的道路》日文译本初版一问世，立即引起轰动，许多国家纷纷翻译、出版，先后出版了德、俄、法、西班牙、孟加拉、丹麦、意大利等8个语种的译本。史沫特莱的好友英国作家里奥·胡柏曼和保罗·史威齐读过该书后写下了脍炙人口的评语："长征是军事史上独一无二的事件，与长征比较起来，汉尼拔的跨越阿尔卑斯山在'历史的小剧院中'失掉了光彩,拿破仑自莫斯科的撤退也只是灾难性的失败,而长征则是最后胜利的前奏曲。从纯戏剧来说,红军越过曾经吞没了多少生命的大草地,第一次与甘肃边境的中国农民发生接触时——'我们抚摸他们的房屋和土地,拥抱他们,我们又跳又唱又流泪',这只有色诺芬的'海!海!'堪与比美。"

美国外交政策协会远东问题专家托马斯·阿瑟·毕森、美国《太平洋事务》杂志主编欧文·拉铁摩尔、美国《美亚》杂志主编菲利普·贾菲等一行5人是1937年6月21日抵达延安的,虽然他们只在延安逗留了4天,毛泽东却两次会见他们。毕森在他的著作中以日记的形式完整地记录下6月22日和23日他们对毛泽东的采访。毛泽东在谈话中详细阐述和回顾了中国抗日民族统一战线的发展过程、领导权问题以及中国革命的前途。"在谈话中,毛泽东既能谈论具有广泛意义的哲学概念——这是共产党制定的政策的基础,又能详细介绍实际执行中最具体的细节。没有草率应付,没有迟疑犹豫,也没有丝毫的混淆不清。他热情奔放,慷慨激昂,但又老成持重,让人看不出任何思想上的偏见。"(拉铁摩尔)这使客人们为之折服。毕森、拉铁摩尔和贾菲等一行,是毛泽东在抗日战争全面爆发前夜会见的最后一批外国客人。和前几批客人不同,毕森等不是单纯地作为新闻记者来进行新闻采访,他们同时还是第一次访问中国共产党人的美国远东问题学者,因而他们的兴趣也并不只限于毛泽东等中共领导人的个人品德、性格、爱好和富有传奇色彩的革命经历,他们更关心的是中共领袖对当时国际国内重大问题的看法和对这些问题的方针、政策。正如毕森所说:"延安的经历为我们在以后抗日战争和内战(指解放战争——引者注)的岁月里正确地估计形势、做出判断,提供了一个基准线。"毕森等在离开延安以后,发表过大量的文章,对当时及以后一个时期的国共关系做出过许多客观的分析和判断。特别是欧文·拉铁摩尔,他在1941年6月由美国总统罗斯福推荐担任蒋介石的私人政治顾问；1942年年底，他又担任美国战争情报局的顾问；1944年，他再次由罗斯福总统推荐，担任华莱士副总统来华访问期间的顾问。可以说，毕森等人关于国共关系的评论直接影响到美国政府的对华政策。

（六）长征宣传推动抗日民族统一战线的建立

中国共产党通过自身努力，以及外国友人的帮助，使长征的传播卓有成效，国内外越来越多的人认识到中国共产党及其领导下的红军，对中华民族的抗战事业将产生非凡的作用。长征的胜利结束，已向世界表明：中国工农红军已走到抗日的前沿阵地，反击日本法西斯的事业有了一个可靠的根据地和坚强的支柱，日本强盗的侵略快要受到中华民族最坚强的抗日先锋队的打击了。而抗击日本反法西斯的事业不只是中国的事，也是亚洲的事，世界的事。

埃德加·斯诺在《西行漫记》中充分认识到了红军长征与抗日战争前途命运的关系，斯诺敏锐地洞察了长征胜利的原因，"红军的胜利行军，胜利达到甘、陕，而其有生力量依然完整无损，这首先是由于共产党的正确领导，其次是由于苏维埃人民的基本干部的伟大的才能、勇气、决心以及几乎是超人的吃苦耐劳和革命热情。中国共产党过去、现在、将来都忠于马列主义，并将继续进行斗争反对一切机会主义倾向。它之所以不可战胜，之所以一定取得最后胜利，其原因之一就在于这种决心"。这种基于信念、超乎寻常的力量，无疑对抗日战争中战胜日本侵略者具有重大的意义。他写道："进军到战略要地西北去，无疑是他们大转移的第二个基本原因，他们正确地预见到这个地区对中、日、苏的当前命运将起决定性的作用。"他还讲道，"从某种意义上来说，这次大规模的转移是历史上最盛大的武装巡回宣传"。红军每占一个城镇，就召开群众大会，举行戏剧演出，宣传"自由、平等、民主",解释土地革命的目的和红军的抗日政策。

美国著名作家拉奇曼著文评价《红星照耀中国》时说:"斯诺对中国共产党员倡导的事业给予了充分的报道。这一事业对本世纪 30 年代那些惧怕抗击法西斯的人们,是一个强有力的鼓舞。"加拿大的白求恩大夫、印度的柯棣华大夫等人也正是读了《红星照耀中国》,受到吸引而到中国抗日根据地的。白求恩的朋友曾写信问他为什么舍弃优越的工作和舒适的生活到中国去。他在回信中说:"请读埃德加·斯诺的《红星照耀中国》和史沫特莱的《中国红军在前进》,读后你们的心将与我同感。" 美国总统罗斯福读完《红星照耀中国》后成为"斯诺迷"。斯诺返回美国后,罗斯福先后三次会见他,向他了解中国共产党领导中国军民进行抗日战争的情况,并说"我觉得这样的人是会赢得战争的"。

总之,长征的胜利及随之而来的宣传热潮,首先,向世界宣传了中国共产党及其领导的军队,宣传了中国共产党的抗日民族统一战线政策,从而彻底打破了国民党蒋介石对苏区和中共的新闻封锁。如果说此前外界对中共还不大了解,甚至有许多偏见和误解的话,那么,在此之后,在许多国际友好人士心目中,中共已经成为完全可以与国民党分庭抗礼的大党。不仅如此,这几次重要的会见还成为毛泽东外交生涯的开端。以此为契机,在整个抗日战争期间,先后又有几十批次的官方或非官方的国际友人来到中共领导的抗日民主根据地。毛泽东通过他们向世界传播中国共产党的各项政策,揭露国共摩擦的真相,介绍共产党的抗日武装所取得的辉煌战绩。这成为中共和毛泽东争取国际声援、动员全民族持久抗战的一条重要渠道。

其次,对促成中国的抗日民族统一战线产生积极的推动作用。建立全民族的抗日统一战线是当时摆在毛泽东议事日程上的首要任务。事实证明,全面抗战前夜毛泽东的这几次重要外事活动是取得了积极效果的。并且，毛泽东在努力促成国内的民族统一战线的同时，还比较早地注意到建立世界反法西斯联合阵线的问题。毛泽东在1936年7月15日同斯诺的第一次谈话时就明确地指出："日本帝国主义者不仅是中华民族的敌人，而且也是世界上一切爱好和平的人民的敌人，特别是英美法苏等在太平洋上有利害关系的国家的敌人。"毛泽东认为："除了日本帝国主义以及一切援助日本帝国主义的国家以外，其他一切国家（反战的国家、殖民地、半殖民地，以及社会主义的苏联），可以组成一个反侵略、反战争以及反法西斯蒂的世界同盟。"

再次，毛泽东在这几次会见中提出许多对建立和巩固抗日民族统一战线、对中国人民最终赢得抗日战争的胜利具有重要战略指导意义的思想。例如他同斯诺谈争取抗战胜利有三个条件："第一是中国抗日统一战线的完成；第二是国际抗日统一战线的完成；第三是日本国内人民和日本殖民地人民的革命运动的兴起。"就中国人民的立场来说，"三个条件中，中国人民的大联合是主要的"。再如，他在回答毕森关于统一战线形成后，会不会由于南京政府威望的提高，而将共产党人淹没掉的问题时说：统一战线中的领导权，并不完全取决于哪一个政党指挥的军队更多。反映领导权本质的东西，是看你所宣传的纲领和为实现这一纲领所做出的努力等。特别值得注意的是毛泽东在与斯诺的谈话中就英明地预见到行将爆发的全民族抗日战争是持久战的光辉思想。尽管当时抗日战争还没有全面爆发，一切预示抗战前途的征兆还不明显，但是毛泽东严谨的推理和缜密的分析，却使斯诺感到他的结论不容置疑。毛泽东在后来发表的著名的《论持久战》（1938年5月）中也不无自豪地写道："这些问题的主要论点，还在两年之前我们就一般地指出了。还在一九三六年七月十六日，即在西安事变前五个月，卢沟桥事变前十二个月，我同美国记者斯诺先生的谈话中，就已经一般地估计了中日战争的形势，并提出了争取胜利的各种方针。"毛泽东"持久战"的思想，为历史发展的进程所证明，是指导中国军民抗日战争取得胜利的基本战略思想。

关于红军长征胜利的意义的总结，最到位的莫过于红军的统帅毛泽东的评价。80年前，在经历了长征的磨难与洗礼之后，毛泽东在1936年12月发表的《中国革命战争的战略问题》中指出："中国共产党以自己艰苦奋斗的经历，以几十万英勇党员和几万英勇干部的流血牺牲，在全民族几万万人中间起了伟大的教育作用。中国共产党在革命斗争中的伟大的历史成就，使得今天处在民族敌人侵入的紧急关头的中国有了救亡图存的条件，这个条件就是有了一个为大多数人民所信任的、被人民在长时间内考验过因此选中了的政治领导者。现在共产党说的话，比其他任何政党说的话，都易于为人民所接受。没有中国共产党在过去十五年间的艰苦奋斗，挽救新的亡国危险是不可能的。"

80年后，中国共产党新的领导核心习近平总书记又有了新的评价："长征的胜利，实现了在追求真理、坚持真理的基础上全党的空前团结、红军的空前团结。没有这种思想上政治上的大团结，中国革命胜利是不可能实现的。经过长征的千锤百炼，我们党在思想上不断成熟，成为中国人民进行抗日战争的中流砥柱，成为中国革命赢得最后胜利的中坚力量。"

结束语

长征精神昭示中华民族复兴路

2006年10月22日，时任浙江省委书记的习近平同志在参观纪念红军长征胜利70周年展览时指出：长征不仅是一次人类精神和意志的伟大远征，也是一段中国共产党领导中华优秀儿女寻求中华民族复兴的伟大征程。2016年7月18日，习近平总书记在考察红军长征胜利会师纪念地之一的宁夏西吉将台堡时又指出：当年的长征是我们党带领人民夺取政权的长征，今天是实现"两个一百年"奋斗目标的新长征。习近平总书记时隔10年的这两次讲话阐明一个重要观点，即长征是中华民族伟大复兴征程的一部分，长征永远在路上。在红军长征胜利80周年的纪念大会上，习总书记进一步号召："要大力弘扬伟大长征精神，激励和鼓舞全党全军全国各族人民特别是青年一代发愤图强、奋发有为，继续把革命前辈开创的伟大事业推向前进，在实现'两个一百年'奋斗目标、实现中华民族伟大复兴中国梦新的长征路上续写新的篇章、创造新的辉煌！"

　　不忘初心，走好我们这一代人的长征路，最重要的就是继承和弘扬长征精神。

（一）长征锻造伟大的长征精神

　　长征精神凝聚在整个长征过程之中。长征是在中国工农红军、中国共产党和中国革命因受"左"倾教条主义影响而在国民党的全面"围剿"下濒于失败的最危急时刻，是在中华民族因日本帝国主义侵略的步步深入而出现亡国灭种危险的生死关头,是在中国各族人民因国民党当局顽固推行"攘外必先安内"的反动统治而身陷苦难深渊走投无路的情况下发生的;长征集中国共产党人的自我救赎、拯救民族危亡和争取广大人民群众的解放,三重历史重任于一役;长征是中国人民求生存的斗争,是中国共产党人在最危难的时刻发起的绝地反击。对于长征,习近平总书记做了最新的精辟概括:长征是一次理想信念的伟大远征,是一次检验真理的伟大远征,是一次唤醒民众的伟大远征,是一次开创新局的伟大远征。

　　经过两年的浴血奋战和艰苦磨难,长征终于"以我们胜利、敌人失败的结果而告结束"。长征确立了以毛泽东为首的稳定的中央领导集体,他们以独立自主和一切从实际出发为原则,善于把马克思主义与中国实际相结合,在长征途中就确立了自己的军事路线、组织路线,并完成了党的政治路线的转变;他们在长征沿途占当时中国人口一半的地区,宣传共产党的主张,以自己的实际行动感染和鼓舞了亿万人民群众,长征散播的火种在那些地区发芽、长叶、开花、结果;他们巩固和发展了陕甘宁革命根据地,使之成为中国革命力量新的栖息地和出发地,成为中国革命长期和稳定的大本营;他们提出建立抗日民族统一战线的伟大号召和以西北统一战线促成全国抗日统一战线的成功实践,推动和掀起以抗日救亡为核心内容的中国革命新高潮。长征实现了中国共产党历史上的伟大转折,开启了中国革命从胜利走向新的胜利之路,也拉开了实现中华民族伟大复兴的序幕。长征是中国人民实现中华民族伟大复兴征程的里程碑。"长征这一人类历史上的伟大壮举,留给我们最可宝贵的精神财富,就是中国共产党人和红军将士用生命和热血铸就的伟大长征精神。"①

(二) 长征精神的丰富内涵

习近平总书记在2006年就指出:"长征是一部中国革命的百科全书,长征精神集中体现了党和红军的优良传统和作风,是中国共产党人世界观、人生观和价值观的全面展示,更是我们构建社会主义和谐社会的强大精神动力。"的确,长征精神,是中华民族百折不挠、自强不息的民族精神的最高体现。它不仅博大精深,而且是永恒的。虽然身处不同时期和不同环境下的每个人,对长征精神的理解和领会很难一致,但是,长征精神不仅过去是,而且现在是,乃至永远都是推动中国的革命、建设和改革事业,不断从胜利走向新胜利的强大精神力量,是中国共产党人在任何时候都必须永远保持的初心。

党中央概括长征精神"就是把全国人民和中华民族的根本利益看得高于一切,坚定革命的理想和信念,坚信正义事业必胜的精神;就是为了救国救民,不怕任何艰难险阻,不惜付出一切牺牲的精神;就是坚持独立自主,实事求是,一切从实际出发的精神;就是顾全大局、严守纪律、紧密团结的精神;就是紧紧依靠人民群众,同人民群众生死相依、患难与共、艰苦奋斗的精神"。伟大的长征精神内涵丰富,我们的体会是:

1. 长征精神体现了独立自主、实事求是和永远与最广大人民群众保持一致的思想,也就是说长征精神孕育了毛泽东思想活的灵魂

其一,"中国革命斗争的胜利要靠中国同志了解中国情况",这是毛泽东等中共领导人早已具备的觉悟。正是秉承这一精神,中共在

---

① 习近平:《在纪念红军长征胜利80周年大会上的讲话》(2016年10月21日),人民出版社2016年版,第8页。

长征出发时因电台与共产国际失去联系的偶然情况下，开始全面地独立自主地决定自己的事务。其二，长征中，中共以列宁关于马克思主义活的灵魂是"具体地分析具体的情况"的理论为指导，把一切从实际出发和具体问题具体分析的原则贯彻长征始终。其三，长征途中，全体红军将士从思想到行动，完美演绎了党的群众路线。正是因为明确和坚持了这三个要素，在长征途中极其艰险困苦的条件下，中共依靠自身的力量不仅战胜了在党内危害时间最长、危害最重的王明"左"倾教条主义，而且克服了最极端的右倾机会主义——张国焘右倾分裂主义。我们说长征实现了中共幼年走向成熟的伟大转折，这不仅在于其确立了毛泽东在全党和全军的领导地位，更重要的，在于长征途中形成了实事求是思想路线的雏形，在于明确了中共的立足点和一切工作的出发点是独立自主，在于坚持了全心全意为人民服务的宗旨。

2. 长征精神体现勇于探索和开拓创新的思想

习近平总书记把长征概括为"一次开创新局的伟大远征"。他强调："长征的胜利，是方向和道路的胜利。长征的过程，不仅是战胜敌人、赢得胜利、实现战略目标的过程，而且是联系实际、创新理论、探索革命道路的过程。"的确，长征中，面对乱云飞渡、惊涛骇浪，中共表现出无所畏惧的伟大实践精神，表现出浴火重生的伟大创造精神，在血与火的生死考验中走出一条走向新生、走向胜利的革命道路。1935年6月，红一方面军和红四方面军会师后，党中央系统地分析和研究了中国革命的形势、敌我力量的对比和分布、民族状况和各区域的经济发展水平、中国革命的发展方向和复兴之路等全局性的问题。鉴于20世纪30年代中期中国南方和北方革命力量与反动力量的此消彼长，提出在反动统治薄弱的西北地区建立新的根据地；针对日本侵略军的铁蹄已经踏入河北、内蒙古和绥远地区，为实践北上抗日的初衷，肩负起拯救民族危亡的重任，把进军方向确定在邻近抗日前线的陕甘地区；为了以苏联为靠背和战略依托，并便于在驱逐日本侵略者出中国的民族解放战争中得到苏联的援助，也把建立新根据地的目标锁定在与苏联、蒙古人民共和国接壤的中国西北地区。总之，红军剑指西北，在陕甘地区创建新的根据地和革命大本营，以此为基地掀起中国革命新高潮成为长征的战略目标。这样，长征不再是起初时被逼无奈的战略转移，而变成有计划的战略行动；红军脚下的路不再是简单的行军路线问题，而升华为长征道路问题。长征道路成为打破国民党军围追堵截的胜利之路，成为争取中国革命由低谷到复兴的希望之路，成为抗日救亡实现民族独立的光明之路。奠基西北已经被后来的历史发展证明是唯一正确的英明决策。在生死未卜的艰险转战中做出这一决策，殊为不易；坚持这一决策，并将其转化为成功的实践，更是难上加难。这意味着必须挑战共产国际的权威，必须战胜张国焘的右倾分裂主义和其南下逃跑的错误主张，必须征服超越人类生存极限的雪山草地，必须在陕甘宁地区再上演一出威武雄壮的英雄史诗。这一切都表现出长征精神所涵盖的探索真理的高超智慧和捍卫真理的大无畏英雄主义气概。

3. 长征精神体现了把坚持革命远大理想与实现现实奋斗目标相结合的思想

毛泽东和他的战友们，把求生存的被迫转移与开辟新根据地的主动进攻结合起来，把争取红军和中国共产党的转危为安与肩负拯救中华民族危亡的责任结合起来，高举抗日救亡的大旗，践行北上抗日的誓言。这样不仅鼓舞了红军将士的斗志，而且顺应了民心，赢得各界群众的同情和支持，并为把国内阶级战争转化为民族解放战争创造了条件。正如斯诺当年所说：这"是一个非常重要的心理因素，它有助于他们把一种有可能变成败坏士气的退却转变为斗志昂扬的胜利进军"。这是红军将士每每能走通别人走不通的路，一再从注定覆灭之地杀出一条生路，成就绝境天兵传奇的根本原因。于是，人们惊奇地看到：在中国有这样一个群体，虽然自己衣衫褴褛、食不果腹，处于生死未卜的危险境地，但却肩负着民族解放的期望，胸怀着世界大同的理想；他们凭借着崇高的信念和钢铁般的意志，坚忍不拔，团结友爱，英勇奋战；他们以劣势的装备和兵力，却冲破了几十倍于己的强敌的围追堵截，克服超越生存极限的各种艰难险阻，并掀起以拯救民族危亡为核心内容的革命新高潮。这一人间奇迹，使得在黑暗中苦苦挣扎的四万万同胞看到了民族解放和兴盛的希望，也使得全世界善良的人们感受到中华民族的伟大和坚强。

（三）长征精神的现实启示

习近平总书记在纪念红军长征胜利80周年大会上再次郑重向世人宣告："现在，我们比历史上任何时期都更接近中华民族伟大复兴的目标，比历史上任何时期都更有信心、有能力实现这个目标。我们这一代人，继承了前人的事业，进行着今天的奋斗，更要开辟明天的道路。"的确，长征胜利80年来，中共团结带领全国各族人民，不断推进革命、建设、改革伟大事业，进行一次又一次波澜壮阔的伟大长征，夺取一个又一个举世瞩目的伟大胜利。由长征胜利拉开序幕的中华民族的伟大复兴，经过中国人民80年的不懈奋斗和努力，现正在向我们招手。但是，在极端复杂和多极竞争的国际环境下，在一个地域辽阔、人口众多、改革和发展进入攻坚期、发展与稳定任务并重的大国，要取得实现"两个一百年"奋斗目标的新长征的胜利，其所面临的艰难险阻，绝不亚于当年的长征。正如习近平总书记所指出的："今天的长征同当年的红军长征相比，同改革开放以来我们已经走过的新长征之路相比，虽然在环境、条件、任务、力量等方面有一些差异甚至有很大不同，但都是具有开创性、艰巨性、复杂性的事业。"

他强调:"夺取坚持和发展中国特色社会主义伟大事业新进展,夺取推进党的建设新的伟大工程新成效,夺取具有许多新的历史特点的伟大斗争新胜利,我们还有许多'雪山'、'草地'需要跨越,还有许多'娄山关'、'腊子口'需要征服,一切贪图安逸、不愿继续艰苦奋斗的想法都是要不得的,一切骄傲自满、不愿继续开拓前进的想法都是要不得的。"[1]因而,特别需要我们从长征精神中汲取智慧和力量。长征的历史和长征精神给予我们许多重要的启示:

1. 要毫不动摇地始终坚持党的领导

长征对于中国共产党来说,是空前的严峻挑战。面对艰难险阻,中共不仅从实际出发独立自主地做出一系列的正确决策,从而一次次化险为夷,而且在遵义会议上以自我革命的政治勇气,完成党的自我净化、自我完善、自我革新、自我提高,实现马克思主义与中国革命实际相结合的质的飞跃,展现出旺盛的生命力和强大的凝聚力。中国共产党在长征中被铸就为中国革命事业最坚强的领导核心。领导红军长征胜利的统帅毛泽东当年就明确指出:"谁使长征胜利的呢?是共产党。没有共产党,这样的长征是不可能设想的。中国共产党,它的领导机关,它的干部,它的党员,是不怕任何艰难困苦的。"今天,诚如习近平总书记所指出的:办好中国的事情,关键在党。中国特色社会主义最本质的特征是中国共产党领导,中国特色社会主义制度的最大优势是中国共产党领导。坚持和完善党的领导,是党和国家的根本所在、命脉所在,是全国各族人民的利益所在、幸福所在。因此,我们必须毫不动摇地坚持和完善党的领导。

2. 必须坚定不移地自觉增强"四个意识"

和过去各路红军在各自的根据地孤军奋战不同,长征不仅是中国

---

[1] 习近平:《在纪念红军长征胜利80周年大会上的讲话》(2016年10月21日),人民出版社2016年版,第10、11页。

南方各路红军的共同行动，而且得到坚持在南方十多个省进行游击战争的留守红军和陕甘革命根据地红军的大力配合，自始至终都是在党中央的领导下的一次相互配合的战略行动。当时各路红军的长征虽然是分别进行的，但红七军团的北上，红六军团的西征，有力地配合了中央红军长征准备工作的进行；中央红军长征后留下的部队，钳制了敌人大量的兵力，掩护和策应了中央红军初期的转移；红二、六军团和红四方面军的军事出击，配合了中央红军在云贵川的胜利转战；红二十五军与陕甘红军的会师，为各路红军最终落脚西北准备了条件；红四方面军和红十五军团的策应，为红一方面军的胜利北上提供了帮助；红四方面军的接应，有力地配合了红二、六军团在川康边的北上；红一方面军的接应，又配合了红二、四方面军的北上和后来的三军大会师。如果没有这些相互之间战略的配合，长征的胜利是不可想象的。长征中，无论是被罢免领导权后却在与张国焘斗争中坚决与党中央保持一致的博古，还是坚定地与张国焘右倾分裂主义抗争的朱德、刘伯承等，以及宁愿自己承担牺牲风险也坚决执行党中央关于佯攻、策应、牵制等战略配合任务的各红军部队和广大指战员，无不自觉地表现出强烈的政治意识、大局意识、核心意识、看齐意识。在战略转移中的各路红军共有过七次会师。每一次会师，对于来自不同根据地的红军将士来说，都是精神上的相互声援，也是战术上的学习和交流，更是阶级兄弟的情谊交融。毋庸讳言，长期在国民党军分隔包围下独立作战的各路红军，也形成各自的特点和不尽相同的战斗作风与战术素养。乍一会合，也难免有分歧，甚至出现张国焘右倾分裂主义造成的严重情况。但是，血脉相连的阶级基础，共同的革命理想和奋斗目标，普遍具有的马克思主义思想觉悟和中国共产党人的组织原则，使全军上下普遍认识到维护党中央权威的重要性。虽然历经波折，各路红军最终还是按照党中央指引的北上路线，胜利会师西北高原。各路红军齐聚西北，第一次纳入中共中央和中革军委的直接指挥之下，这是长征胜利的重要条件，也奠定了掀起中国革命新高潮的重要基础。这一历史过程给了我们重要的启示：自觉增强"四个意识"，绝不只是党性和党纪的要求，而是将会对我们在以习近平同志为核心的党中央领导下，夺取实现"两个一百年"奋斗目标新长征的胜利，产生不可估量的作用。

3. 必须不折不扣地发扬身先士卒、生死相依和患难与共的精神风范

在长征中，红军的领袖和各级指挥员承担了比普通战士更重的责任。条条湍急的河流，座座高耸的雪山，茫茫无边的草地，革命领袖和各级指挥员与普通的战士一样，凭借自己的双脚，一步一步地走完。敌人的枪弹和天上的飞机轰炸，并不因为你的职务高而对任何人格外开恩，毛泽东的警卫班长胡长保就是飞机轰炸时牺牲在毛泽东的怀中的。每一个战役展开，每一次战斗打响，从总司令到各级指挥员，都身先士卒。土城战役时，朱德就曾亲自端起机枪冲锋。据不完全统计，红军在长征中牺牲的留下姓名的营级以上指挥员共432人。千年雪山，飞鸟难过。但红军将士手拉手，甚至用绳子连在一起，不，是把生命绑在一起攀登跋涉，艰难而又豪迈地征服一座座雪山。茫茫草地，人烟绝迹，时而雷雨风雹，时而烈日炎炎。许多人走着走着倒下了，就再也没有站起来，还有的人一脚踏入沼泽，别的同志只能眼睁睁地看着战友活生生地被泥潭吞没而无力救援。到后来，连掩埋战友的遗体的力气也没有了，后续部队不是靠路标，而是循着烈士的尸骨辨别前进方向。红军将士们互相推让干粮袋中最后一把青稞，把生的希望留给战友，自己宁愿选择饥饿和死亡。毛泽东把为自己准备的担架让给病号，周恩来把自己粮袋中最后一点青稞面煮成汤与战士共享，朱德亲自为部队寻找辨别可以吃的野菜，贺龙钓鱼为战士煮鱼汤……成为世代传颂的佳话。这种平等和友爱，激励和温暖着革命大家庭的每一个成员。生命跨越时空，不再是自己的，而是成为一个大"我"，活着就是一切，走出草地就是胜利。支撑着红军英雄们身躯的，不只是

食物，也不只是意志，而是革命队伍的民主、是阶级兄弟的情谊、是对革命必胜的坚强信念。正是这种风范和情感，潜化为钢铁般的力量，而且绵绵无尽，使红军成为无坚不摧的绝境天兵。诚然，像长征中全军和全党要共同面对的那样一些艰难险阻的状况，在今天可能很难再出现了。但是，正如党的十八大报告所指出的，坚持和发展中国特色社会主义是一项长期而艰巨的历史任务，必须准备进行具有许多新的历史特点的伟大斗争。目前，改革进入攻坚期，全面建成小康社会进入决胜期。习近平总书记告诫全党，要时刻准备应对重大挑战，抵御重大风险，克服重大阻力，解决重大矛盾。我们必须时刻牢记习近平总书记关于"党与人民风雨同舟、生死与共，始终保持血肉联系，是党战胜一切困难和风险的根本保证"的教诲，经受"四大考验"、克服"四种危险"，努力使红军长征中的忘我牺牲和患难与共的精神风范，在实现"两个一百年"奋斗目标的新长征中，焕发出无愧于前辈的新光辉。

习近平总书记在考察将台堡时饱含深情地指出：长征是多么地不容易，如果我们现在遇到困难，就应该想一想当年红军长征，这是中国历史的奇迹，是世界历史的奇迹。他认为："人无精神则不立，国无精神则不强。精神是一个民族赖以长久生存的灵魂，唯有精神上达到一定的高度，这个民族才能在历史的洪流中屹立不倒、奋勇向前。伟大长征精神，作为中国共产党人红色基因和精神族谱的重要组成部分，已经深深融入中华民族的血脉和灵魂，成为社会主义核心价值观的丰富滋养，成为鼓舞和激励中国人民不断攻坚克难、从胜利走向胜利的强大精神动力。"[①] 有了这样的精神，没有什么克服不了的困难，我们完全有信心、有决心、有恒心实现中华民族伟大复兴的中国梦。

---

① 习近平：《在纪念红军长征胜利80周年大会上的讲话》（2016年10月21日），人民出版社2016年版，第9页。

| 后记 |

从少儿时就仰慕红军和红军长征的事迹，但真正比较深入地学习和研究红军长征的历史，则是1988年在中央文献研究室参与撰写《毛泽东年谱》的时候。因为工作单位的关系，我得以比其他研究者更便捷地接触和查阅电报、会议记录等系统的档案文献。同时，为了考证一些问题的原委，也翻阅了大量的回忆录和研究论著。这一时期我发表过几篇文章，并出版过两种与红军长征有关的小册子。一是1989年我与同寝室的好友曹志为合作完成的《走近毛泽东》（即《斯诺与毛泽东》）；二是与前辈郑广瑾先生合作，在1992年出版的《长征途中的毛泽东》。此后十几年间就没大接触长征史了。2006年2月，我从江西挂职锻炼回京后，红旗出版社的好友李跃辉和毛传兵邀我修订《长征途中的毛泽东》。在他们的一再鼓励下，我修订了书稿，并就势撰写了5篇关于长征的论文，分别在《人民日报》《光明日报》和《史学月刊》等报刊发表。此后又是多年没再涉足长征史研究。2013年7月，我到中央党史研究室第一研究部任职后，受命接手主持2006年由中宣部下达的课题"红军长征纪实丛书"的编辑工作；2015年8月，中央党史研究室纪念红军长征胜利80周年重点课题"图说长征"启动，由我作为执行主编具体落实。三年多来，在室领导的指导下，经过许多同志的共同努力，"红军长征纪实丛书"10卷42册1600余万字已经出版，"图说长征"的6卷书稿也已交出版社排印。由于负责这两部书稿的协调组织和统稿，我有机会再次比较系统和深

入地梳理长征的史料。在此期间，我还先后参加了多次与长征有关的学术研讨会，就教于全国的学者，深受教益。并有感而发，陆续撰写发表了9篇关于长征研究的论文。

2016年为纪念红军长征胜利80周年，就职于湖南人民出版社的好友李声笑同志出于出版家的敏锐，力邀我以已经发表的关于长征史研究的论文（累计已有20余篇）为基础撰写这本小册子。我因忙于单位的工作而一再推托。最后当得知此书稿已经被有关方面列为纪念红军长征胜利80周年的图书出版计划时，为保证出版时间，只好邀请军事科学院、军事博物馆、国防大学和中央党史研究室等单位的金立昕、谢茂发、刘中刚、刘波和刘慧娟同志，共同完成此书稿的撰写。他们对长征史素有研究，是国内中青年研究军史、党史的佼佼者。他们的鼎力相助既是救场，又保证了书稿的基本质量，非常感谢。

全书分为三篇，连同序篇和结束语，共五部分。具体分工是：

金立昕、谢茂发撰写第一篇的第一、第二个标题和第三个标题的（二）（三）部分；

刘慧娟撰写第二篇的第二个标题，并与我共同撰写第三篇的第四个标题；

刘中刚撰写第二篇的第四个标题和第三篇第三个标题的（一）（三）部分；

刘波撰写第二篇第三个标题的（二）（三）（四）（五）部分和第三篇的第二个标题，以及第五个标题的（二）部分；

其余书稿均由我撰稿。

因为大家都忙于各自的公务，书稿写作时间很仓促，不当之处一定不少，责任主要在我，恳请读者批评指正。

蒋建农

2017年5月1日于华南师大

补记

经过两年多的周转和审核后，这本小册子再次以清样形式呈现在我的书桌上。衷心感谢审稿专家们对书稿的审核和对我们的热情鼓励与殷切期望，也非常感谢在此过程中相关部门的同志们所付出的辛劳。

这次校读清样时，湖南人民出版社的同志提出书稿的署名形式问题。他们认为此书既不是对长征历史的一般性描述，也不是资料和文献的汇总。书稿的每一个大标题（包括部分小标题）都相当于一篇专题论文，整部书稿是史论性质的长征史专著。因此原来用"×××主编"署名不合适，建议改为"×××著"。但是如果将六位著作人的名字都列上，会显得封面过于冗乱，而且万一将来此书有机会参加图书评奖时有可能会因此而失分。最后折中为"×××主撰"的形式。特别需要再次强调的是，我虽然撰写了大部分的书稿，并拟定书稿的结构标题，以及负责对各部分进行串连衔接和对整部书稿的审改，但如果没有他们五位的倾力参与，书稿是万难完成的。虽然投入程度不一，但他们是把各自研究的专长和精华贡献于书稿。比如刘慧娟在北京大学的博士论文是《长征中的群众发动》，由她撰写书稿中"军民团结是长征胜利的力量源泉"一节，无疑是最恰当的人选。这些同志的参与肯定将大大提升书稿的水平。

在这次校对清样时，我补写了"东征——走向抗日前线的先声"一节列入书中，感谢山西省党史研究室的薛荣、巨文辉、徐海鸿同志帮助我搜集并提供了相关的档案文献资料。

最后要感谢中共湖南省委宣传部将此书列为湖南省文化事业发展专项资金的资助项目，还要向先后担任书稿责任编辑的李声笑、胡艳红、龙妍洁妮，向封面设计者李妍、黎珊，向湖南人民出版社的领导李雄伟等同志表示衷心的感谢。

蒋建农

2018年7月1日于华南师大教师新村

本作品中文简体版权由湖南人民出版社所有。
未经许可，不得翻印。

图书在版编目（CIP）数据

长征改变中国 / 蒋建农主撰. —长沙：湖南人民出版社，2020.4（2024.8）
ISBN 978-7-5561-2023-9

I. ①长… II. ①蒋… III. ①二万五千里长征—通俗读物 IV. ①K264.409

中国版本图书馆CIP数据核字（2018）第166794号

CHANGZHENG GAIBIAN ZHONGGUO

长征改变中国

主　　撰	蒋建农
责任编辑	龙妍洁妮
装帧设计	罗四夕

出版发行	湖南人民出版社［http://www.hnppp.com］
地　　址	长沙市营盘东路3号
邮　　编	410005
经　　销	湖南省新华书店

印　　刷	湖南贝特尔印务有限公司
版　　次	2020年4月第1版
印　　次	2024年8月第4次印刷
开　　本	710 mm×1000 mm　　1/16
印　　张	16
字　　数	200千字
书　　号	ISBN 978-7-5561-2023-9
定　　价	68.00元

营销电话：0731-82683348　　（如发现印装质量问题请与出版社调换）